Touren für Entdecker

Naturpfade

rund um Nürnberg, Fürth und Erlangen

25 erlebnisreiche Wanderungen

J. BERG

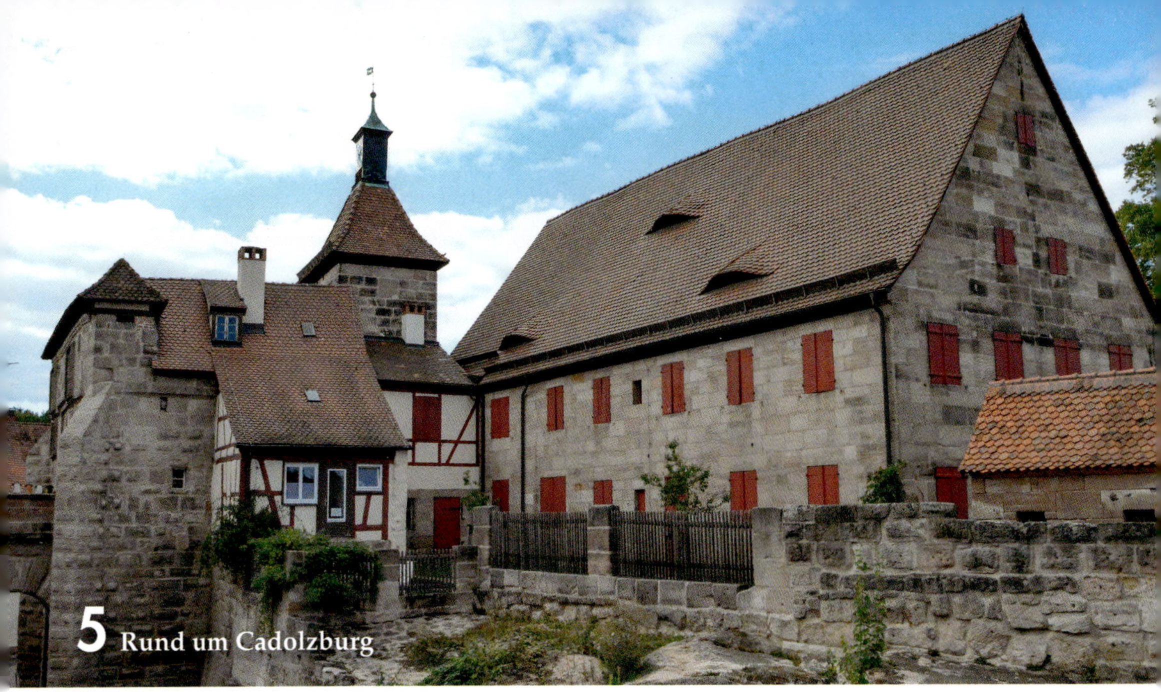
5 Rund um Cadolzburg

Inhalt

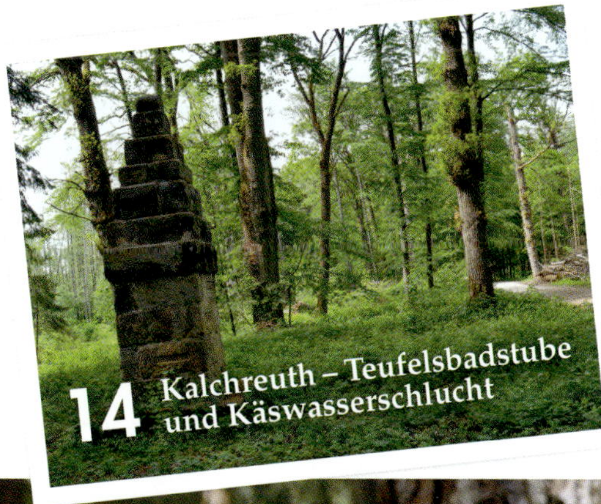

14 Kalchreuth – Teufelsbadstube und Käswasserschlucht

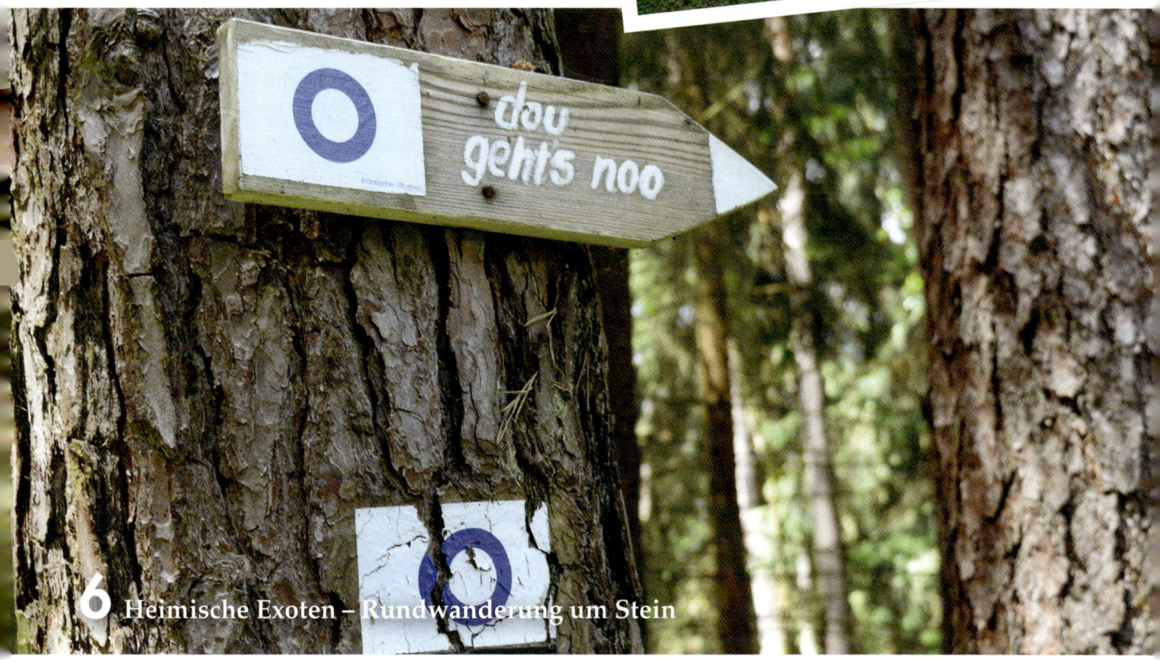

6 Heimische Exoten – Rundwanderung um Stein

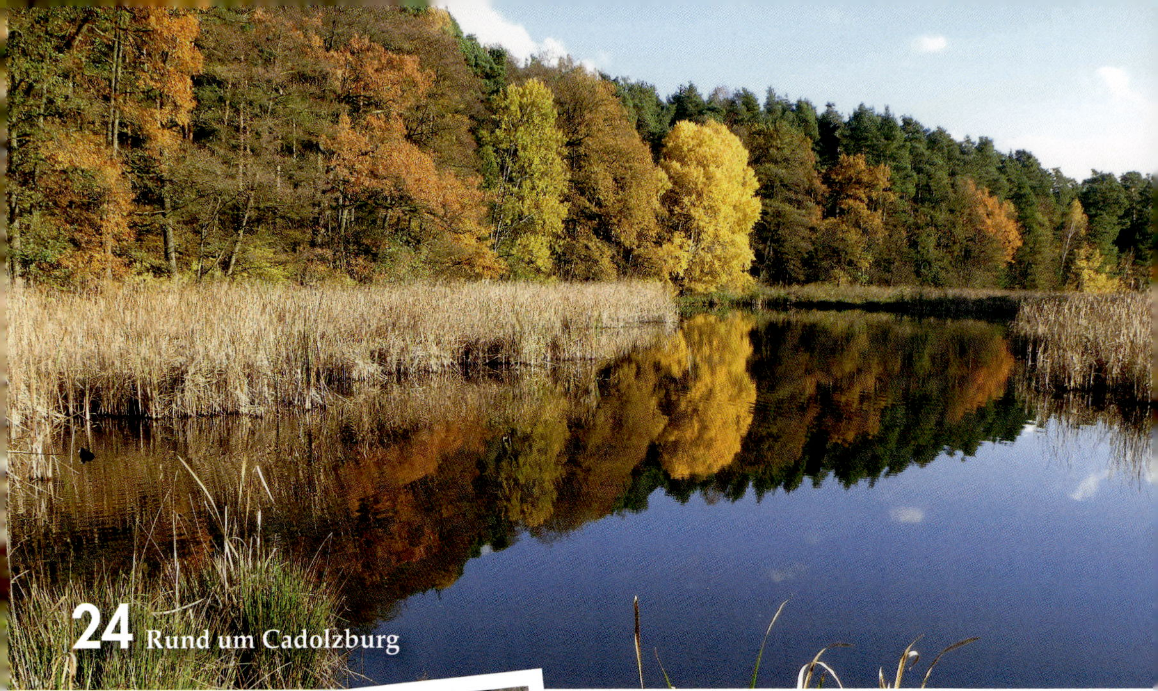
24 Rund um Cadolzburg

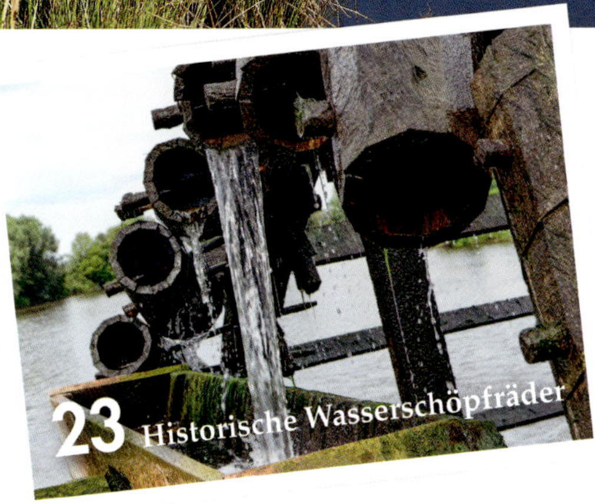
23 Historische Wasserschöpfräder

Tourenüberblick

		Tour	km										
1	●	Über den Wipfeln des Lorenzer Reichswaldes	16,5 km	60 Hm	4,5 h	•		•	•		•	•	•
2	●	Die Schwarzachschlucht bei Schwarzenbruck	5–10 km	86 Hm	1,5–2,5 h	•	•	•	•	•			•
3	●	Idyllische Pfade am fränkischen Dünenweg	14–19 km	100 Hm	3,5–5 h	•			•		•		•
4	●	Die Felsenschätze bei Worzeldorf	13 km	65 Hm	3,5 h	•	•	•			•	•	
5	●	Rund um Cadolzburg	11 km	101 Hm	2,5–3 h	•	•	•	•		•	•	•
6	●	Rundwanderung um Stein	23 km	130 Hm	6–7 h	•		•		•		•	
7	●	Im Knoblauchsland – immer der Nase nach	11–16 km	34 Hm	3–4 h	•	•	•	•		•	•	
8	●	Auf Spurensuche zwischen Neunhof und Kalchreuth	21 km	122 Hm	6 h	•		•	•		•	•	
9	●	Zum Kalchreuther Teufelstisch	11–16 km	53 Hm	3–4 h	•	•	•	•	•		•	
10	●	Tennenloher Forst	8 km	56 Hm	2,5 h		•	•	•	•		•	
11	●	Über die Tauchersreuther Höhe	7 km	115 Hm	2 h	•	•	•	•	•		•	•
12	●	Der Hetzleser Berg bei Effeltrich	8–16 km	238 Hm	2,5–4,5 h	•	•	•	•	•			
13	●	Fränkischer Jakobsweg ab Effeltrich	16,5 km	165/64 Hm	4–5 h	•		•	•	•		•	•
14	●	Kalchreuth – Teufelsbadstube und Käswasserschlucht	17 km	157 Hm	4–5 h	•		•	•	•			•
15	●	Fränkisch-japanisches Blütenfest	3 km	46 Hm	1 h	•	•	•	•	•			•
16	●	Die Bitterbachschlucht	13 km	122 Hm	3,5–4 h	•	•	•	•		•	•	•
17	●	Auf den Moritzberg	15 km	271 Hm	4–5 h	•		•		•			•
18	●	Über den Schmausenbuck nach Erlenstegen	8 km	56/79 Hm	2 h	•	•	•	•	•		•	•
19	●	Eiszeitliche Sanddünen im Erlenstegener Forst	9 km	25/11 Hm	2,5 h	•	•	•	•		•		•
20	●	Durchs Pegnitztal bei Schwaig	11 km	92/68 Hm	3 h	•	•	•	•		•	•	•
21	●	Rund um Atzelsberg	10 km	130 Hm	2,5–3 h	•	•	•	•		•	•	
22	●	Zur Tongrube nach Marloffstein	11 km	127 Hm	3,5 h	•	•	•	•	•		•	
23	●	Möhrendorfer Wasserschöpfräder	2–6 km	10 Hm	0,5–2 h	•	•	•	•	•		•	
24	●	Dechsendorfer Weiher	14 km	102 Hm	3,5–4 h	•	(•)	•				•	
25	●	Alter Exerzierplatz Erlangen	frei wählbar	0 Hm	frei wählbar	•	•			•		•	

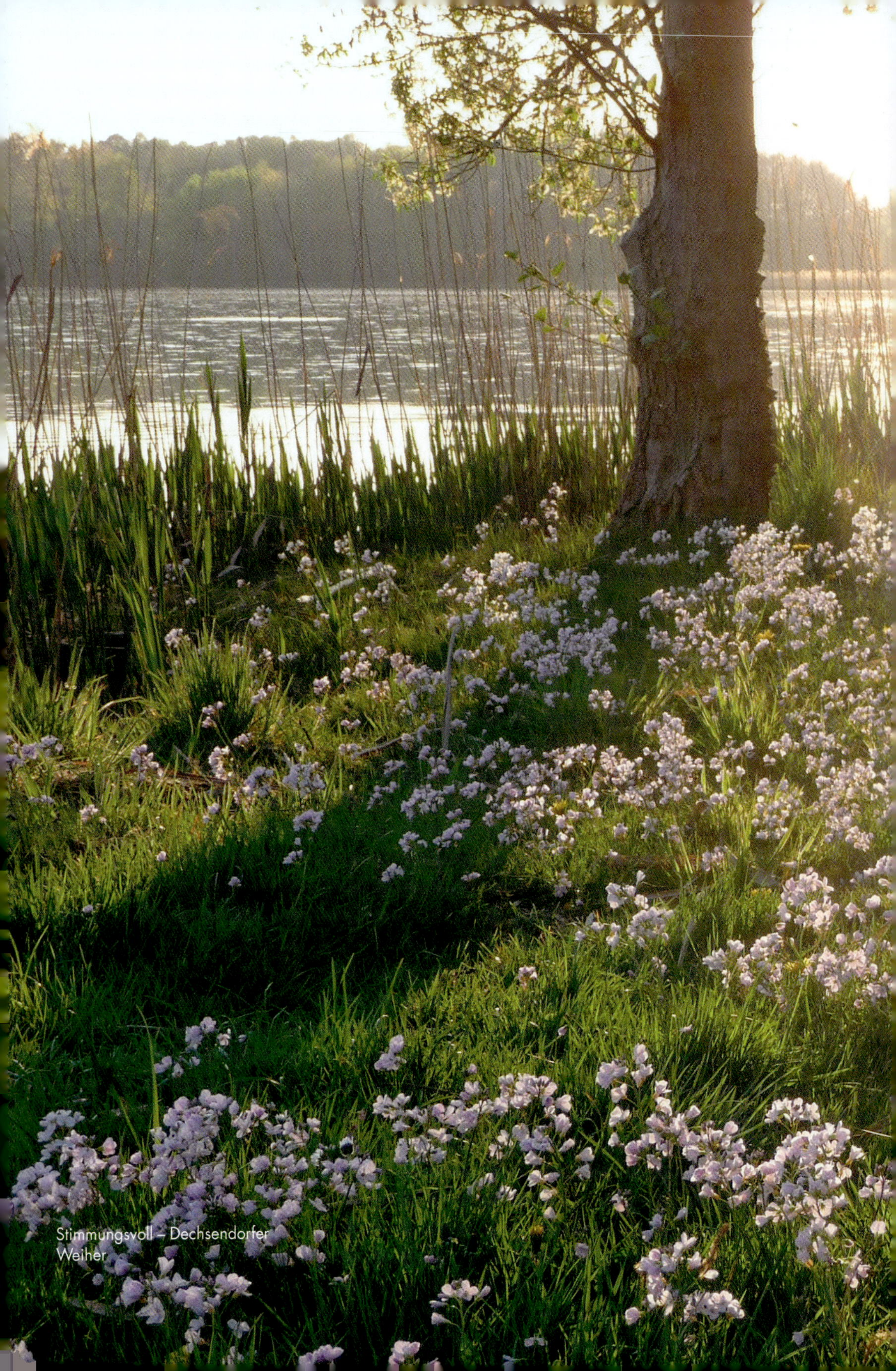

Stimmungsvoll – Dechsendorfer Weiher

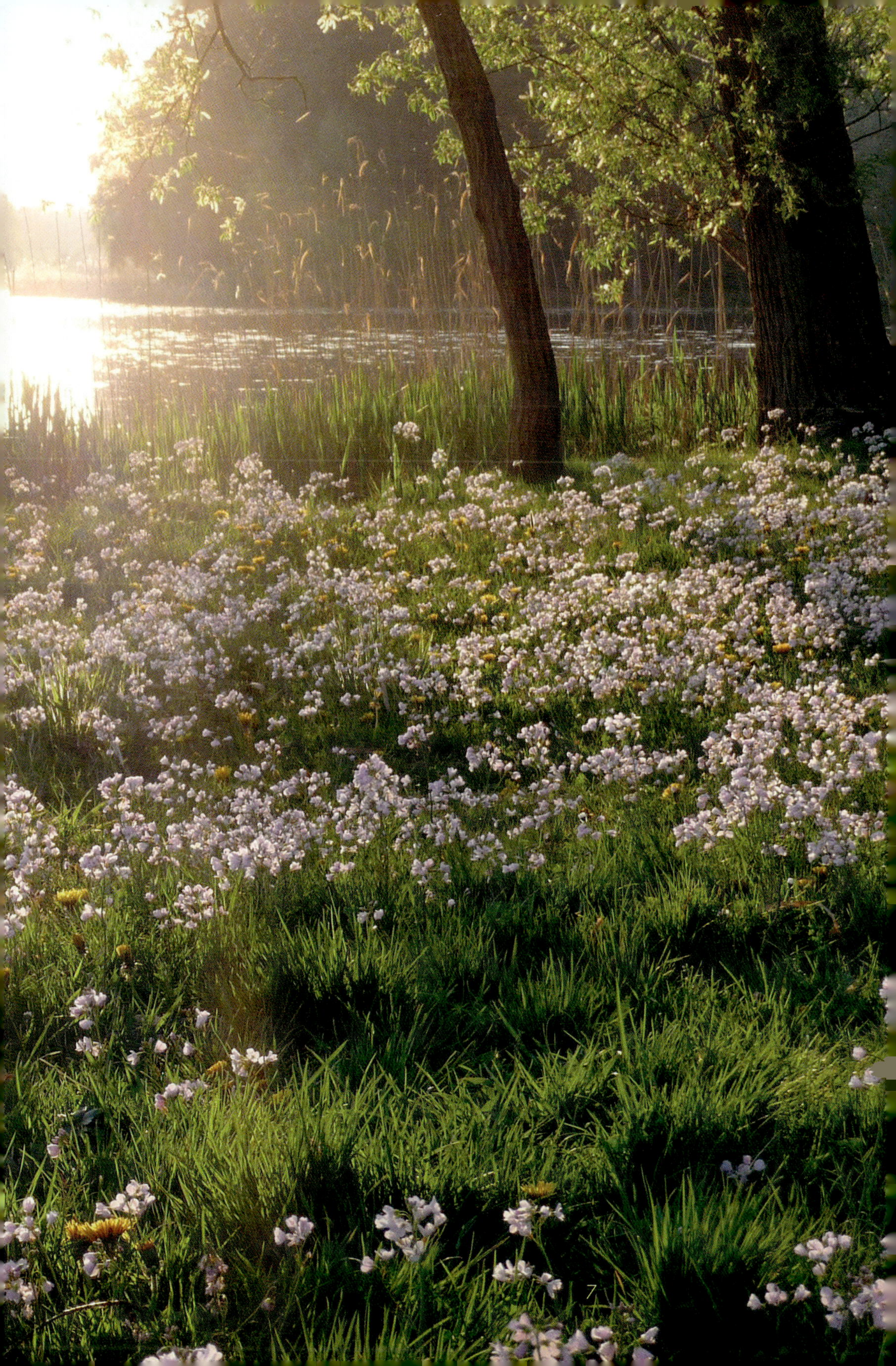

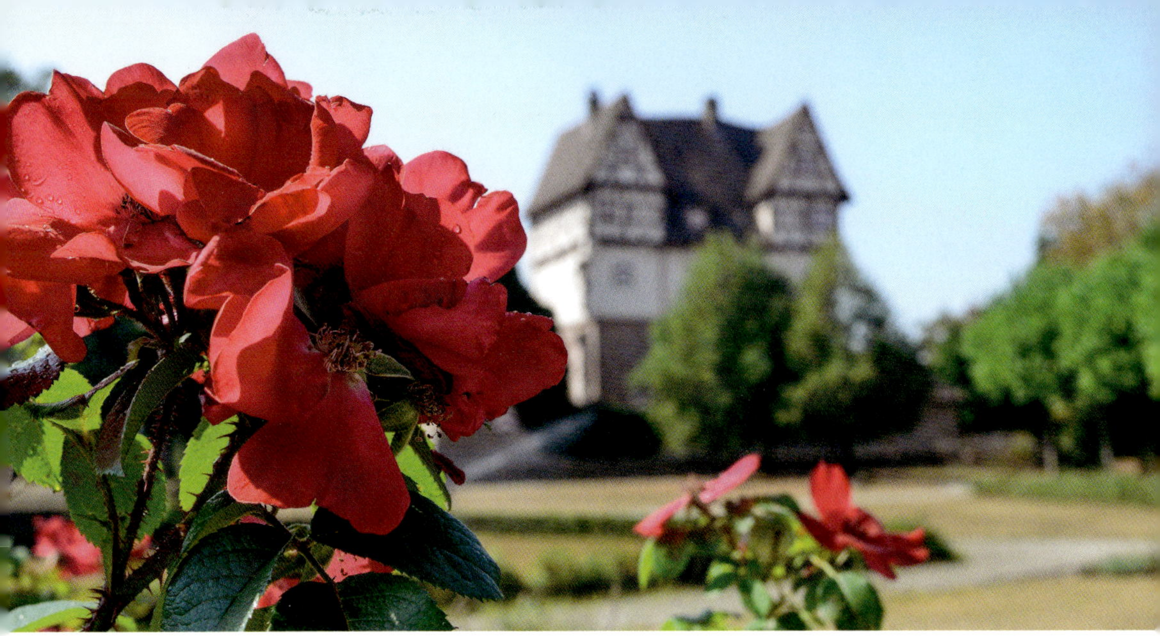

Im Rosengarten
am Schloss Neunhof

Vorwort

Umgeben von weitläufigen Tälern, Hügeln und schroffen Felstürmen liegt im Osten und Norden Nürnbergs ein Gebiet wie in einer Märchen- und Sagenwelt: die **Fränkische und Hersbrucker Schweiz**. Als Land der Burgen und Höhlen war diese Gegend bereits bei den reisenden Romantikern des 18. Jahrhunderts weithin bekannt. Die Eindrücke, Erlebnisse und Erfahrungen wurden damals durch Bildnisse und Schriften in die gesamte Welt verbreitet.
Doch wie sieht es eigentlich direkt vor den Toren der **mittelfränkischen Großstadt**, die im übrigen urkundlich erstmals am 16. Juli 1050 als »nuorenberc« erwähnt wurde, aus? Wer weiß schon, dass es auch hier, ganz in der Nähe und dennoch abseits von Lärm und Hektik, diese kleinen Oasen in der Natur gibt, die zum Wandern, Staunen und Entspannen einladen?
Und demzufolge müssen Wanderfreunde gar nicht weit reisen, um die Stiefel schnüren zu können. Im direkten Umland des **Städtedreiecks Nürnberg–Fürth–Erlangen** erwarten den Naturliebhaber wilde Landschaften, seichte Hochflächen, verwunschene Burgen, einsame und weitläufige Sandebenen oder seltene Tier- und Pflanzenarten. Und das direkt vor der Haustür einer Großstadt. Mit einigen Geheimtipps, die noch lange nicht jeder kennt. Faszinierend allemal!
»Nur wo du zu Fuß warst, bist du auch wirklich gewesen«, dichtete einst Johann Wolfgang von Goethe. Ein Grundstein für die

Bewegung in der Natur und die damit verbundenen Erinnerungen und Eindrücke.
Sie finden in diesem Buch eine Auswahl abwechslungsreicher Ausflüge, Orte und Gegenden, die jedermann zum Entdecken einladen, ob alleine, in der Gruppe oder mit der Familie. Die meisten Touren können problemlos und ohne größere Kondition bewältigt werden. Alle aufgeführten Wanderungen wurden vor Ort ausführlich recherchiert. Die Tourenbeschreibungen werden durch entsprechendes Kartenmaterial und Markierungs- oder Weghinweise ergänzt. Zur Vereinfachung und leichteren Textgestaltung finden Sie in diesem Wanderführer meist die männliche Sprachform wieder. Selbstverständlich sind hier natürlich auch die Leserinnen unter Ihnen gemeint.

Die Entstehung des Buches

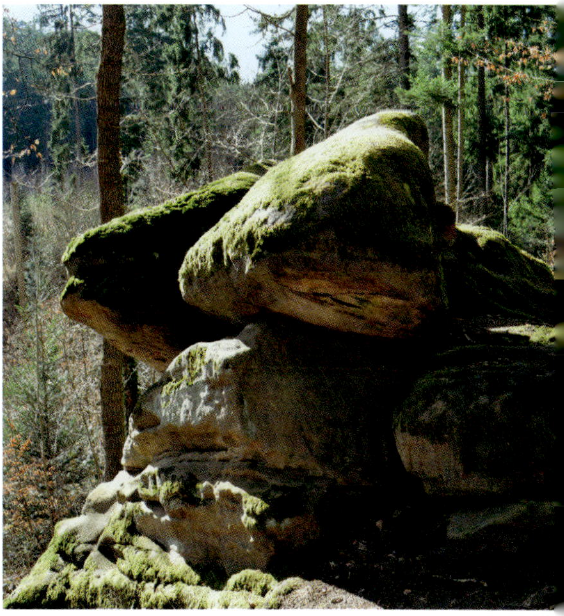

Jungfernsitz bei Kalchreuth

Meine Kindheit hatte ein prägendes Erlebnis, ohne das es dieses Buch wohl nicht gegeben hätte. Hierüber möchte ich kurz berichten, um auch zu verdeutlichen, wie wichtig es heutzutage ist, bereits unsere Kinder Dinge in der Natur erleben zu lassen, fernab von Internet, Fernsehgeräten oder Smartphones.
Schon im Alter von sechs Jahren brachte mir meine Mutter bei, wie erlebnisreich es sein kann, Orte zu besuchen, die nicht immer Hunderte Kilometer weit oder unzählige Flugstunden entfernt sein müssen. Orte in der Natur in unserer Gegend – an der frischen Luft, bei Wind und Wetter und mit der Faszination für das, was Mutter Natur erschaffen hat. Jedes Jahr fuhren wir also, meine Mutter, mein zwei Jahre älterer Bruder und ich, in die Fränkische Schweiz. Es entstanden Tagebücher, Fotos und Erinnerungen an interessante Wandererfahrungen. Die Fränkische Schweiz wurde so immer mehr zu meiner zweiten Heimat.
Irgendwann überlegte ich mir, ob es denn nicht auch in unserer Gegend Orte gibt, wie sie einst die Romantiker ob der Landschaften der Fränkischen und Hersbrucker Schweiz beschrieben hatten: bizarre Felsgebilde, wilde Schluchten, romantische Flusstäler und liebliche Wälder. Ohne große Anfahrt mit dem Auto,

leicht mit öffentlichen Verkehrsmitteln zu erreichen, im Einzugsgebiet von Nürnberg, Fürth und Erlangen.

Meine erste Tour führte mich – ich war Anfang 20 – in den Tennenloher Forst. Aufgrund eines Zeitungsartikels hatte ich erfahren, dass dort im Rahmen eines Beweidungsprojekts eine seltene Wildpferdart angesiedelt wurde. Und was ich zu sehen bekam, beeindruckte mich. Denn auch hier, fast neben der Haustür, gab es diese Felsen, Schluchten und fantastischen Landschaften.

Ich recherchierte, las Zeitungsartikel und ging in Buchhandlungen. Dabei musste ich aber feststellen, dass sämtliche Wanderführer über dieses Gebiet schon seit etlichen Jahren vergriffen

Sonnenaufgang im Maisfeld

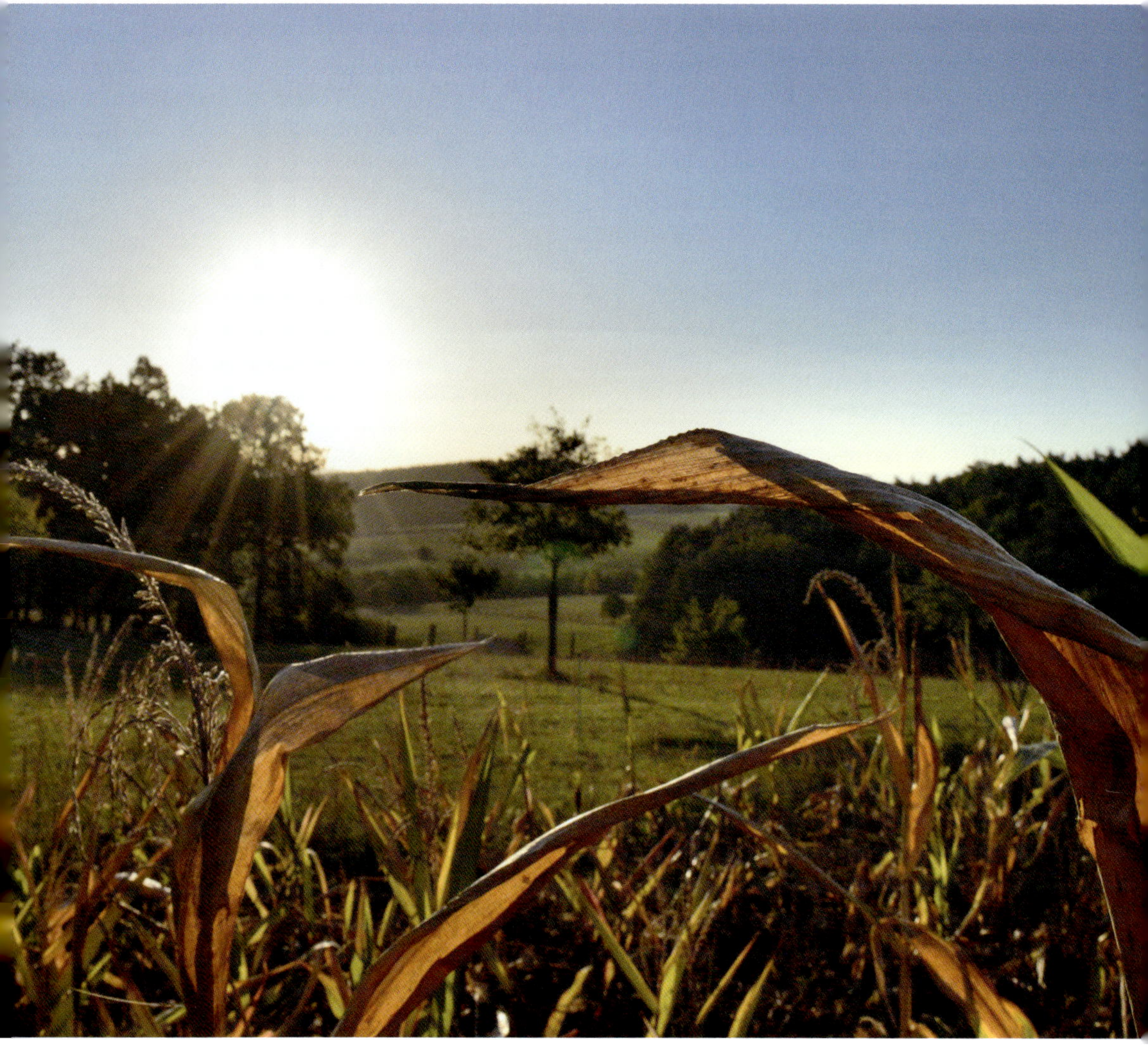

waren oder aber, dass einfach keine existierten. Und so entschloss ich mich dazu, meine Erinnerungen und Wandererfahrungen in Form dieses Buches auch an andere interessierte Naturliebhaber weiterzugeben.

Auf Entdeckungsreise

Wer einmal unsere fränkische Gegend bereist hat, der weiß, wie es sich anfühlt, von etwas in den Bann gezogen zu werden. Enge Wiesentäler, die saftigen Obstwiesen, das Geräusch der plätschernden Bäche, die schroffen Felsformationen oder auch der Duft von frischem Holzofenbrot. Das alles wird Sie vielleicht schon beim ersten Durchblättern dieses Buches an einen Satz von Elizabeth von Arnim, einer englischen Schriftstellerin, erinnern: »Wandern ist die vollkommenste Art der Fortbewegung, wenn man das wahre Leben entdecken will. Es ist der Weg in die Freiheit.« Sie werden beim Draußensein Orte entdecken, die Sie dazu einladen, eine kleine Reise zu unternehmen. Eine Reise zu sich selbst; um zu erkennen, dass man durch den Vergleich Mensch – Natur noch eines erlernen kann: Demut. Bewahren Sie also jeden Schritt und jede Erfahrung, die Sie während dieser Wandertouren machen werden, in tiefer Erinnerung.

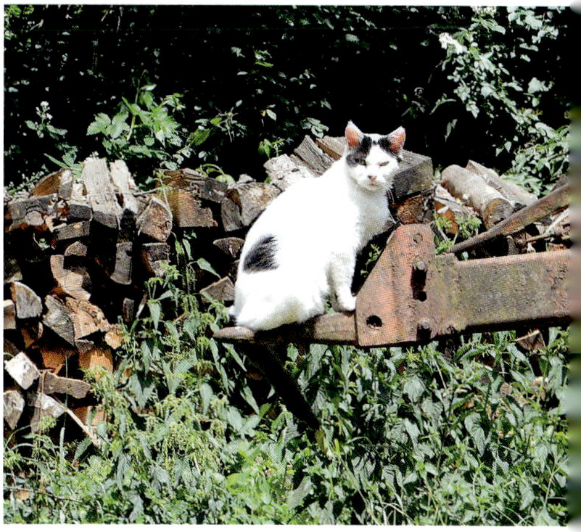

Bäuerliche Idylle

Mitwirkende und Danksagung

An dieser Stelle möchte ich gerne all diejenigen nennen, die an der Entstehung des Ausflugsführers mitgewirkt haben. In erster Linie gilt der Dank meiner lieben Frau Antonia, die mich bei der Recherche zu diesem Ausflugsführer – in der manchmal etwas hektischen Zeit – maßgeblich unterstützt und immer wieder aufs Neue motiviert hat.
Zudem haben zu diesem Buch nachfolgende Personen, Ämter oder Institutionen durch Bereitstellung von Bildmaterial oder auch durch ihr fachspezifisches Wissen beigetragen: Dr. Alfons Baier und Dr. Gottfried Hofbauer, Kai Friedeborn, Dr. Angela Wirsing, Lothar und Angelika Kraft, Thomas Lademann, Pfarramt Kalchreuth, Stadt Nürnberg Eigenbetrieb NürnbergBad. Herzlichen Dank für die Unterstützung und Mitwirkung!

Der Wanderführer als Weggefährte

Alle Touren in diesem Buch wurden ausführlich vor Ort recherchiert. Die Routen wurden so bewandert, dass Orientierungsprobleme weitestgehend ausgeschlossen oder aber durch gezielte Hinweise im Wanderführer bis auf ein Minimum begrenzt werden konnten. Dennoch kann es immer wieder vorkommen, dass sich im Laufe der Zeit Markierungen und damit der Wegverlauf verändern, Bäume umstürzen oder individuelle Schwierigkeiten bei der Wegfindung auftreten können. Dieses Buch lebt deshalb auch von Ihren Hinweisen und Verbesserungsvorschlägen, um es bei weiteren Auflagen immer wieder auf den neuesten Stand bringen zu können. Bitte wenden Sie sich in diesem Fall an den Verlag.

Richtungsangaben und Gehzeiten

Wenn Richtungsangaben vermerkt sind (z. B. an Weggabelung links halten), so ist diese Angabe immer aus Sicht des Wanderers, d. h. aus der vorherigen Gehrichtung zu verstehen. Die angegebenen Gehzeiten beziehen sich auf die reine Zeit, die Sie für den Weg benötigen. Dies kann natürlich auch je nach Kondition und eigenem Anspruch variieren. Besuchszeiten von Sehenswürdigkeiten und Erholungspausen wurden ebenso wenig einberechnet wie das Wandern mit schwerem Gepäck.

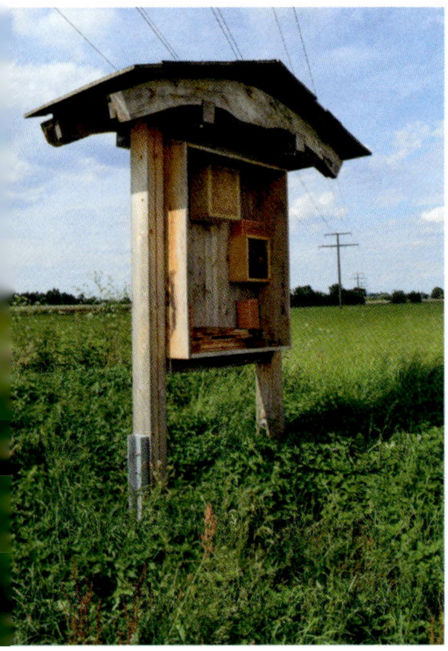

Gratisübernachtung – Insektenhotel

Kartenmaterial und Ausrüstung

Die Kartenausschnitte zu Beginn der Touren dienen lediglich als grobe Orientierungshilfe, um zu erkennen, ob Ihr Wegverlauf mit der entsprechenden Himmelsrichtung übereinstimmt. Zum exakten Erkennen der Wegstrecke sind diese ungeeignet. Hierfür sollten Sie immer eine entsprechende Wanderkarte parat haben.
Als hilfreiches Kartenmaterial eignen sich die Fritsch-Wanderkarten (Maßstab 1:50 000) oder aber auch topografische Karten des Bayerischen Landesvermessungsamts (Maßstab 1:25 000). Hier müssen Sie das jeweils richtige Kartenblatt wählen.
Festes Schuhwerk sollte auf allen Ausflügen selbstverständlich

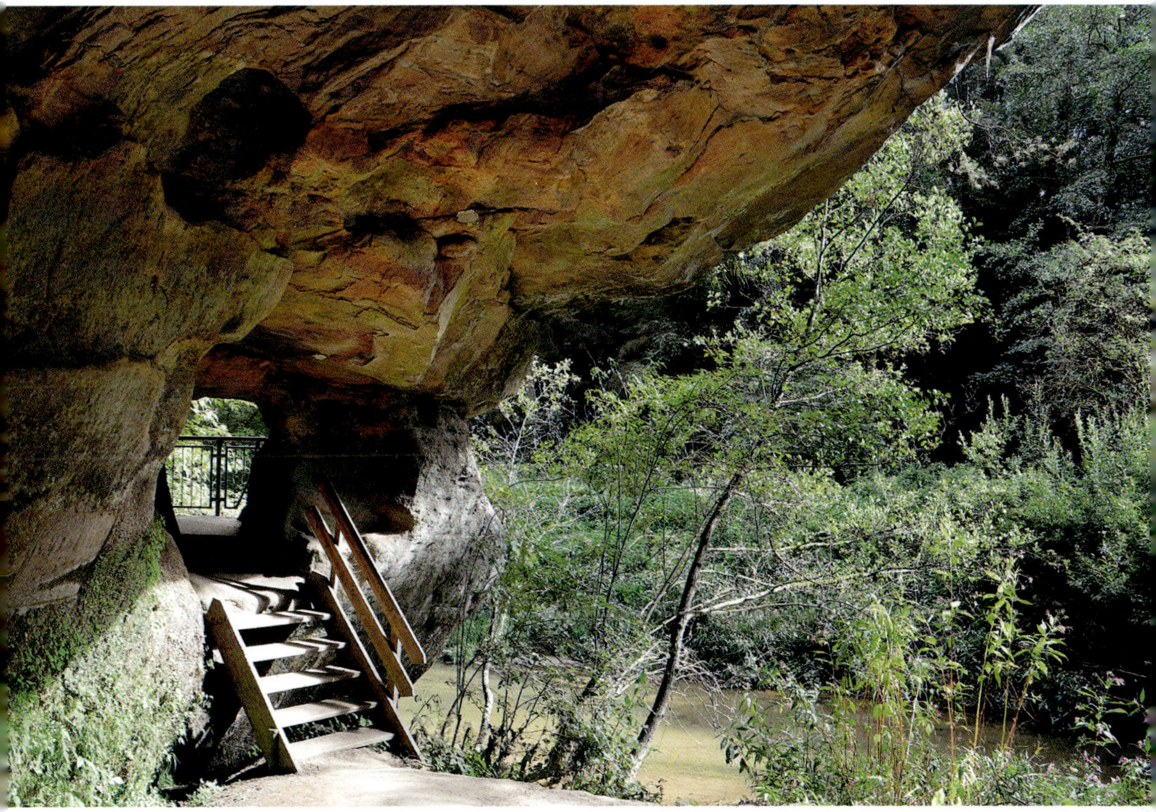

Felsdurchschlupf bei der Karlshöhle in der Schwarzachschlucht

sein. Für die Touren der Schwierigkeitsstufe »leicht« müssen nicht zwangsläufig Wanderstiefel getragen werden. Es empfiehlt sich dennoch, Schuhe zu wählen, bei denen der Knöchel fest geschützt ist. Denn auch bei längeren Touren, die sich in ebenem Gelände befinden und vermeintlich leicht zu bewältigen sind, werden die Sehnen und Bänder der Füße in hohem Maße belastet, sodass es gerade bei Ungeübten leicht zu einem Umknicken des Fußgelenks kommen kann.

Kurzbeschreibung und Legende

Jedem Ausflug ist ein Einleitungstext mit einer Kurzbeschreibung vorangestellt. Sie können so auf einen Blick erkennen, ob die Tour Ihrem Interesse entspricht, ohne die komplette Wanderbeschreibung durchlesen zu müssen. Innerhalb des Tourentextes finden sich außerdem immer wieder wissenswerte Informationen rund um Sehenswürdigkeiten, geologische Besonderheiten oder Ähnliches.

Schwierigkeitsgrade

● **Leicht:** Leichte Wege, keine bis geringe Steigungen, keine Orientierungsschwierigkeiten durch gute Markierungen oder Hinweistafeln, keine besondere Kondition oder Ausrüstung erforderlich, geringe Tourenlänge
● **Mittel:** Geringe bis mittlere Steigungen, Kondition erforderlich, Trittsicherheit auf gewissen Wegabschnitten nötig, guter Orientierungsinn notwendig
● **Schwierig:** Ein hohes Maß an Kondition aufgrund der Länge, für Kinder nur in Teiletappen geeignet, Trittsicherheit und/oder hohe Belastung auf einigen Wegabschnitten, Wanderkarte und/oder Kompass erforderlich

Warnhinweise im Tennenloher Forst – Lebensgefahr!

Bei allen Ausflügen im Tennenloher Forst und auch in dessen Randbereichen, besteht ein absolutes Betretungsverbot außerhalb befestigter Wege. Das Areal diente von 1935 bis 1993 als Truppenübungsplatz. Es besteht die Gefahr, dass das gesamte Gelände mit Munition und Kampfmitteln belastet ist. Immer wieder gibt es Presseberichte über Fundmunition. Aufgefundene verdächtige Gegenstände sind unbedingt an ihrem Ort zu belassen; verständigen Sie unverzüglich die nächstgelegene Polizeidienststelle.
Bei einer Zuwiderhandlung durch Betreten des Geländes außerhalb der befestigten Wege ist mit einem Bußgeld zu rechnen.

Nützliche Adressen und Telefonnummern

Polizei-Notruf: 110 • Feuerwehr, Bergwacht oder Rettungsdienst: 112 • Apotheken-Notdienst: 22833 (Handy), 0800/0022833 (Festnetz) • Sperrnotrufnummer für EC-Karten und Mobiltelefone: 116 116 • ADAC-Pannenhilfe: 0180/2222222 • Wettervorhersage Bayern: 0900/1116952-6 • Fremdenverkehrsamt Tourismusverband Franken: 0911/941510 • Deutscher Alpenverein – Sektion Mittelfranken: 09133/602870 • Bund Naturschutz – Kreisgruppe Nürnberg: 0911/457606 • Verschönerungsverein Moritzberg – Turmbesichtigung (außerhalb der Öffnungszeiten): 09123/74707, 09120/9315 oder 0911/591373

Essen und Trinken – sonstige Hinweise

Auf der Reise durch die unterschiedlichen Gebiete dieses Wanderführers wird Ihnen bei entsprechender Einkehr eine Vielzahl an kulinarischen Ge-

nüssen und fränkischen Spezialitäten aufgetischt. Der Duft der Nürnberger Rostbratwürste mit ihrem fränkischen Holzofenbrot – oder aber einfach eine deftige Brotzeitplatte – ist vielleicht das, was einen zur gemütlichen Rast bewegt. Die Wirte von Wendelstein bis Hetzles, von Cadolzburg bis Haimendorf heißen Sie immer herzlich willkommen.
Am Anfang jeder Tour finden Sie ein paar Infos zu Gasthöfen und

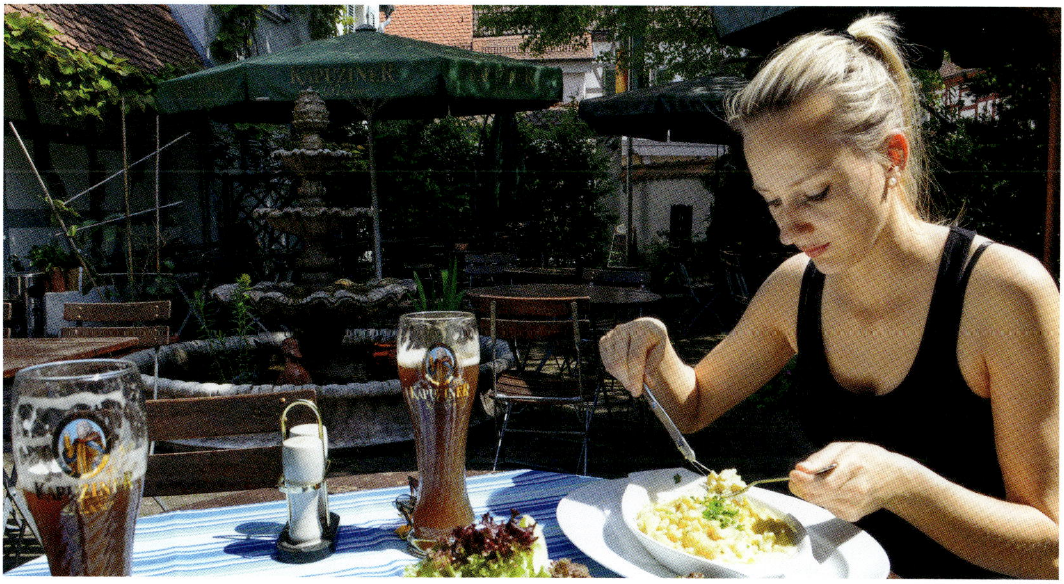

Wohlverdiente Pause – Klosterhof in Neunkirchen

Biergärten. Ruhetage sind hier vermerkt. Die Auswahl hierbei wurde – ohne eine Wertigkeit anzubringen – aufgrund persönlicher Erfahrungen getroffen.
Weiterhin werden Sie in dem Buch Hinweise zu Internetportalen oder öffentlichen Einrichtungen finden. Dies dient der schnellen Informationsgewinnung. Für die Richtigkeit und den Inhalt dieser Webportale wird keine Gewährleistung oder Haftung übernommen.

Anreise mit öffentlichen Verkehrsmitteln

Um die Wanderungen für alle zu einem schönen Erlebnis zu machen, wurde darauf geachtet, dass der Großteil der Ausgangspunkte mit öffentlichen Nahverkehrsmitteln bequem zu erreichen ist. Dies gelingt natürlich nicht jedes Mal gleichermaßen, sodass vom Endpunkt der Haltestelle bei einigen Touren noch eine geringe Wegstrecke zum Ausgangspunkt zurückzulegen ist. Ist der Ausgangspunkt nur mit dem Auto oder Fahrrad günstig erreichbar, ist dies ebenso vermerkt.

Umweltschutz

Helfen Sie mit, dass unsere Natur erhalten bleibt. Mülleimer sind aufgrund des Umweltschutzes auf den Touren dieses Buches nur sehr spärlich aufgestellt oder aber in den letzten Jahren wieder systematisch rückgebaut worden. Der Mensch sollte wieder zu mehr Vernunft erzogen werden. Überquellende Abfallkörbe oder abgelegter Hausmüll neben Parkbuchten sollten der Vergangenheit angehören. Für achtsame Wanderer ist es sicher selbstverständlich, die Verpackungen und die Reste des Proviants wieder mit nach Hause zu nehmen – diese gehören keinesfalls auf den Boden oder in den Wald.

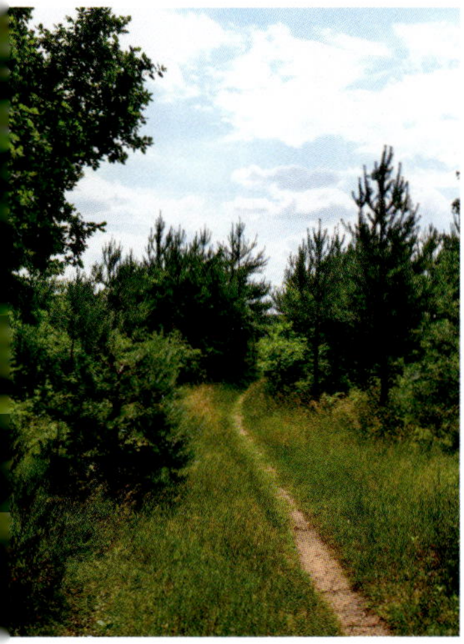

Naturlehrpfad – Erlangen nach Möhrendorf

Ein kleiner Ausflug in die Geologie

Alle beschriebenen Touren befinden sich in den Landkreisen Nürnberger-Land, Fürth, Erlangen-Höchstadt und Forchheim. Der Großteil der durchwanderten Strecke liegt im Vorland zur Fränkischen Alb.

Erst im 19. Jahrhundert hat die Geologie, die eine relativ junge Wissenschaft ist, zu ihrer jetzigen Form gefunden. Zwar haben sich früher Chemie, Physik und andere, teilweise heute nicht mehr bekannte Wissenschaften mit geologischen Aspekten befasst, doch keiner dieser frühen Ansätze führte zur Geologie. Das gilt auch für den Bergbau, dessen Tradition wesentlich weiter in die Vergangenheit zurückreicht als die Geologie – doch der Bergbau hat mit seiner praktischen Orientierung keine Grundlage für die Erforschung der Erdgeschichte geben können.

Die Frankenalb

Die Frankenalb ist ein Mittelgebirge, das sich vom Ries nach Osten bis Regensburg hinzieht, hier nach Norden umbiegt und sich am Westrand des Bayerischen Waldes, des Böhmerwaldes und des Fichtelgebirges bis zum Staffelstein nahe dem Main erstreckt. Man hat die Namensbezeichnung »Alb« früher von dem lateinischen Ausdruck »montes albi« (die weißen Berge) hergeleitet. Wahrscheinlich ist jedoch der Begriff »Alb« eine alte kel-

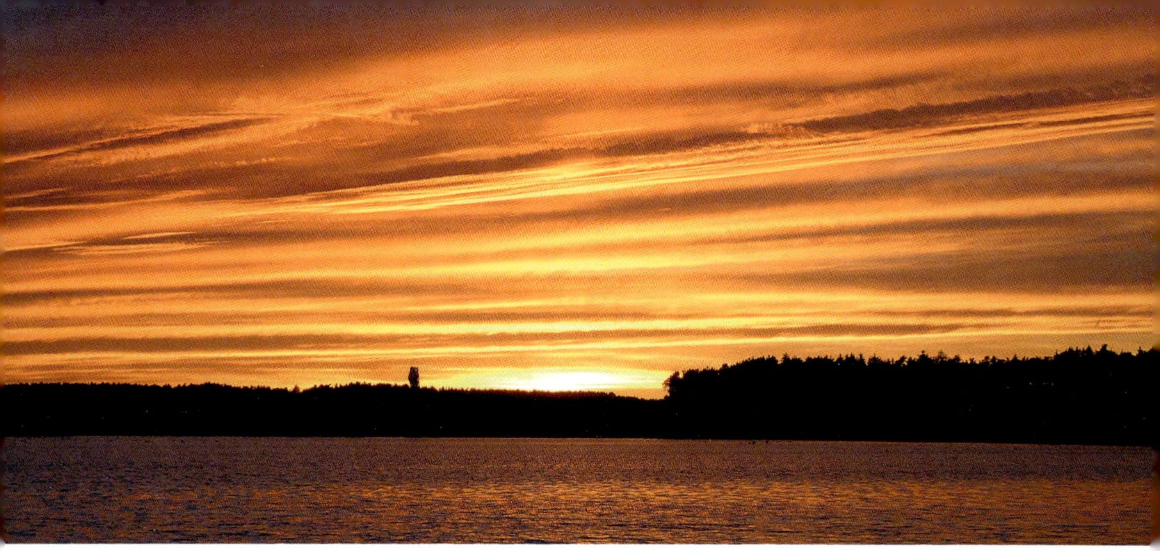

Abendstimmung am Dechsendorfer Weiher

tische Bezeichnung und bedeutet »Gebirgsweide«. Im Westteil der Frankenalb liegt das durch weiche Hügelformen gekennzeichnete Albvorland. Hier finden sich die ältesten geologischen Schichten: Sandsteine und Tone des Mittleren Keupers (Obere Trias) mit einem Alter von etwa 200 Millionen Jahren. Die sandigen Böden auf diesen Gesteinen sind meist mit Kiefernwäldern bestanden; eine landwirtschaftliche Nutzung findet nur in geringem Umfang statt. Darüber folgen Tone des Feuerletten und die Sandsteine des Rhätolias. Rhätolias-Sandsteine ergeben nährstoffarme Böden, die überwiegend forstwirtschaftlich genutzt werden.

Die Entstehung von Sandstein

Bei den Ausflügen in diesem Buch ist der Sandstein die dominierende Gesteinsart, die immer wieder zutage tritt. Sandsteine entstanden einst durch Ablagerung und Verkittung von Sediment, dem lockeren Sand. Vor etwa 215 Millionen Jahren befand sich die Gegend von Nürnberg am östlichen Rand eines Beckens. Im Osten grenzte dieses an das Böhmisch-Vindelizische Hochland. Der Sand wurde durch die küstennahen Flachmeere, Flüsse und Meeresströmungen an seinen endgültigen Ablagerungsort transportiert.

Die natürliche Verfestigung des Sandes zu einem festen Gestein entsteht entweder durch starken Auflastdruck von jüngeren und überlagernden Schichten oder aber durch Einlagerung von Mineralien wie z. B. Kieselsäure oder Calciumcarbonat.

Die typischen löchrigen Sandsteinformen, die etwa in der Schwarzachschlucht bei Schwarzenbruck zu finden sind, werden Galerie- oder Wabenverwitterung genannt.

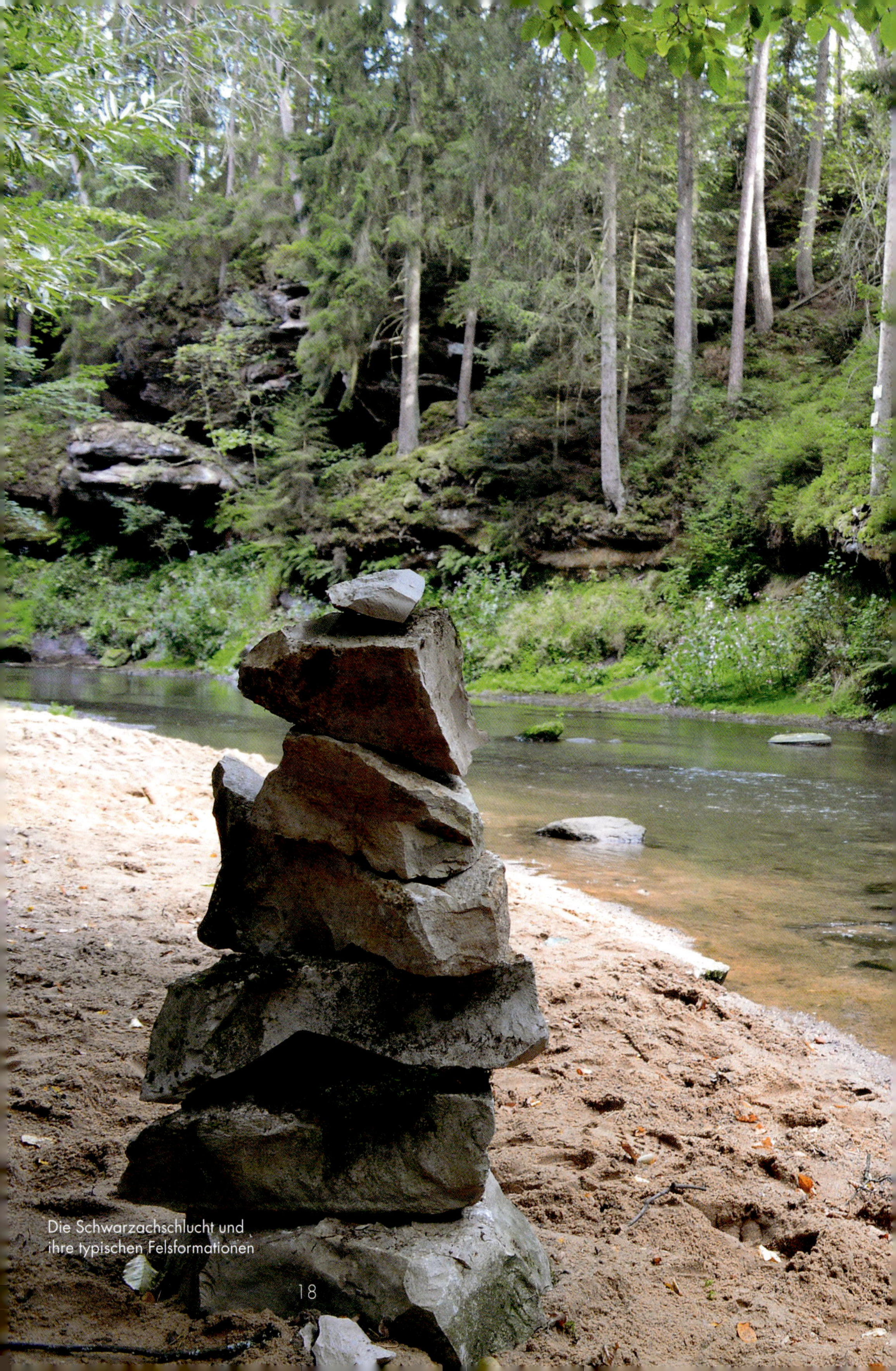

Die Schwarzachschlucht und
ihre typischen Felsformationen

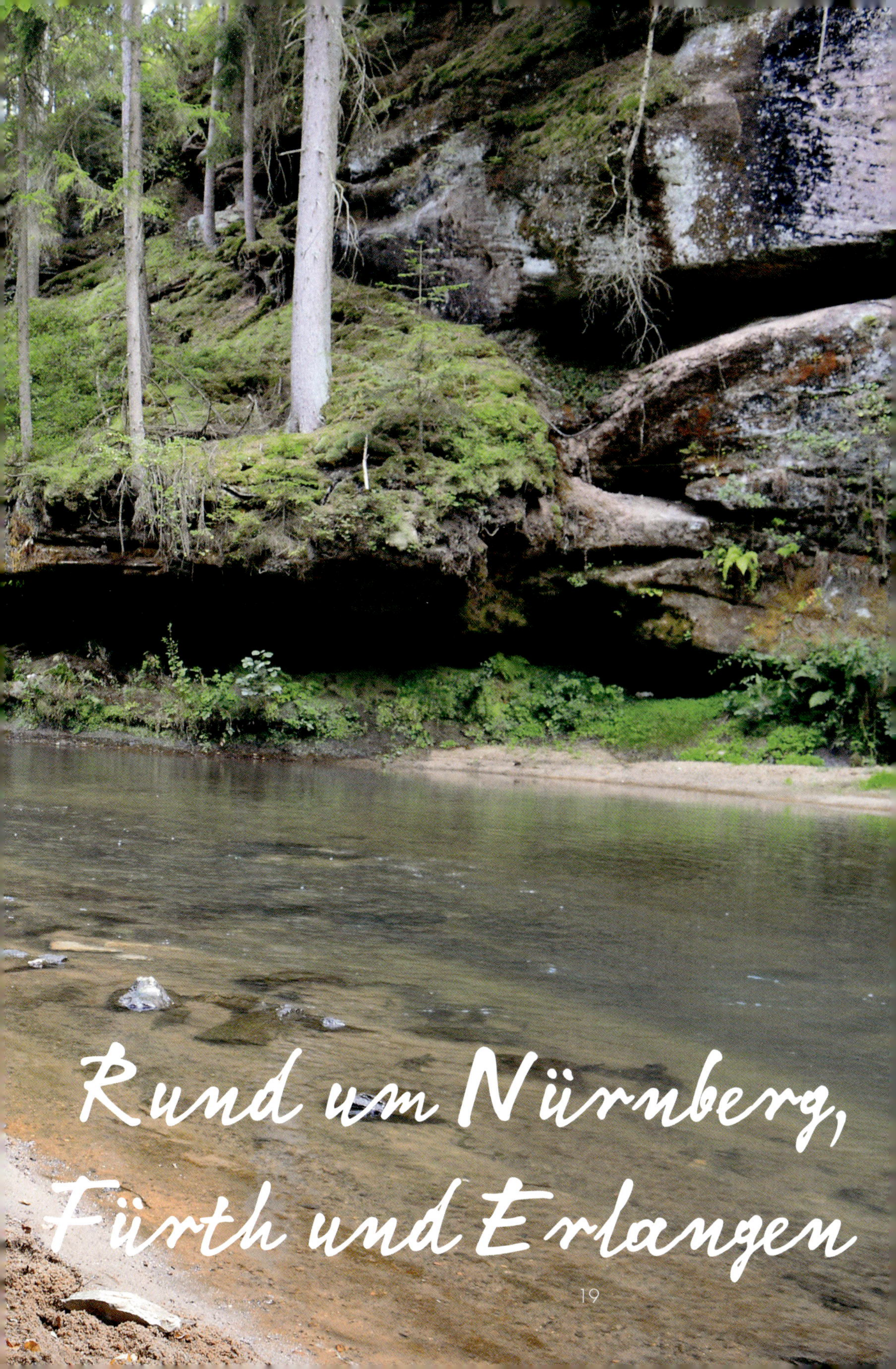

Rund um Nürnberg, Fürth und Erlangen

1 Über den Wipfeln des Lorenzer Reichswaldes

Von Fischbach zum Schmausenbuckturm

mittel | 16,5 km | 60 Hm | 4,5 Std.

Ausgangs-/Endpunkt
S-Bahn-Haltestelle Nürnberg-Fischbach in Altenfurt

GPS-Koordinaten
49.414102, 11.173531

Markierungen
Blauer Punkt und blauer Strich bis Schmausenbuckturm, markierungslos bis Valznerweiherstraße, blaues Kreuz bis Fischbach

Tourencharakter
Bis Fischbach und am Tiergarten Nürnberg einige Asphaltstrecken, ansonsten hauptsächlich befestigte Schotterwege und Waldpfade, teilweise guter Orientierungssinn nötig

Einkehrmöglichkeiten
Mehrere Einkehrmöglichkeiten in Fischbach; Tiergarten Nürnberg; »Insel-Restaurant Valzner Weiher«, Valznerweiherstraße 111 in Nürnberg (kein Ruhetag)

Verkehrsanbindung
S-Bahn-Haltestelle Nürnberg-Fischbach in Altenfurt (S2 Roth–Nürnberg–Altdorf), Buslinien 54, 56, 57, 59 und 96 nach Fischbach

Information
Touristeninformation Nürnberg, Königstraße 93 (Mo–Sa, ganzjährig) oder Hauptmarkt 18 (Mo–Sa, ganzjährig); Tel. 0911/2336-132 o. -135

Woher der Eisweiher seinen Namen hat? Dieser Ausflug gibt die Antwort und wartet überdies mit Highlights auf wie dem 41 Meter hohen Schmausenbuckturm und dem Nürnberger Tiergarten. Letzterer erfreut speziell das Herz der Kleinen und liegt ideal direkt am Wanderweg – stets einen Besuch wert.

Südöstlich des Tiergartens erstreckt sich eines der interessantesten und vielseitigsten Waldgebiete Nürnbergs: der Lorenzer Reichswald. Mit dem etwa 390 Meter ü. NN gelegenen Schmausenbuck ist dies eine der ältesten urkundlich erwähnten Walderholungsstätten. Alte aufgelassene Sandsteinbrüche mit historischer Vergangenheit, dichte Kieferbewaldungen sowie Heidelbeer- und Preiselbeersträucher säumen die Waldlichtungen, auf deren sandigen Böden man mit ein wenig Geduld

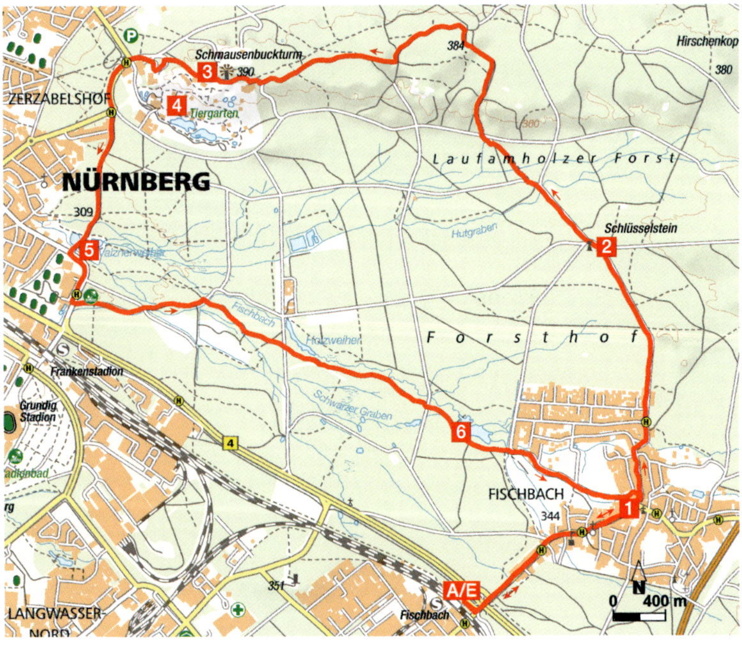

Über den Baumwipfeln

Der Schmausenbuckturm (413,87 m ü. NN) wurde am 5. Mai 1887 erbaut. Es gab zwar schon einige Jahre davor, um etwa 1863, eine derartige Konstruktion, doch war hier nur ein pyramidenförmiges Holzgerüst vorhanden. Durch das Bombardement der alliierten Streitkräfte wurde der Turm im Zweiten Weltkrieg schwer beschädigt, jedoch anschließend in seinem jetzigen Zustand wiederaufgebaut. Im Sommer 2014 erfolgte schließlich noch einmal eine Sanierung. Der Turm kann von Mai bis September an Sonn- und Feiertagen (zusätzlich von Karfreitag bis Ostermontag) von 13 bis 17 Uhr bestiegen werden; Eintritt Erwachsene 2,30 €, Kinder bis 14 Jahre 1,50 €.

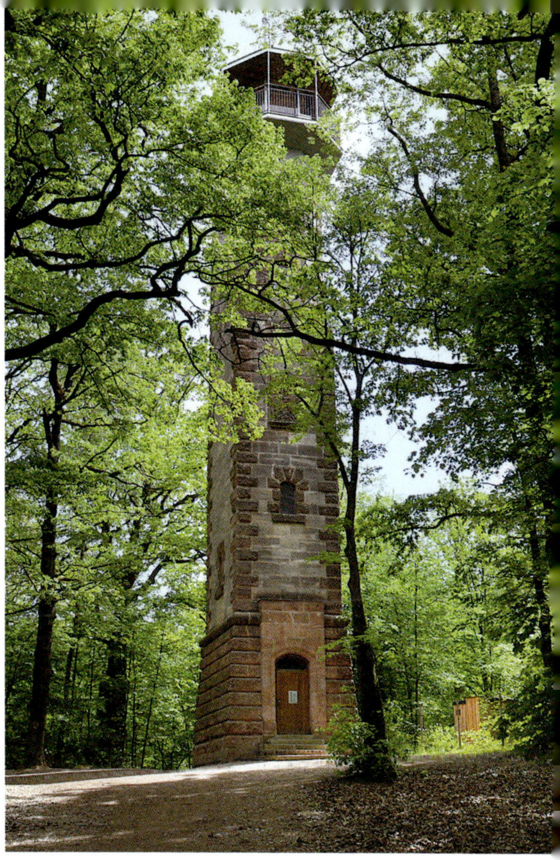

Der 41 Meter hohe Schmausenbuckturm auf der Gritz

manchmal Ringelnattern oder sogar Kreuzottern beobachten kann.

Wir starten unsere Tour am **S-Bahn-Haltepunkt Nürnberg-Fischbach in Altenfurt** Ⓐ Ⓔ. Die Markierung »blauer Punkt« führt uns schließlich an der Fischbacher Hauptstraße entlang in den Ort **Fischbach** ❶ hinein. Der Weg bis dorthin ist eine asphaltierte Strecke. An der Kirche vorbei, biegen wir nach etwa 400 Metern links in die Pellergasse ein. Den Straßenlärm lassen wir ab jetzt weitestgehend hinter uns. Linker Hand können wir das **Pellerschlösschen** mit seiner kleinen Parkanlage erblicken. Der ehemalige Herrensitz, erbaut im 16. Jahrhundert, ist für eine Besichtigung leider nicht zugänglich. Das Schloss ist in Privatbesitz und wird hauptsächlich für Hochzeitsfeiern und Konzerte genutzt.

Auf ruhigen Wegen: Zum Schlüsselstein und Schmausenbuckturm

Unsere Markierung führt uns nun durch das ruhige Wohngebiet bis zum Waldrand. Auf befestigtem Forstweg geht es etwa 1,2 Kilometer weiter bis zu einer Kreuzung (Wegweiser »Brunn«

Historischer Rastplatz

Die »Buchenklinge«, eine im 13. Jahrhundert gefasste Quelle, diente zu damaligen Zeiten als Rast- und Erholungsplatz der Nürnberger Steinmetze. Bis zum Dreißigjährigen Krieg wurden hier zünftige Feste ausgerichtet. Der Burgsandstein, der damals am Schmausenbuck in schweißtreibender Arbeit mit Spitzhacken, Schroteisen, Keilen und Hämmern mühsam abgebaut wurde, wurde schließlich über die Buchenklinge auf alten Holzkarren ins Tal und von dort in die Stadt gebracht. Auch beschäftigte sich bereits der Nürnberger Maler und Dichter Albrecht Dürer in den Jahren 1495–1497 in seinen sechs Steinbruchstudien und -zeichnungen mit dem Nürnberger Sandsteinabbau.

Man erreicht die Buchenklinge, indem man bei der Stromtrasse, die man vor dem Schmausenbuckturm erreicht, den Hinweg etwa 100 m zurückgeht und hier an der Weggabelung nach links abbiegt. Nach weiteren 300 m gelangt man schließlich zum Rastplatz.

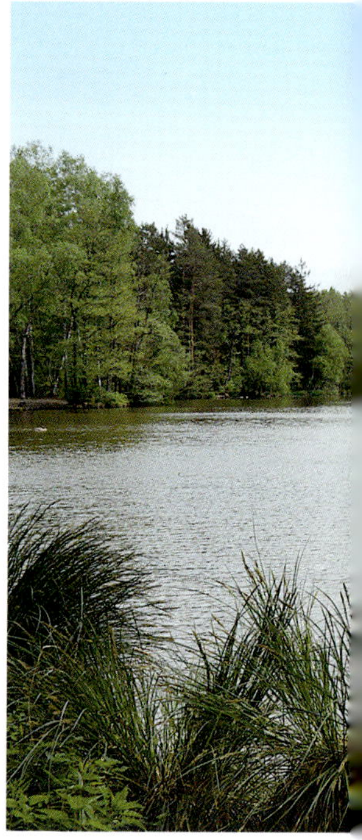

rechts; Markierung »blauer Punkt« links). Hier befindet sich einige Meter im Wald versteckt der **Schlüsselstein** ❷, eine aus Sandstein bizarr gebildete Felsformation. Der Fels ist auf Trampelpfaden leicht zu erreichen.

Mit der Markierung wandern wir weiter, halten uns an einer weiteren Gabelung schließlich links und verlassen den Schotterweg wieder nach rechts auf einen idyllischen schattigen Waldpfad. Wir orientieren uns weiterhin an unserer Markierung »blauer Punkt« (in Richtung Laufamholz/Erlenstegen). Nach einiger Zeit kreuzen wir den Anton-Leidinger-Weg und wechseln ab hier die Markierung.

Mit »blauem Strich« geht es nun in Richtung Tiergarten durch die alten aufgelassenen Steinbrüche, unter einer Stromtrasse hindurch, hinauf zum **Schmausenbuckturm** ❸ (s. Infokasten).

Mit dem »blauen Strich« steigen wir nun über Treppen hinab zum **Nürnberger Tiergarten** ❹. Wir verlassen die Markierung und gehen am Haupteingang des Tiergartens auf dem Gehweg der Straße Am Tiergarten in einer lang gezogenen Linkskurve weiter. Die Straße mündet schließlich in die Bingstraße. Wir verlassen die Straße und gehen mit dem Ulmenweg in südlicher Richtung weiter, am Zaun der Kunstakademie entlang (Wald-

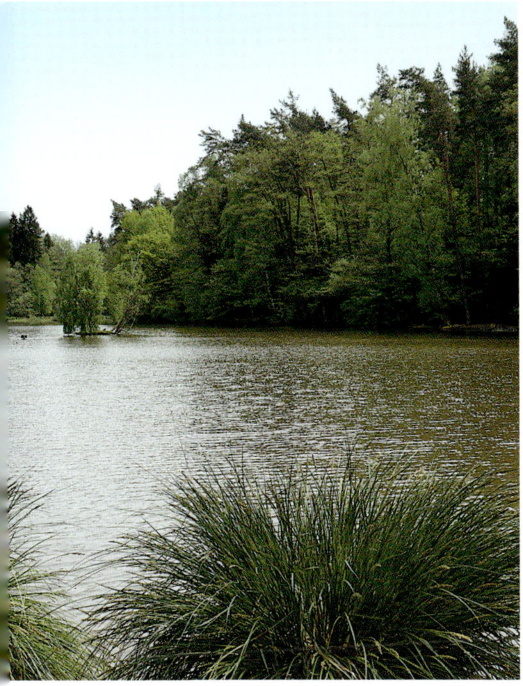

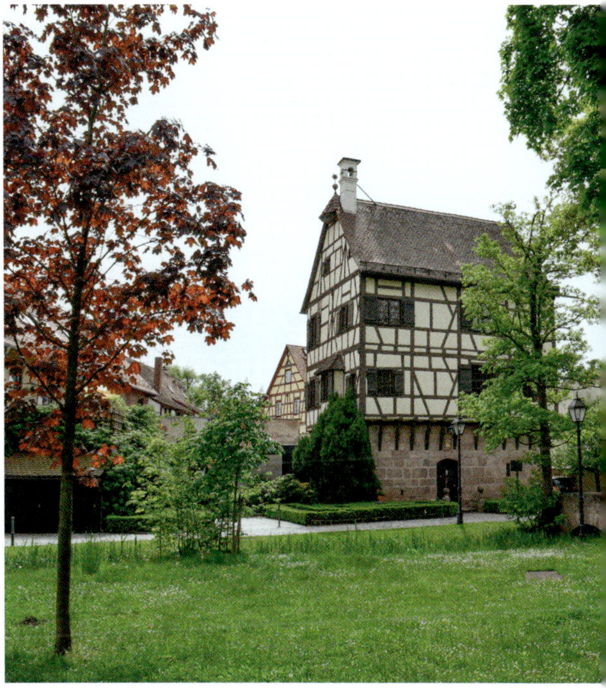

Das Pellerschlösschen in Fischbach

Links: Idylle pur: der Eisweiher

abteilung Breite Lohe). Nach einigen Gehminuten erreichen wir schließlich den **Valznerweiher** 5. Wir begeben uns hier nach links in die Valznerweiherstraße und folgen dieser etwa 500 Meter. Gegenüber dem Schwimmbad des 1. FCN (Valznerweiherstraße 200) geht es links in den Wald hinein.

Idylle pur am Eisweiher in Fischbach

Die Markierung »blaues Kreuz« führt uns ab nun in östliche Richtung. Auf gut markiertem Weg wandern wir so etwa 3,5 Kilometer durch den Wald. Kurz vor Fischbach erreichen wir schließlich den idyllisch gelegenen **Eisweiher** 6. Der Name stammt aus früherer Zeit, als die Brauereien im Winter große Eisplatten aus dem Weiher heraussägten. So konnten in den Sommermonaten die Bierfässer in den Kellern kühl und frisch gelagert werden. Wer hier eine Rast einlegen möchte, kann auch eine Vielzahl an Enten und Graugänsen beobachten.

Unsere Markierung führt uns nun über die Tiefe Brücke und den Eisweiherweg sowie über einen weiten Wiesengrund wieder bis zum **Pellerschlösschen**.

Ab hier geht es auf altbekanntem Weg mit der Markierung »blauer Punkt« zum **S-Bahnhof Nürnberg-Fischbach** zurück.

2 Die Schwarzachschlucht bei Schwarzenbruck

Ein Ausflug in das romantische Flusstal

leicht | 5–10 km | 86 Hm | 1,5–2,5 Std.

Ausgangs-/Endpunkt
Parkplatz Waldschänke, Brückkanal 3, 90537 Feucht oder S-Bahn-Haltestelle Ochenbruck, Schwarzenbruck

GPS-Koordinaten
49.354706, 11.206832 (Waldschänke), 49.362703, 11.253679 (S-Bahn-Haltestelle)

Markierungen
Vom Brückkanal: blaues Kreuz in der Schwarzachschlucht, anschließend Nr. 1 und 2 für den Rückweg; von S-Bahn-Haltestelle Ochenbruck blauer Punkt und blaues Kreuz

Tourencharakter
Romantische Flusswanderung, geschotterte Wege am Alten Kanal, Wochenende und feiertags sehr viele Ausflügler

Einkehrmöglichkeiten
Waldschänke Brückkanal, Am Brückkanal 3 in Feucht (Mo Ruhetag); mehrere Einkehrmöglichkeiten in Schwarzenbruck

Verkehrsanbindung
S-Bahn-Haltestelle Ochenbruck, Schwarzenbruck (S3 Nürnberg–Feucht–Neumarkt)

Information
Nürnberger Land Tourismus, Waldluststraße 1, 91207 Lauf a.d. Pegnitz, Tel. 09123/9506062

Tief in die Landschaft eingeschnitten liegt die Schwarzachschlucht, auch Schwarzachklamm genannt, an der südlichen Grenze des Lorenzer Reichswaldes bei Nürnberg. Malerisch schlängelt sich die Schwarzach durch den imposanten Canyon, umrahmt von schroffen und mächtigen Felsgebilden. Wir wandeln in dieser beeindruckenden Landschaft auf den Spuren des Schwedenkönigs Gustav Adolf.

Die Schlucht entstand vor etwa 1,5 Millionen Jahren, als der Main den Steigerwald durchbrach. Von da an floss die Schwarzach nicht mehr wie vorher in die Donau, sondern nunmehr in Richtung Westen in den Rhein. Dadurch hatte der Fluss einen wesentlich kürzeren Weg zum Meer, was zu einer höheren Fließgeschwindigkeit führte. Verbunden waren damit die durch das Wasser hervorgerufenen Auskolkungen und

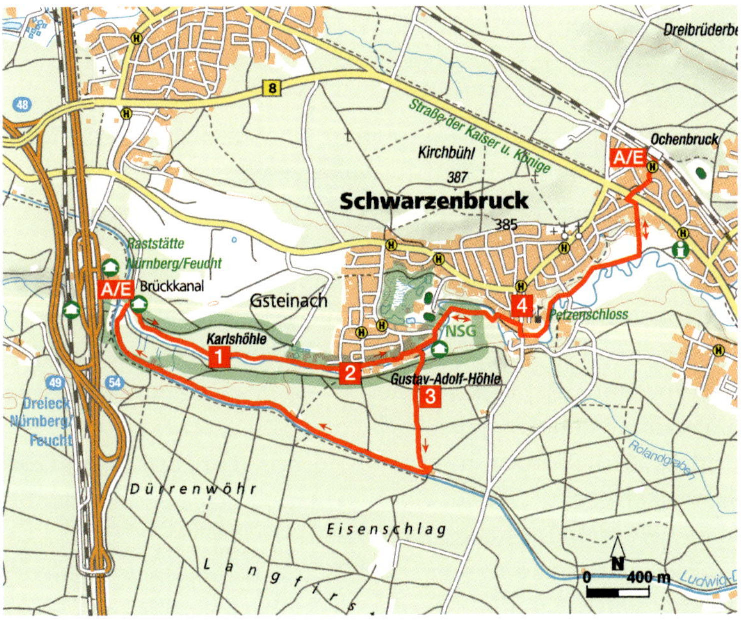

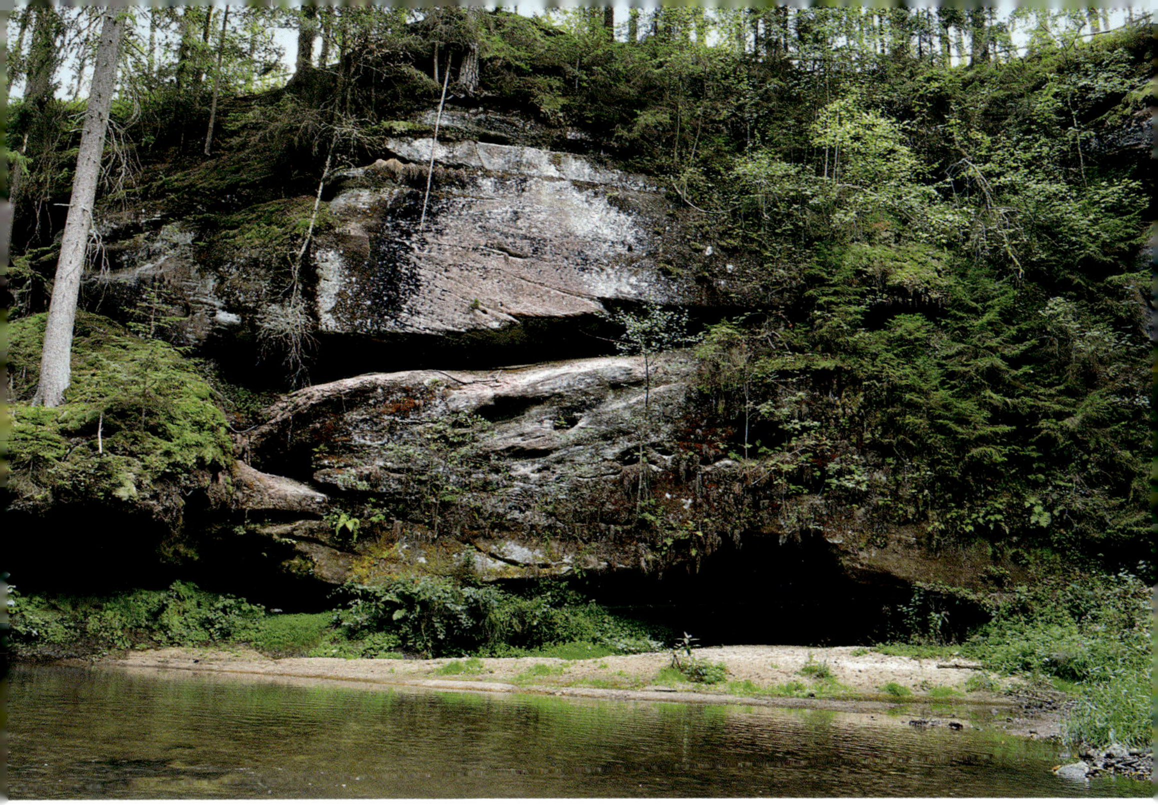

Typische Brandungshöhlen

Uferunterspülungen. Durch diese Erosionen, die Abtragung von weichen und zwischengeschalteten Tonlagen, entstanden schließlich auch die hierfür typischen Brandungshöhlen in der Schwarzachschlucht.

Wir starten an unserem Ausgangspunkt, dem **Wanderparkplatz an der Waldschänke Brückkanal** Ⓐ Ⓔ. Vor dem Biergarten begeben wir uns zunächst über einen kleinen Fußpfad hinauf zum **Ludwig-Donau-Main-Kanal** (s. auch Tour Nr. 4). Nach einigen Metern wird der Weg gleich wieder links haltend verlassen. Hier erwartet uns schon eine Info- und Wandertafel zum Wegverlauf durch die Schwarzachschlucht.

Von hier aus führt uns die Markierung »blaues Kreuz« durch den groß angelegten Außenbereich des Biergartens, schließlich in den Wald und über Stufen hinab zum eigentlichen Beginn unserer Tour. Ein Waldpfad schlängelt sich hier dahin, rechter Hand die Schwarzach,

Mit der Bahn ins Grüne

Wer nicht die Möglichkeit hat, den Ausgangspunkt mit dem Pkw zu erreichen, der kann auch bequem mit der S-Bahn zum Haltpunkt Ochenbruck, Schwarzenbruck fahren. Die Wegstrecke von dort bis zum Einstieg in die Schwarzachschlucht beträgt mit Hin- und Rückweg weitere 5 km. Mit der Markierung »blauer Punkt« (ab Marienstraße) und anschließend dem »blauen Kreuz« gelangen wir allmählich am Petzenschloss vorbei in die Schwarzachklamm.

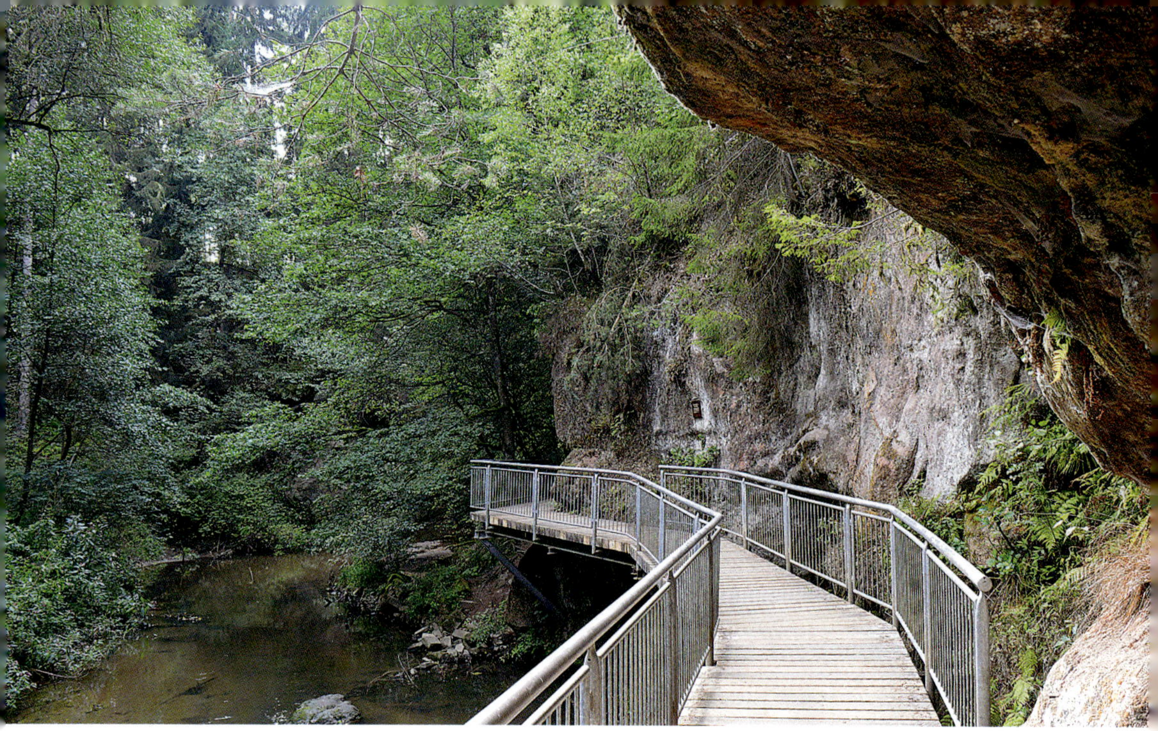

Auf sicherem Steg: Über der Schwarzach

linker Hand mit Moos eingesäumte Felsgebilde aus Sandstein, kleine Felstore und Nischen.

Auf den Spuren des Schwedenkönigs Gustav Adolf

Nach etwa 10 Minuten Wanderzeit erreichen wir einen kleinen Wasseraustritt. Der Weg führt an einer Holzbrücke vorbei, welche wir jedoch nicht überqueren, sondern an der wir geradeaus weiterwandern. Kleine Sandbänke am Bachbett charakterisieren hier die Flusslandschaft. Wir gelangen nun zur **Karlshöhle** ❶. Durch einen Felsdurchschlupf mit einer Holztreppe und anschließend auf einem Steg am Fels entlang folgen wir dem Weg. Eine Treppe führt uns am **Flusskraftwerk Gsteinach** ❷ empor in den Felsenweg. Die Markierung »blaues Kreuz« führt uns ein kurzes Stück auf einer Teerstraße entlang, um nach einer Rastbank wieder in den Wald hinabzusteigen bis zur imposanten **Gustav-Adolf-Höhle** ❸. Eine Bank, hoch aufragende Felsgebilde, der Blick auf das Wasser – ein besonderer

Die Trogbrücke am Brückkanal

Nicht zu übersehen ist die Trogbrücke am Ludwig-Donau-Main-Kanal. Deren imposanter Torbogen spannt sich auf einer Länge von 90 m über dem Schwarzachtal. Das 1844 wieder errichtete Bauwerk besitzt sogar einen Hohlraum mit einer Länge von 26 m und einer Höhe von 10 m. Manch einer vergleicht die Bauweise gar mit der gewölbeartigen Konstruktion einer gotischen Kathedrale. Für die Öffentlichkeit ist der Zutritt in den Hohlraum jedoch nicht gestattet.

Ort, an dem man so manchem Alltagsstress entfliehen kann. Eine Gedenktafel erinnert an dieser Stelle an den Besuch des Schwedenkönigs Gustav II. Adolf. Hier steht geschrieben: »Als während der Belagerung der alten Veste im Dreißigjährigen Krieg das Gefecht bei Burgthann-Fröschau am 31. Juli 1632 zugunsten des Schwedenkönigs ausgegangen war, kam dieser auf dem Rückweg nach Nürnberg an diesen Platz und hörte sich während des Dankgottesdienstes die Predigt des Nürnberger Pfarrers Cornelius Mareius in dieser Höhle an. An diese Tatsache erinnert die Inschrift: Hier war Er.«

Zurück am Ludwig-Donau-Main-Kanal

Wir wandern nun weiter bis zu einem freien Platz mit alten Mauerresten. Wir wechseln auf das andere Ufer, mit der Markierung Nr. 1 führt uns der Weg über einen Steg. Wer möchte, kann hier

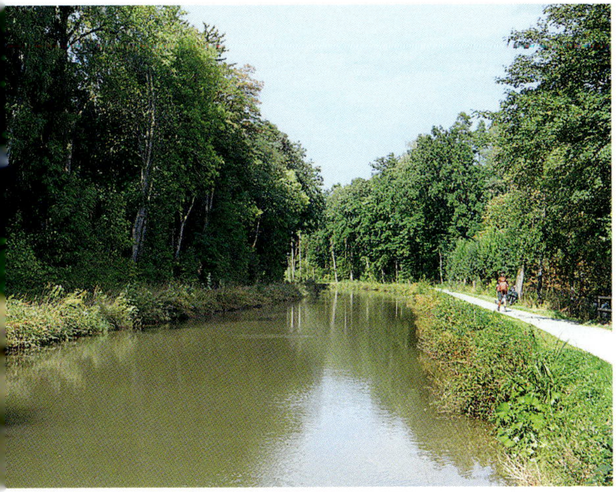

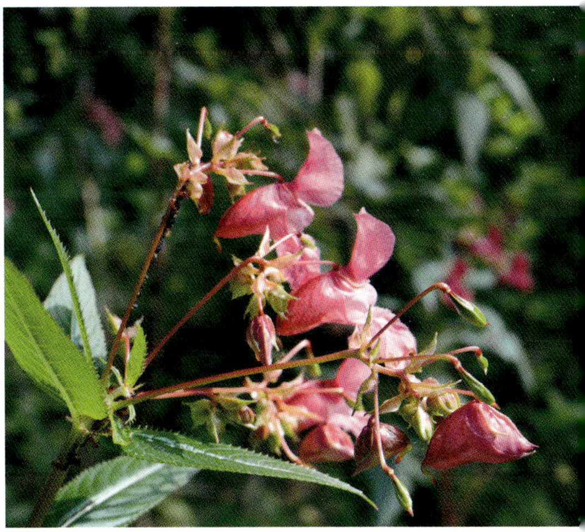

statt dem im Folgenden beschriebenen Rückweg dem Waldpfad direkt oberhalb der Schlucht nach rechts folgen. Zwar markierungslos, aber mit ein wenig Orientierungsinn gut zu finden, gelangt man auch auf diesem Weg zum Ausgangspunkt.

Andernfalls führen Treppen uns zunächst aus der schluchtartigen Landschaft wieder aufwärts. Unsere Markierung bringt uns durch einen lichten Nadelwald zum **Ludwig-Donau-Main-Kanal**. Hier wechseln wir die Markierung und wandern mit der Nr. 2 weiter. Beschaulich zieht sich der Weg nun 2,4 Kilometer, vorbei an den alten Schleusen, zurück in Richtung **Waldschänke Brückkanal**.

Drüsiges Springkraut

Links: Ludwig-Donau-Main-Kanal

3 Idyllische Pfade am Fränkischen Dünenweg

Rundweg um Ungelstetten

mittel | 14–19 km | 100 Hm | 3,5–5 Std.

Ausgangs-/Endpunkt
Fischbacher Straße/Dorfstraße, 90610 Winkelhaid-Ungelstetten oder S-Bahn-Haltestelle Winkelhaid

GPS-Koordinaten
49.410265, 11.298582 (Ungelstetten) oder 49.392956, 11.300971 (Winkelhaid)

Markierungen
Weiß-gelb geteiltes Rechteck (Dünenweg) bis Brunn, blauer Punkt bis Birnthon, blaues Kreuz nach Ungelstetten

Tourencharakter
Wildromantischer Waldpfad am Röthenbach, schattige Pfade am Wildmeistersteig, sonst teilweise schotterbedeckte Forstwege, kurze Asphaltstrecken; guter Orientierungssinn in Netzstall und Birnthon nötig

Einkehrmöglichkeiten
»Zur Alten Scheune«, Dorfstraße 10 in Ungelstetten (Mo, Di Ruhetag); keine Einkehrmöglichkeiten in Brunn und Birnthon

Verkehrsanbindung
S-Bahn-Haltestelle Winkelhaid, (S2 Roth–Nürnberg–Altdorf)

Information
Nürnberger Land Tourismus, Waldluststraße 1, 91207 Lauf a.d. Pegnitz, Tel. 09123/9506062

Stille, verwunschene Pfade erwarten uns auf dem Ausflug entlang des Röthenbachs bei Ungelstetten. Über insgesamt 80 Kilometer erstreckt sich der »Fränkische Dünenweg« mit seinen eiszeitlichen Sandlandschaften, Kiefernwäldern und plätschernden Bächlein im Nürnberger Land. Ein Mekka für Liebhaber wildromantischer Naturräume.

Die Sanddünen, einst bis zu 70 Meter hoch, entstanden vor etwa 25 000 Jahren und sind heute meist mit Wald oder Sträuchern bedeckt. Die gesamte Wegstrecke des Dünenwegs teilt sich in fünf Etappen. Bei diesem Ausflug kommen wir in den Genuss, einen der schönsten Teilabschnitte des Wanderweges entdecken zu können. Unser Ausgangspunkt befindet sich in **Ungelstetten** A E in der Fischbacher Straße/Dorfstraße. Wir wandern in leicht nördlicher

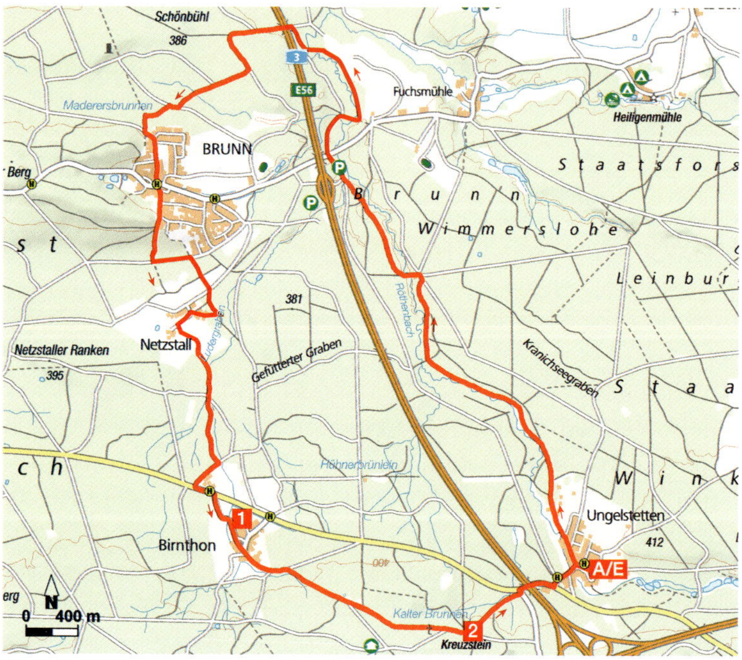

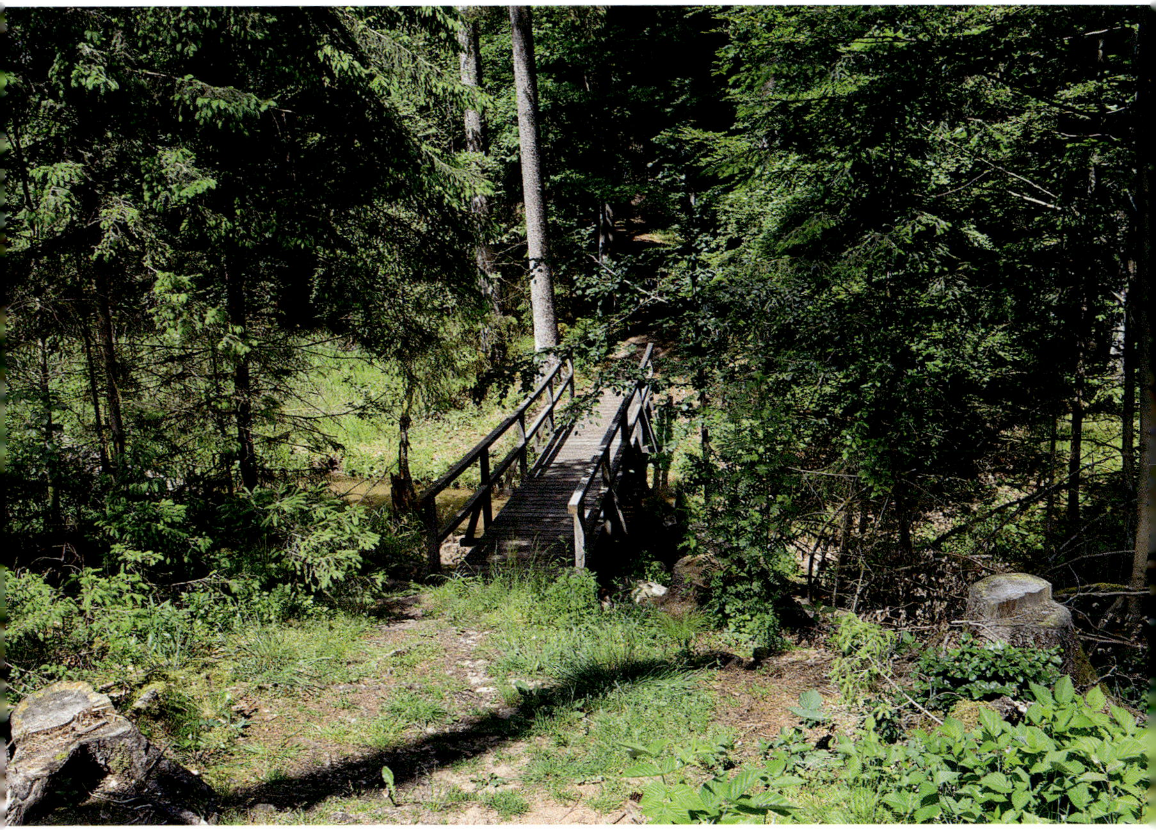

Über sieben Brücken – Querung über den Röthenbach

Richtung mit der Markierung »Dünenweg« (weiß-gelb geteiltes Rechteck). Die Dorfstraße mündet nach einigen Metern in den Brunner Weg. Dieser führt uns zunächst auf schotterbedecktem Fahrweg Richtung Wald. Nach einigen Metern wird dieser verlassen, bis uns rechter Hand ein Pfad zwischen Wald und Wiese leicht bergab führt.

Brücken, eingeschnittene Sandbänke und wilde Vegetation

Unsere Markierung begleitet uns die nächsten Kilometer auf verschlungenen Pfaden durch eine wildromantische Wald- und Flusslandschaft. Der Röthenbach bietet gerade im Hochsommer für die aufge-

Ab Winkelhaid

Hat man keine Möglichkeit, in Ungelstetten zu starten, kann man auch mit öffentlichen Verkehrsmitteln nach Winkelhaid fahren. Auf dem Fußweg an der Ungelstettener Straße/Juraweg entlang, gelangt man in nördlicher Richtung in 2,5 km vom S-Bahnhof Winkelhaid zum Ausgangspunkt in Ungelstetten.

heizten Füße eine wohltuende Abkühlung. Nach etwa drei Kilometern erreichen wir die Verbindungsstraße Brunn–Leinburg, die wir überqueren. An einer Wandertafel rechts und wieder in den Wald hinein. An einer Weggabelung teilt sich die Markierung: Die Markierungen »blauer Strich« und »roter Punkt«, die uns bisher begleitet haben, verlassen hier den »Dünenweg«. Wir gehen mit letzterem nach links weiter auf befestigtem Schotterweg, bis wir die Autobahn unterqueren. Nach dem Erreichen einer Wasserversorgungsstelle zieht der Weg nun leicht bergan. Oben erreichen wir die **Kleingartenanlagen von Brunn**.

Über den Wildmeistersteig nach Netzstall

Wir verlassen hier den »Dünenweg« und gehen links in die Knogstraße und gleich wieder rechts in die Bergäckerstraße. Die Ortsmitte ist an der Brunner Hauptstraße erreicht. Hier gleich wieder nach links bergauf in die Spitzäckerstraße. An einer Wandertafel im Wald führt uns der »blaue Punkt« schließlich links hinab auf schattigen Pfaden des **Wildmeistersteigs** in Richtung Birnthon. Nach etwa einem Kilometer wird die Einöde **Netzstall**

Wilde Vegetation – Flusslandschaft am Dünenweg

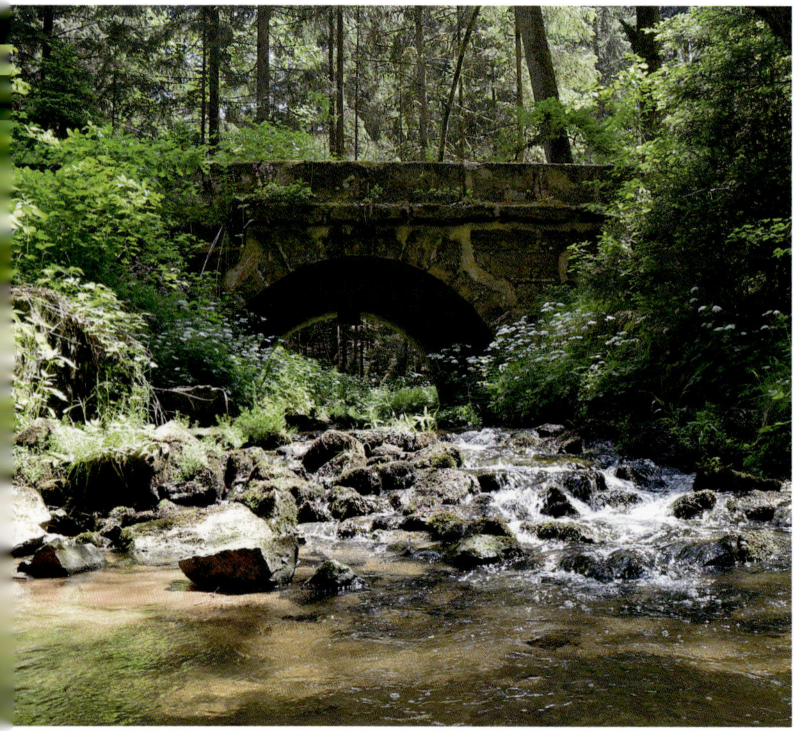

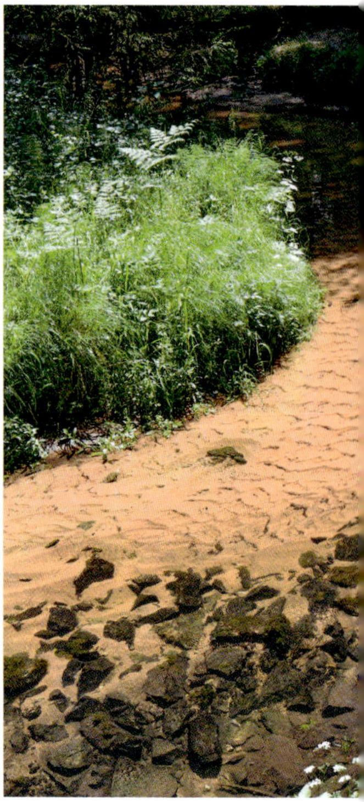

erreicht. Hier ist in Bezug auf die Wegführung besondere Vorsicht geboten. Einige Markierungen sind bereits nicht mehr erkennbar und irreführend. Durch eine Kleingartenkolonie erreichen wir einen Querweg (Wegweiser »Ungelstetten 3 km«; »Birnthon 2 km«). Diesem folgen wir ohne Markierung nach links in Richtung eines Gehöfts. Kurz davor führt uns der Weg nach links, um dann in einem Rechtsbogen zum Waldrand abzuknicken. Dort treffen wir wieder auf unsere Markierung, den »blauen Punkt«.

An einer weiteren Weggabelung geht es zunächst wenige Meter nach links, jedoch gleich wieder nach rechts auf schmalem Waldpfad weiter (Abzweigung nicht verpassen, unscheinbare Markierung am Baum). Der »blaue Punkt« führt schließlich aus dem Wald hinaus, an einer Tierpension vorbei und kurzzeitig auf die Straße. Hier nach rechts nach **Birnthon** hinein. An der **Big Horn Ranch** 1 vorbeigehend, bleiben wir auf der Hauptstraße, der wir bis zum Waldrand folgen. Die Markierung »blaues Kreuz« begleitet uns nun ab der Mitte des Ortes in Richtung Altdorf (schlecht erkennbarer Wegweiser).

Am **Kreuzstein** 2 mit einer Rastbank steigen wir nach links bergab, bis wir schließlich wieder **Ungelstetten** erreichen.

Links: Der Röthenbach

Kurz vor Netzstall

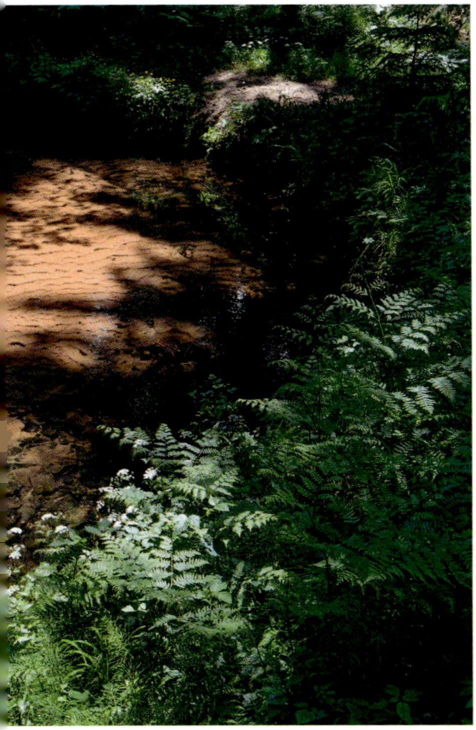

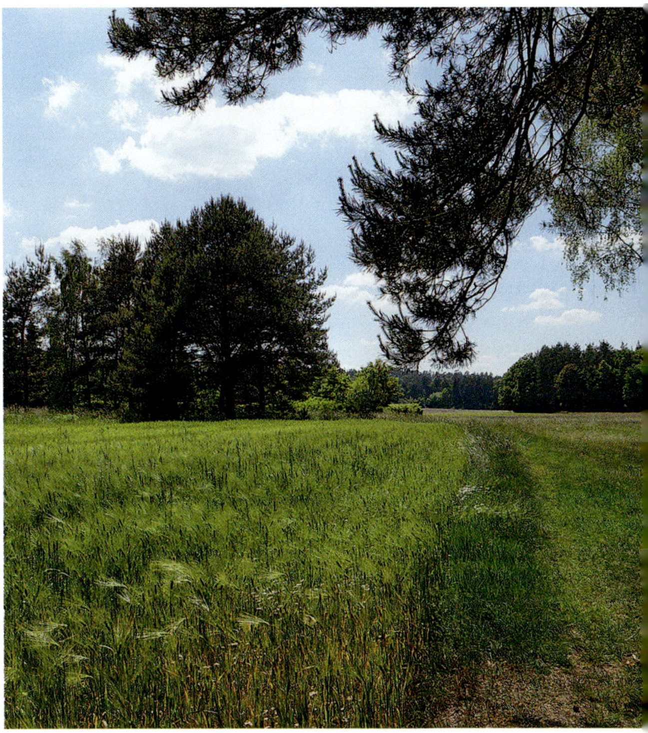

4 Die Felsenschätze bei Worzeldorf

Begegnungen im romantischen Naturparadies

mittel | 13 km | 65 Hm | 3,5 Std.

Ausgangs-/Endpunkt
Parkplatz Biergarten Steinbrüchlein, Am Steinbrüchlein 20, 90455 Nürnberg

GPS-Koordinaten
49.391540, 11.111063

Markierungen
Grüner Punkt bis zum Knauersberg, rotes Kreuz bis Wendelstein, gelber Strich zurück bis Steinbrüchlein, Abstecher mit blauem Strich zum Holsteinbruch

Tourencharakter
Forst- und Waldwege, stille Pfade, am Wernloch ist Vorsicht geboten (Absturzgefahr!); guter Orientierungssinn beim Weg zum Holsteinbruch nötig

Einkehrmöglichkeiten
Biergarten Steinbrüchlein, Am Steinbrüchlein 20 in Nürnberg (Mo Ruhetag, Juni–August kein Ruhetag); »Zirbelstube«, Friedrich-Overbeck-Straße 1 in Worzeldorf (So Ruhetag); mehrere Einkehrmöglichkeiten in Wendelstein

Verkehrsanbindung
Bushaltestelle Steinbrüchlein (Linie 52 Nürnbeg–Katzwang)

Information
Touristeninformation Nürnberg, Königstraße 93 oder Hauptmarkt 18, Tel. 0911/2336-132 oder -135

In ein felsig-romantisches Naturparadies gleich vor den Toren der Großstadt entführt dieser Ausflug. Alte Steinbrüche, moosbedeckte urige Wälder – alles völlig der Vegetation überlassen. Sandsteinformationen, Felsköpfe, das Wernloch oder der Holsteinbruch erwarten uns im Nürnberger Süden.

Unser Ausflug beginnt am Parkplatz Steinbrüchlein und führt uns zu bereits aufgelassenen oder teilweise noch aktiven Steinbrüchen. Kinder lädt ein Erholungs- und Waldparcours am Ludwig-Donau-Main-Kanal zum Spielen und Entdecken ein.
Vom **Gasthaus Steinbrüchlein** A E führt uns die Markierung »grüner Punkt« zunächst in den Wald hinein. Ab dem **Knauersberg** wechseln wir auf die Markierung »rotes Kreuz«, welches uns nun fortan bis nach Wendelstein als Begleiter dient. Kurz vor

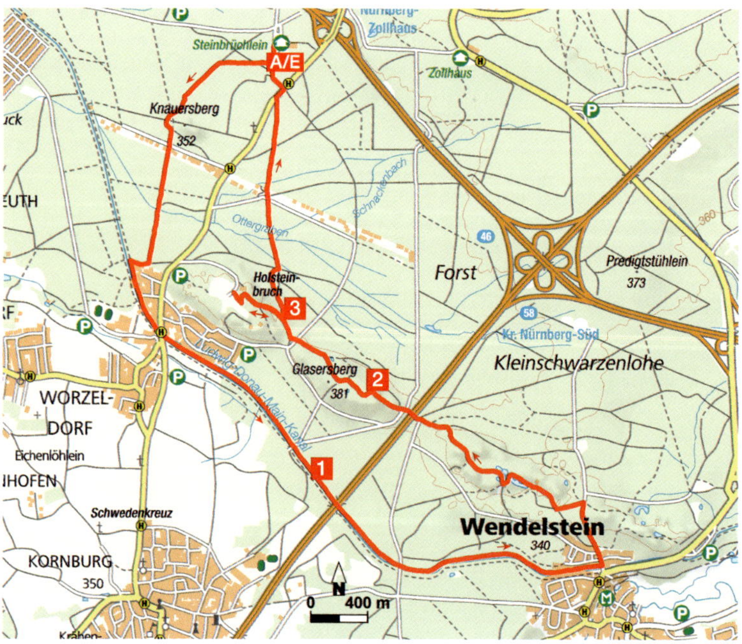

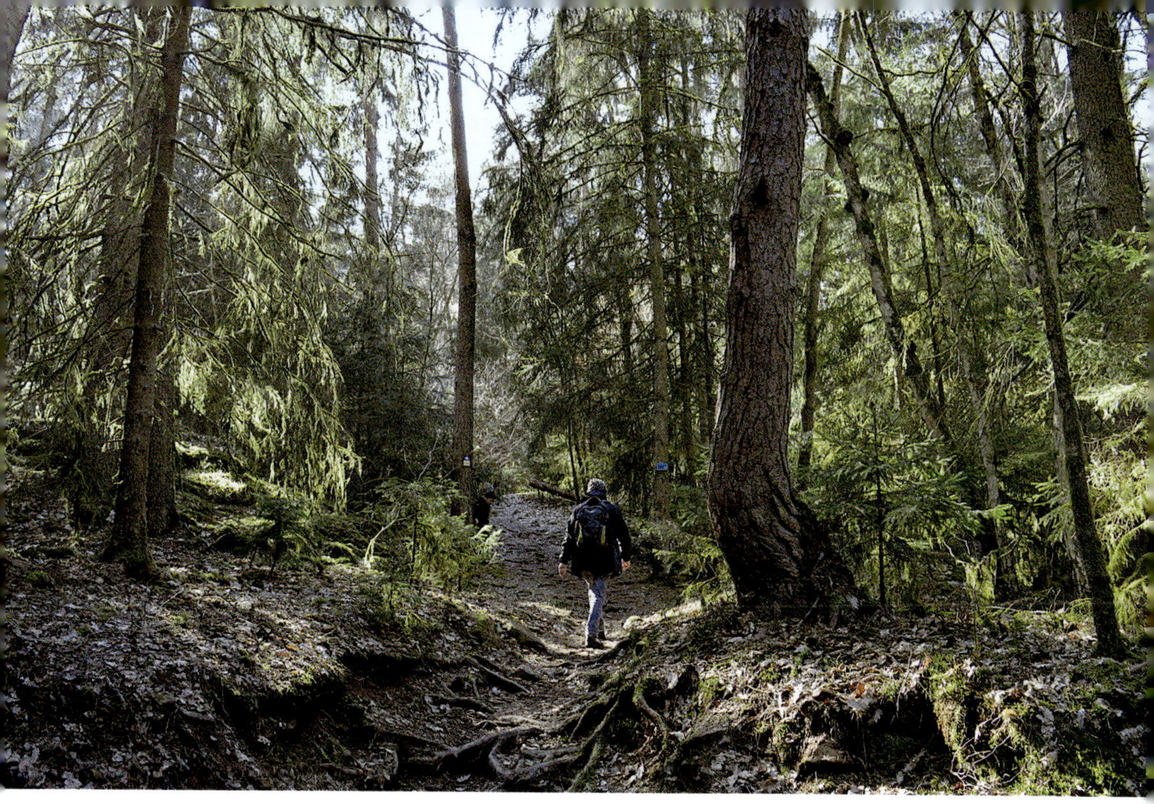

Worzeldorf biegen wir vor den ersten Häusern nach rechts ab und gelangen zum idyllisch gelegenen **Ludwig-Donau-Main-Kanal** ❶.

Über Stock und Stein beim Wernloch

Der Ludwig-Donau-Main-Kanal und seine Geschichte

Zwischen Kehlheim und Bamberg erstreckte sich im 19. und 20. Jahrhundert die insgesamt 172,4 Kilometer lange Wasserstraße. 100 Schleusen zählte der Kanal. Im Gegensatz zu heute waren die Gegenden rund um die fränkischen Mittelgebirge meist unzugängliche Gebiete, sodass die Flüsse oft die einzigen Transport- und Beförderungswege darstellten.

Karl der Große, König von Franken, hatte bereits im Jahr 793 die Idee, die Altmühl mit der Rezat durch die »Fossa Carolina«, den sogenannten Karlsgraben, zu verbinden. Die Situation der Händler sollte so verbessert werden. Zum Ende des genutzten Karlsgrabens existieren verschiedene Versionen. Eine besagt, dass sich der Aufwand gegenüber dem Nutzen aufgrund des fehlenden Schleusensystems nicht lohnte. Nur durch Dämme, Rutschen und Rollen konnten die Schiffe durch den Graben geleitet werden.

1825 wurde schließlich der Baurat Heinrich Freiherr von Pechmann durch König Ludwig I. von Bayern mit dem Bau einer

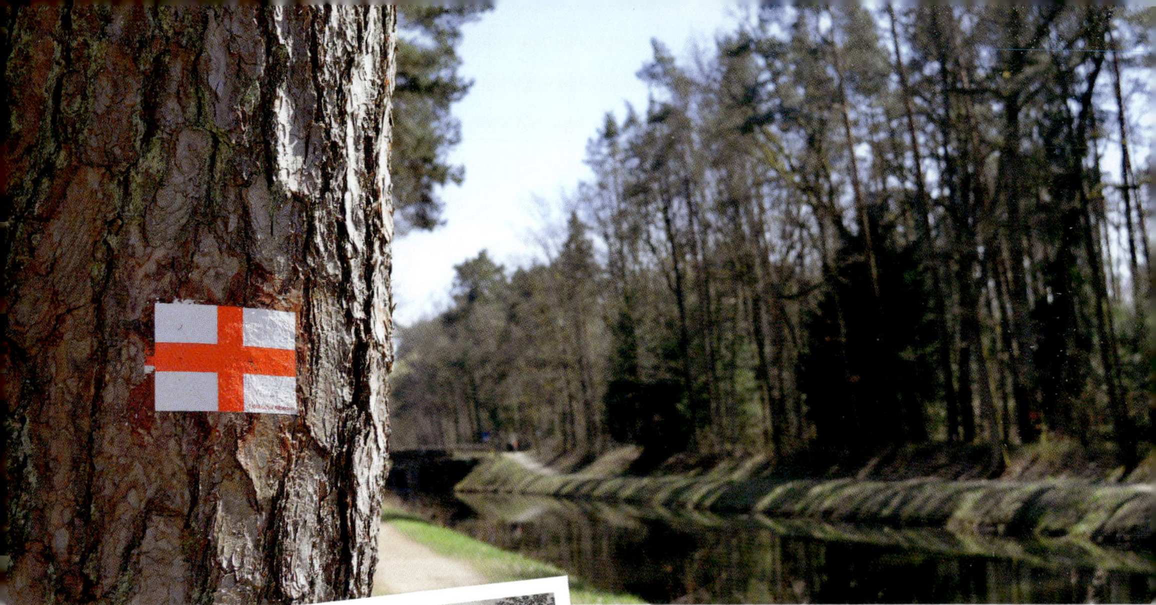

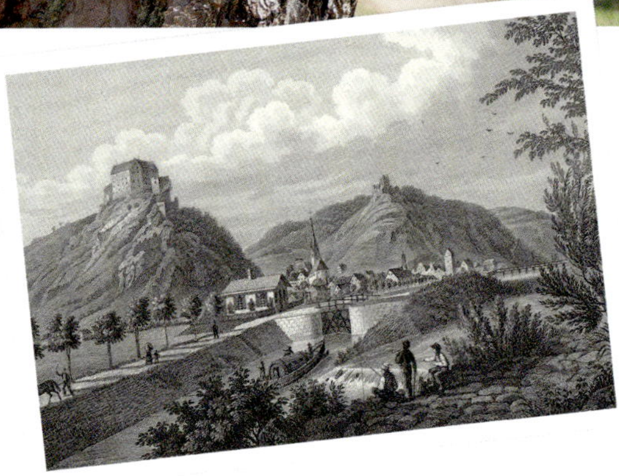

Die Schleuse bei Riedenburg im Altmühltal (Stahlstich von A. Marx, 1845–1847)

Ganz oben: Fehlendes Blattkleid: der Kanal Anfang April

neuen schiffbaren Verbindung zwischen Kehlheim und Bamberg beauftragt. 1839 waren die gröbsten Arbeiten abgeschlossen, die Bodenarbeiten waren fertiggestellt und Ende 1840 bereits 90 Schleusen errichtet. 69 Schleusenwärterhäuschen wurden erbaut, um die Bedienung und Wartung der Schleusen garantieren zu können. Am 6. Mai 1843 fuhren im Rahmen der Eröffnungsfeier schließlich die ersten Schiffe von Bamberg nach Nürnberg. Die Kähne, die damals auf dem Wasser fuhren, wurden mit Pferden auf sogenannten Treidelpfaden gezogen. Zur späteren Zeit wurde das Treideln dann durch andere Antriebsarten wie etwa die Dampfmaschine abgelöst.

Heute ist der Ludwig-Donau-Main-Kanal nur noch zwischen Beilngries und Nürnberg weitgehend erhalten geblieben. An anderer Stelle musste er z. B. dem Autobahnbau weichen. Die A 73 überdeckt etwa 40 Kilometer des alten Kanals. Nur das Kanaldenkmal in Erlangen erinnert noch an den ehemals schiffbaren Transportweg.

Auf Schotterwegen kommen wir nun an mehreren alten Schleusen und Wehrhäuschen vorbei. Nach etwa 2,5 Kilometern am Kanal entlang, passieren wir die Autobahn durch eine Unterführung. Nachdem wir eine weitere alte Steinbrücke unterquert haben, befindet sich am linken Hang eine schöne Rastbank. Oberhalb davon kann man in einem **Erholungs- und Waldparcours** sein Geschick unter Beweis stellen, was gerade für Kinder ein besonderes Erlebnis ist. Der Weg wird am Kanal fortgesetzt und wir erreichen die ersten Häuser von **Wendelstein**.

Steinbruchlandschaft Wernloch und Holsteinbruch

Der ersten Querstraße (Nürnberger Straße) folgen wir ab jetzt mit der Markierung »gelber Strich« nach links in den Wald bis zu einem Wasserhochbehälter. Dort gleich wieder links und durch Nadel- und Laubwald an den alten Sandsteingruben des Steinbergs entlang bis zum **Wernloch**. Der Weg steigt allmählich an, bis wir die steilen Sandsteinwände erreichen. Hier ist erhöhte Vorsicht geboten (Absturzgefahr!). Über eine Brücke überqueren wir kurze Zeit später die Autobahn und wandern über die Kuppe des **Glasersbergs** ❷ bis zu einer geschotterten Forststraße. Hier gehen wir nach links (Achtung: aktuelle Beschilderung kann zu Missverständnissen führen!) und überqueren eine weitere Forststraße. Nach etwa 50 Metern zweigt links ein unbefestigter Pfad ab, welchem wir folgen. Als weitere Orientierung kann hier auch kurzerhand auf die spätere Markierung »blauer Strich« gewechselt werden, die in diesen Pfad mündet.

Folgt man diesem Weg etwa 200 Meter weiter, gelangt man an die oberste Stelle des **Holsteinbruchs** ❸. Das Areal ist ausgewiesenes Naturdenkmal der Stadt Nürnberg. Ein Teil hiervon ist noch in Betrieb. Eine angegliederte Steinbruchsiedlung zählte im Jahre 1953 noch 13 Einwohner. Heute ist die Einöde verwaist und nicht mehr bewohnt.

Wieder zurück auf dem ursprünglichen Weg, gelangen wir mit dem »gelben Strich«, vorbei an einer Kleingartenkolonie, in knapp zwei Kilometern wieder zu unserem Ausgangspunkt, dem **Steinbrüchlein**.

Speis und Trank im urigen Wirtshaus

Am Steinbrüchlein 20 – welcher Nürnberger kennt diese Adresse nicht? Eines der beliebtesten Ausflugslokale im Nürnberger Süden hält sich hier versteckt: das Traditionswirtshaus Steinbrüchlein. In der Zeit des Barocks stand an dieser Stelle ursprünglich eine Siedlung für Arbeiter, die in den umliegenden Steinbrüchen ihrer schweißtreibenden Arbeit nachgingen. Die abgebauten Sandsteine wurden u. a. in der Nürnberger Kaiserburg oder für den Bau der Lorenzkirche verwendet. Der Ludwig-Donau-Main-Kanal fungierte hierbei neben den Pferdefuhrwerken auf der Straße als Transportweg zu Wasser, um die schweren Blöcke in die Stadt bringen zu können.

Im Jahr 1640 wurde für die Arbeiter und Handelsreisenden eine Gaststätte errichtet. 1663 wurde diese um Pferdestallungen erweitert. Das Gasthaus wird seit Mai 2009 von Familie Blödel betrieben. Diese verköstigt den hungrigen Wanderer immer gern mit Speis und Trank.

5 Rund um Cadolzburg

Vom mittelalterlichen Städtchen und dem Mythos am Dillenberg

leicht	11 km	101 Hm	2,5–3 Std.

Ausgangs-/Endpunkt
Waldparkplatz, Gonnersdorfer Straße, 90556 Cadolzburg

GPS-Koordinaten
49.460298, 10.844896

Markierungen
Rotes Andreaskreuz bis Hammerschmiede, grüner Punkt bis zum Druidenstein, blauer Querstrich bis Cadolzburg

Tourencharakter
Überwiegend weiche Waldböden auf verschlungenen Pfaden, ansonsten Forstwege, leichter Anstieg auf den Dillenberg

Einkehrmöglichkeiten
Mehrere Einkehrmöglichkeiten in Cadolzburg

Verkehrsanbindung
Bahnhof Cadolzburg (R11 Fürth–Cadolzburg), Buslinien 111, 126, 136, 152

Information
Fremdenverkehrsamt Cadolzburg, Rathausplatz 1, 90556 Cadolzburg, Tel. 09103/509-0

Rechte Seite oben: Blick auf die Cadolzburg

Unten: 143 Stufen – der Aussichtsturm »Bleistift« in Cadolzburg

Sagenhafte Gestalten begegnen uns in der märchenhaften Waldlandschaft rund um die imposante Cadolzburg und den Druidenstein am Dillenberg. Der Ausflug lädt außerdem ein zu einem besonderen Stadtrundgang in Cadolzburg – mit 24 Stationen. Historische Bauten wie die Burg oder der »Bleistift«, ein 25 Meter hoher Aussichtsturm, sind eine Reise in das mittelfränkische Städtchen unbedingt wert.

Der Ausflug bietet uns liebliche Wälder und samtweiche, moosbedeckte Böden. Wie in einem Märchenwald schlängeln sich die schmalen Pfade von Cadolzburg bis zur Hammerschmiede, um dann in teilweise wildromantische Felsenschluchten beim Druidenstein abzubrechen.

Cadolzburg – regionales Zentrum im Mittelalter

Die Cadolzburg wurde urkundlich erstmals im Jahr 1157 als »Helmericus de Kadoldesburc« erwähnt, als ein bischöflicher Amtsmann einen Gütertausch beglaubigte. Im 13. Jahrhundert wurde schließlich der Stammsitz der Hohenzollern aufgrund stetig an-

Historischer Rundweg mit 24 Stationen

Der Stadtrundgang mit seinen 24 Stationen ist ein besonders nennenswertes Highlight. Hierfür sollte man sich ausreichend Zeit nehmen, denn viele historisch wertvolle Gebäude mit Hinweistafeln, etwa die Cadolzburg, der »Bleistift« (Aussichtsturm), das Pantschersbrünnla oder der Marktplatz, befinden sich auf dem mittelalterlichen Rundweg. Eine entsprechende Broschüre (Karte mit Wegverlauf) ist im Rathaus erhältlich oder kann per Post angefordert werden. www.cadolzburg.de

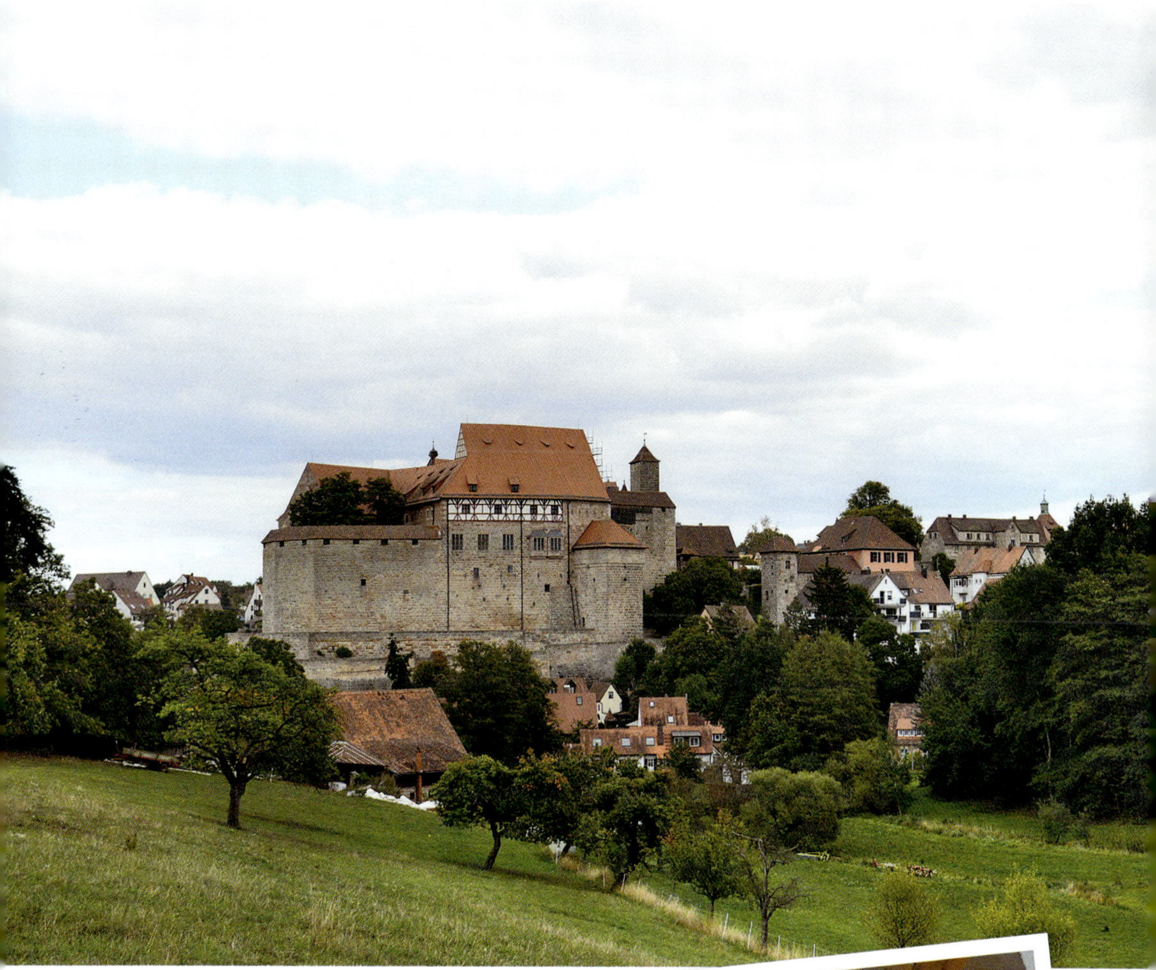

haltender Querelen mit dem Nürnberger Bürgermeister von Nürnberg nach Cadolzburg verlegt. Die dortige Burg wurde schließlich angeeignet und diente als Wohnsitz. Die Kernburg war aufgrund umfangreicher Sanierungsmaßnahmen von 2007 bis 2017 für Besucher nicht zugänglich.

Verbunden mit der Burg ist die Sage vom Grehiedl, einer emotional abgekühlten Gestalt, bekleidet stets mit einem grünen Hut. Ruhelos zog sie

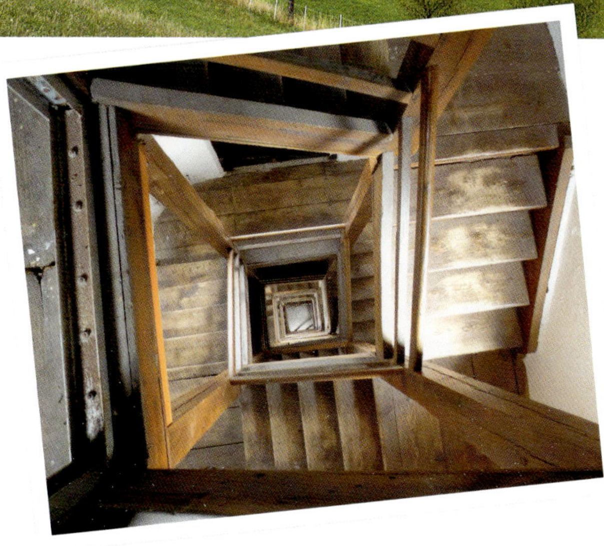

im 14. Jahrhundert durch die Straßen. Es hieß, dieser Mann sei Henker und Jagdaufseher gewesen, denn er war berüchtigt für seine unbarmherzige Art, die niemanden im Dorfe verschonte. Der ehemalige Burgherr ließ ihn deshalb einmauern. Seitdem soll er durch den Ort und durch die Burg spuken, denn er findet keine Ruhe. Eine kleine Steinfigur in der Burgstraße 8 an der Streichwehr erinnert an den unheimlichen Mann. Mit der

Burg Cadolzburg

Nach Abschluss der umfangreichen Sanierung ist der Besuch der Cadolzburg, mit integriertem Museum auf rund 1500 m² Ausstellungsfläche, für die ganze Familie ein besonderes Erlebnis. Lassen Sie sich von Räumen wie dem Hungerturm, Brunnenhof, dem Wehrgang oder dem Erkersaal in eine mittelalterliche Welt entführen. Bei ihrem Rundgang werden die Besucher aktiv in das Geschehen mit einbezogen, ob durch Spiele, Tanz- und Verkleidungsaktionen, Fühlstationen oder Begleitprogramme. Außerdem ist ein kostenloser Multimediaguide verfügbar.
Auf dem Burggelände finden jährliche Veranstaltungen, Sonderausstellungen, Kinderprogramme und Vorführungen statt. Eisen im Feuer, Lebendige Schwertkunst oder auch Stein auf Stein sind nur einige der zahlreich angebotenen Programmpunkte. Außerdem werden Führungen bis maximal 25 Personen angeboten.
Öffnungszeiten: April bis September: 9–18 Uhr (letzter Einlass 17.15 Uhr), Oktober bis März: 10–16 Uhr (letzter Einlass 15.15 Uhr), montags geschlossen (auch an Feiertagen). Die Cadolzburg ist außerdem an folgenden Tagen geschlossen: 1. Januar, Faschingsdienstag, 24., 25. und 31. Dezember. Der Burggarten ist ganzjährig geöffnet.
www.burg-cadolzburg.de

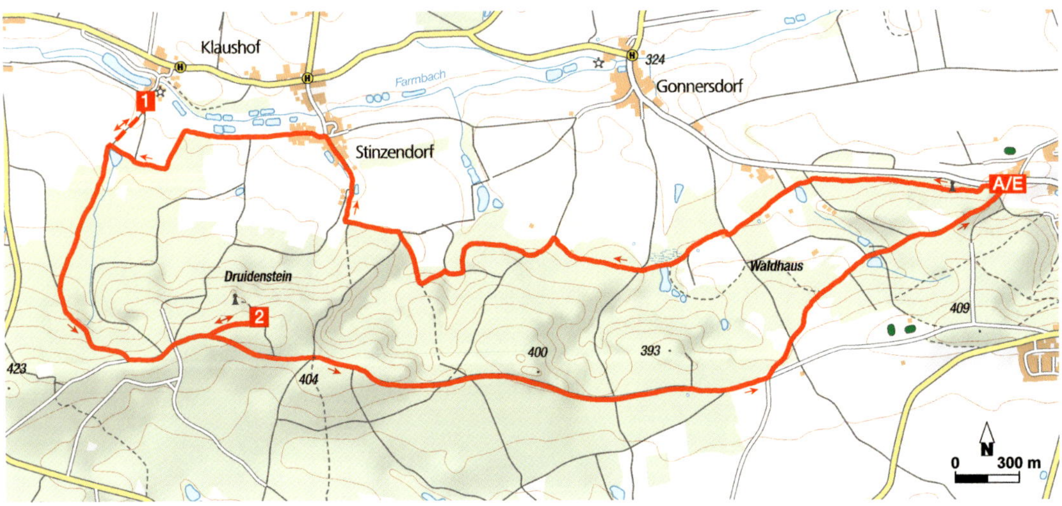

Markierung »rotes Andreaskreuz« führt uns der Weg zunächst vom **Parkplatz** Ⓐ Ⓔ am Waldrand entlang der Gonnersdorfer Straße aus **Cadolzburg** hinaus. Einen Strommast, den wir bald erreichen, lassen wir links liegen und gehen bis zu einem kleinen Weiher mit der ersten Rastmöglichkeit. Danach wandern wir linker Hand mit unserer Markierung auf einem Forstweg weiter, bis uns der Weg allmählich über Wurzelpfade mit moos- und

Denkmalschutz: Blick durch die Burganlage

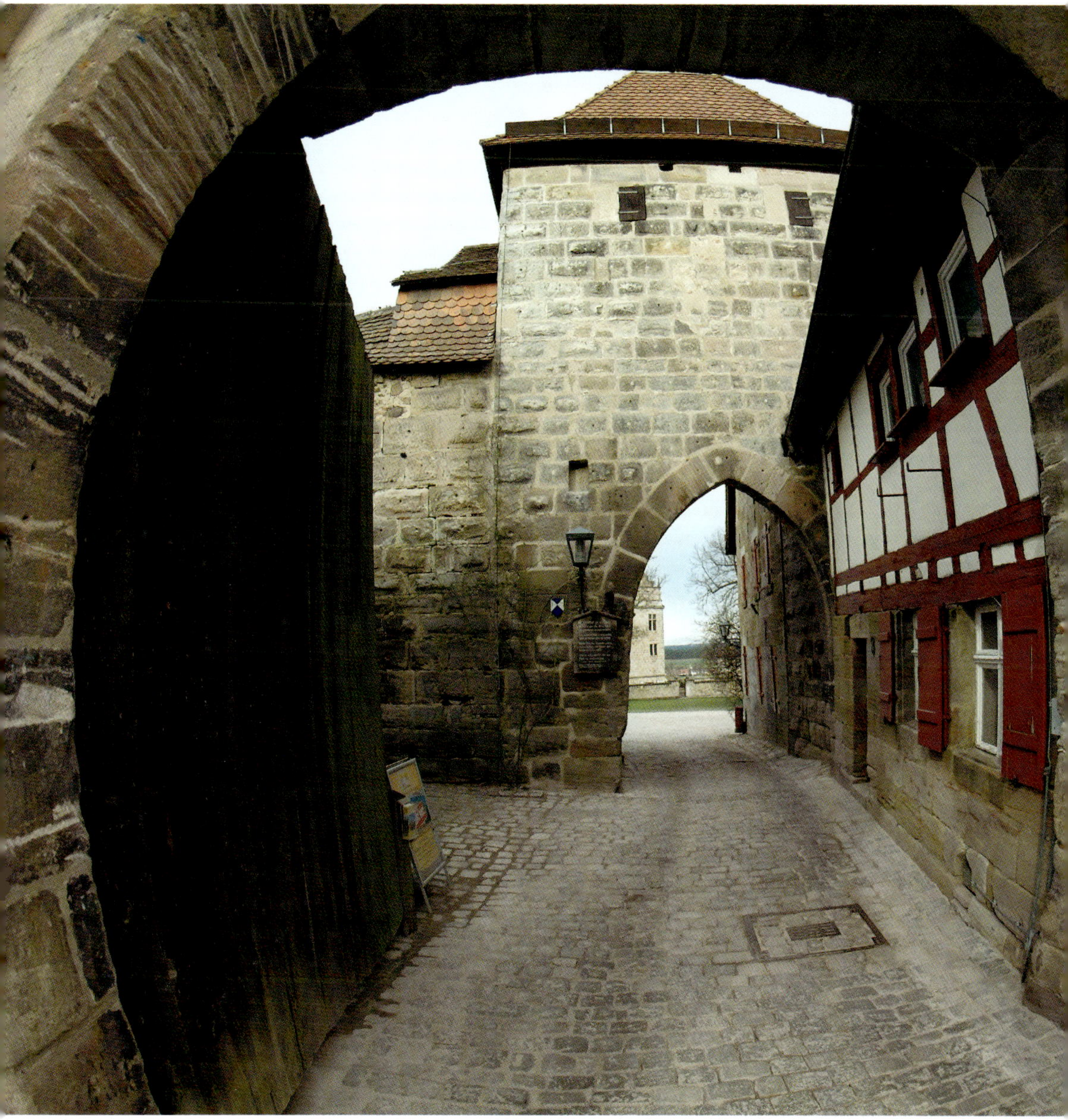

Mythen und Sagen am Dillenberg

Um den Druidenstein, der sich in früherer Zeit am Dillenberg befand, ranken sich seit jeher unterschiedliche Sagen und Mythen. Eine davon handelt von einem kopflosen Reiter und einem dreibeinigen Hund, die nachts auf dem Berg ihr Unwesen treiben sollen. Historiker und Heimatkundler sind ganz anderer Meinung: Der Stein soll in der Vergangenheit als Ort gedient haben, an dem die Bewohner der umliegenden Dörfer durch Feuer zur Gottergebenheit ermahnt werden sollten. Der Stein selbst stammte vermutlich aus der Eiszeit. 1890 wurde dieser aufgrund einer Steinbrucherweiterung durch einen Nürnberger gekauft. Als man jedoch versuchte, ihn zu einem Quader zu formen, zerfiel der Stein zu Staub und Sand – so wird es erzählt. Heute ist anstelle des Druidensteins ein Gedenkstein errichtet worden.

farnbedeckten Böden nach **Stinzendorf** führt.

Über den Dillenberg zum Druidenstein

Durch die Dillenbergstraße und anschließend am Feuerwehrhaus vorbei verläuft der Weg bis zur Dorfstraße. Während wir an den Weihern entlanggehen, erblicken wir aus der Ferne bereits das Gebäude der **Hammerschmiede** 1 (1833–1954). Das »rote Andreaskreuz« führt uns jedoch zuvor links in den Wald hinein und wir wandern am Bergfuß des **Dillenbergs** um einen Weiher herum rechts bis zum Waldrand (Markierung »großer grüner Punkt«).

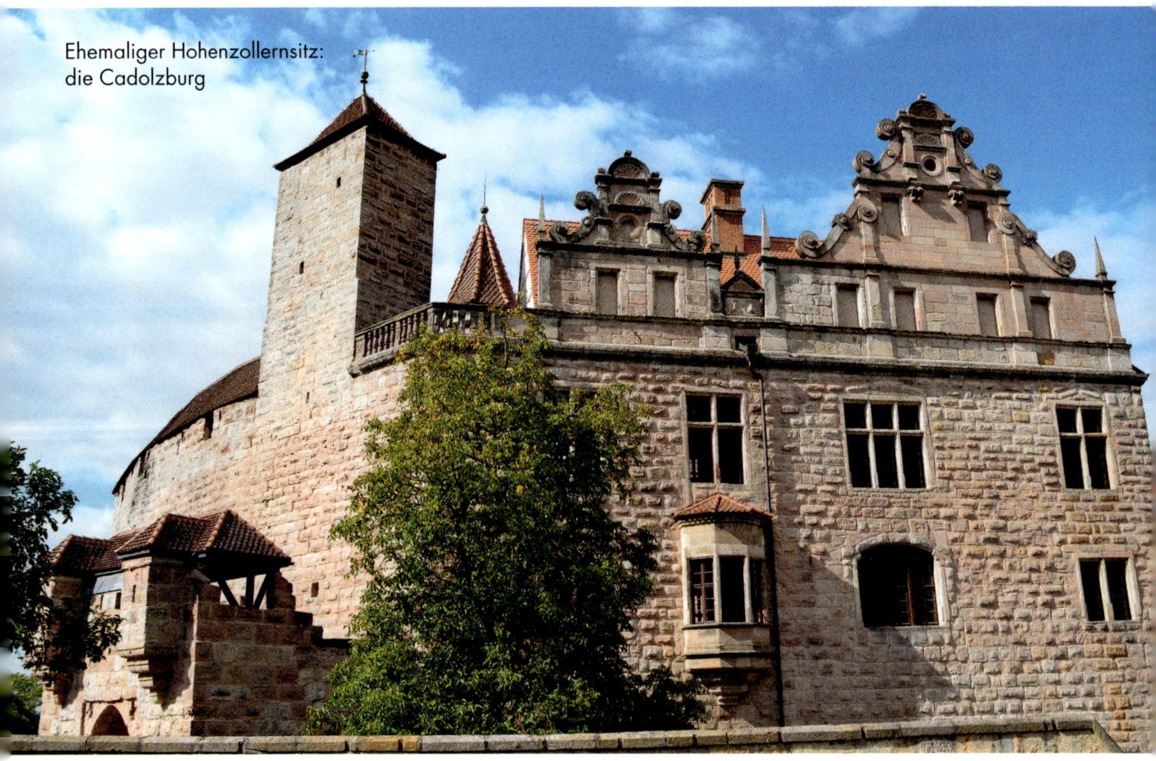

Ehemaliger Hohenzollernsitz: die Cadolzburg

Der »grüne Punkt« begleitet uns ab jetzt leicht bergan, an einem schluchtartigen Bodenabbruch vorbei, bis die Markierung auf der Anhöhe an einem Forstweg mit dem »blauen Querstrich« zusammentrifft. Nach einigen Metern führt uns der Weg links haltend zum **Druidenstein** 2 (Wegweiser »Druidenstein 400 m«). Vom Druidenstein (s. Infokasten) etwa 20 Meter wieder zurück auf dem Hinweg, von hier wandern wir mit beiden Markierungen weiter, bis sich diese nach einigen Hundert Metern wieder aufteilen. Wir wechseln hier auf den »blauen Querstrich«, welcher uns auf breitem Forstweg in etwa vier Kilometern zu unserem **Ausgangspunkt** führt.

Ganz unten: Die ehemalige Hammerschmiede

Blick auf die Vorburg Cadolzburg

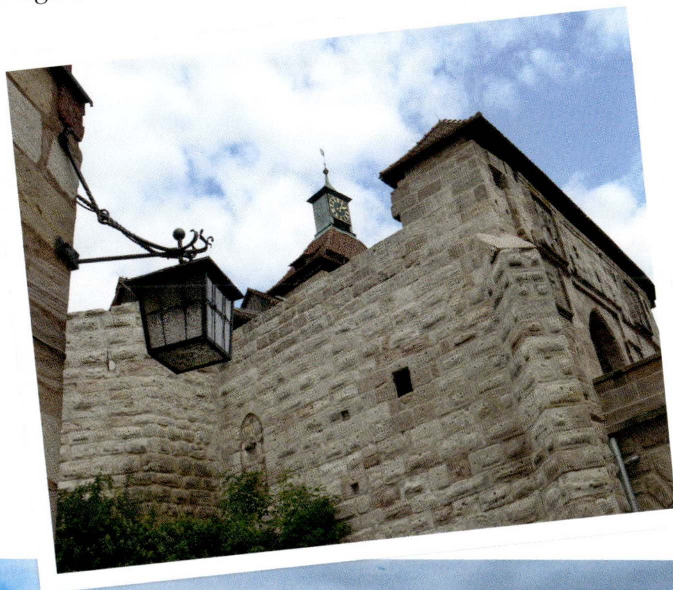

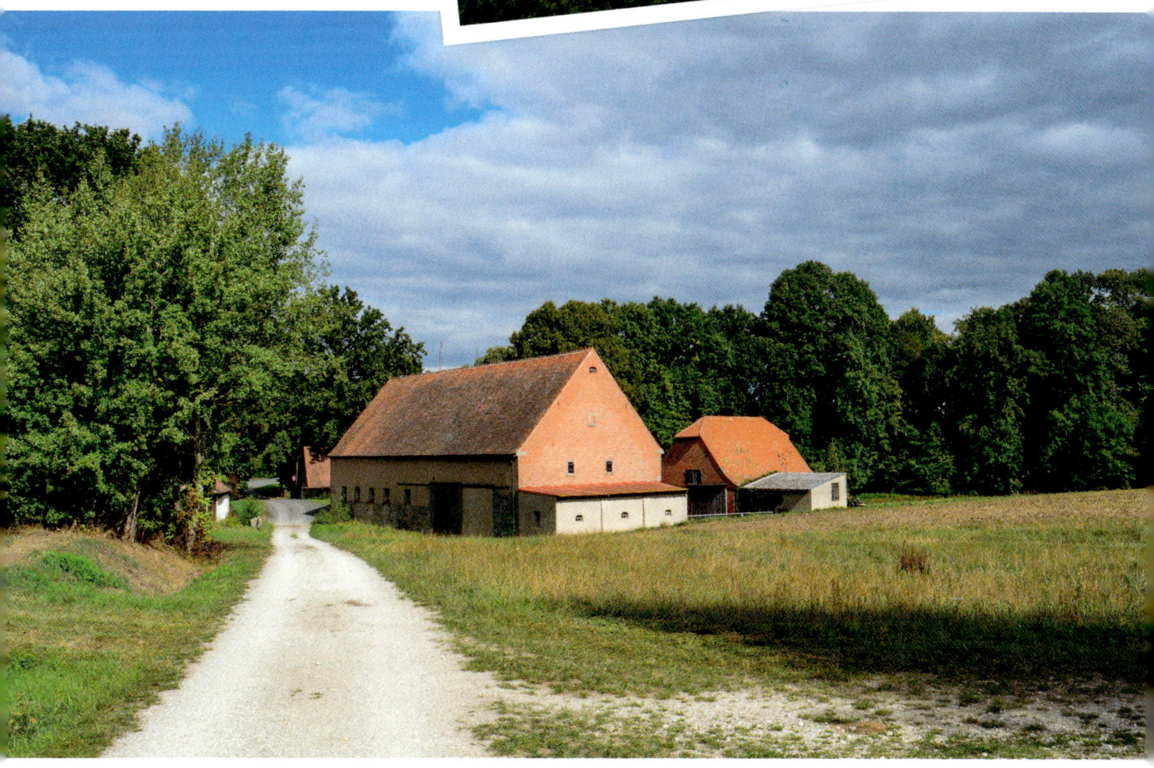

6 Heimische Exoten – Rundwanderung um Stein

Zum Freilandaquarium im Rednitzgrund

schwierig | 23 km | 130 Hm | 6–7 Std.

Ausgangs-/Endpunkt
Martin-Luther-Kirche, 90547 Stein

GPS-Koordinaten
49.414192, 11.015204

Markierungen
Blauer Ring

Tourencharakter
Lange, Ausdauer erfordernde Tour, zwei längere Anstiege, sehr viele Strecken auf Asphalt und durch Ortschaften, landschaftlich ab Dietersdorf sehr reizvoll

Einkehrmöglichkeiten
»Altes Spital«, Alter Kirchplatz 4 in Stein (Mo und Di Ruhetag); »Winzerhof«, Lohhofer Straße 4 in Gerasmühle (Di Ruhetag); »Brandenburger Wirtshaus«, Reichelsdorfer Hauptstraße 162 in Reichelsdorf (nur So geöffnet); »Restaurant Hufer«, Alte Dietersdorfer Straße 10 in Dietersdorf (Mo Ruhetag)

Verkehrsanbindung
Bushaltestelle Stein-Kirche (Buslinien 63, 64, 67, 98)

Information
Rathaus Stein, Hauptstraße 56, 90547 Stein, Tel. 0911/6801-0

Im Wiesengrund bei Stein lockt ein seit 1927 für Besucher zugängliches Freilandaquarium und -terrarium mit zahlreichen exotischen Tier- und Pflanzenarten. In dem schön angelegten Areal können die Gäste Fische, Reptilien und Amphibien beobachten. Weitere Etappen dieses Ausflugs sind der Rednitzgrund bei Reichelsdorf, der Wintergraben bei Dietersdorf und Gutzberg.

Von der **Kirche am Martin-Luther-Platz** Ⓐ Ⓔ geht es zunächst stadteinwärts und nach links auf einem Fußweg in die Deutenbacher Straße, wo wir auf die Markierung »blauer Ring« stoßen. Mit diesem geht es abermals nach links durch den Park in Richtung Wiesengrund. Dort angelangt, führt die Beschilderung auf direktem Weg zum **Freilandaquarium** ❶ (s. Infokasten). Einen Besuch sollte man sich nicht entgehen lassen.

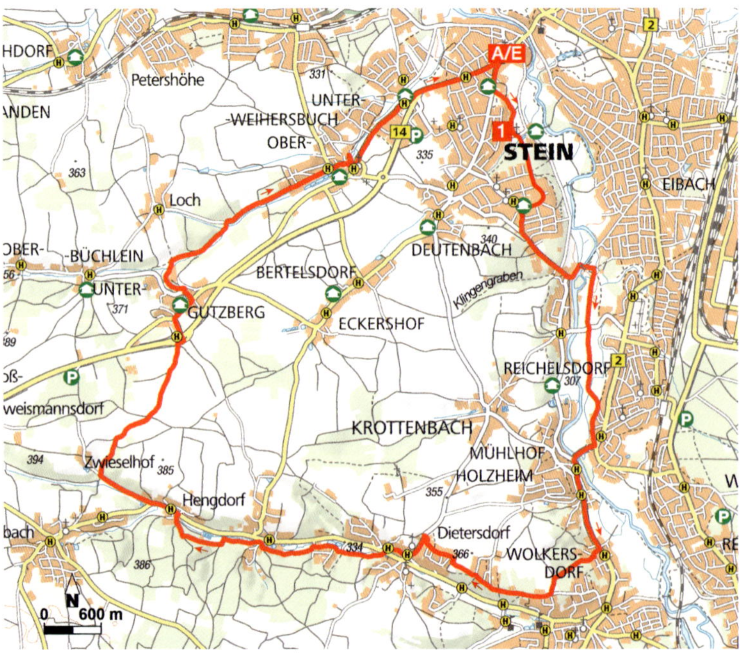

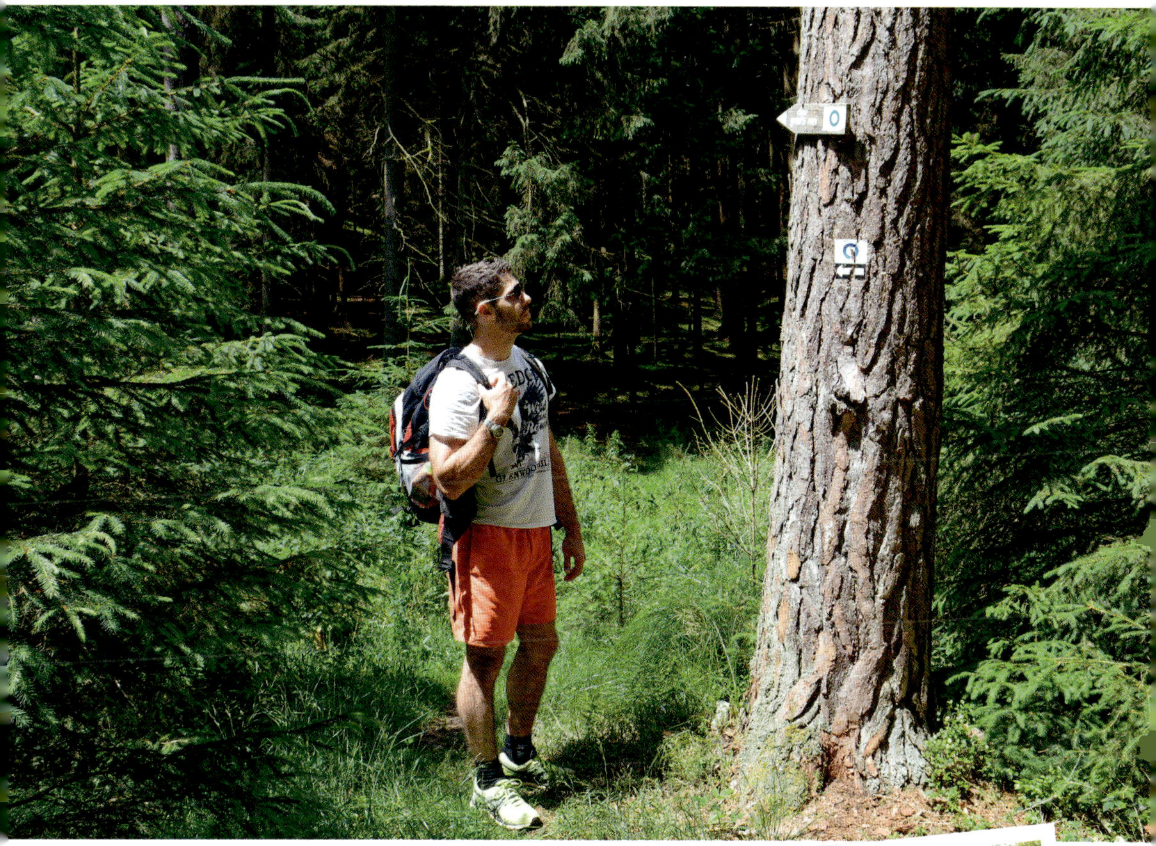

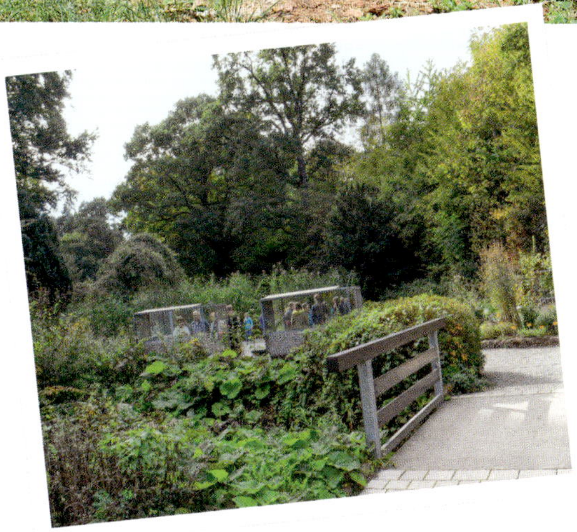

Ein kleines Stück zurück und mit unserer Markierung kurz hinauf in den Wald und über einen wurzelbedeckten Pfad in die Wohnsiedlung von **Deutenbach**. Diese durchqueren. Nach kurzer Zeit gelangen wir auch schon nach **Gerasmühle**. Bei den Winzerstuben biegen wir nach links in den Rednitzgrund ab. Über ein asphaltiertes Wegstück erreichen wir nach knapp einem Kilometer die Ortschaft **Reichelsdorf**.
An der Mühlhofer Hauptstraße wenden wir uns nach rechts und begeben uns über die Brücke. Die Markierung führt uns ein kleines Stück die Holzheimer Straße entlang und dann bergauf in die Straße Waldwinkel. Durch ein mit Kiefern bewachsenes Waldstück gelangen wir an den Waldrand und allmählich über die Felder nach **Dietersdorf**. Am Schlehen-

Im Freilandaquarium

Ganz oben: Im Wintergraben bei Nemsdorf

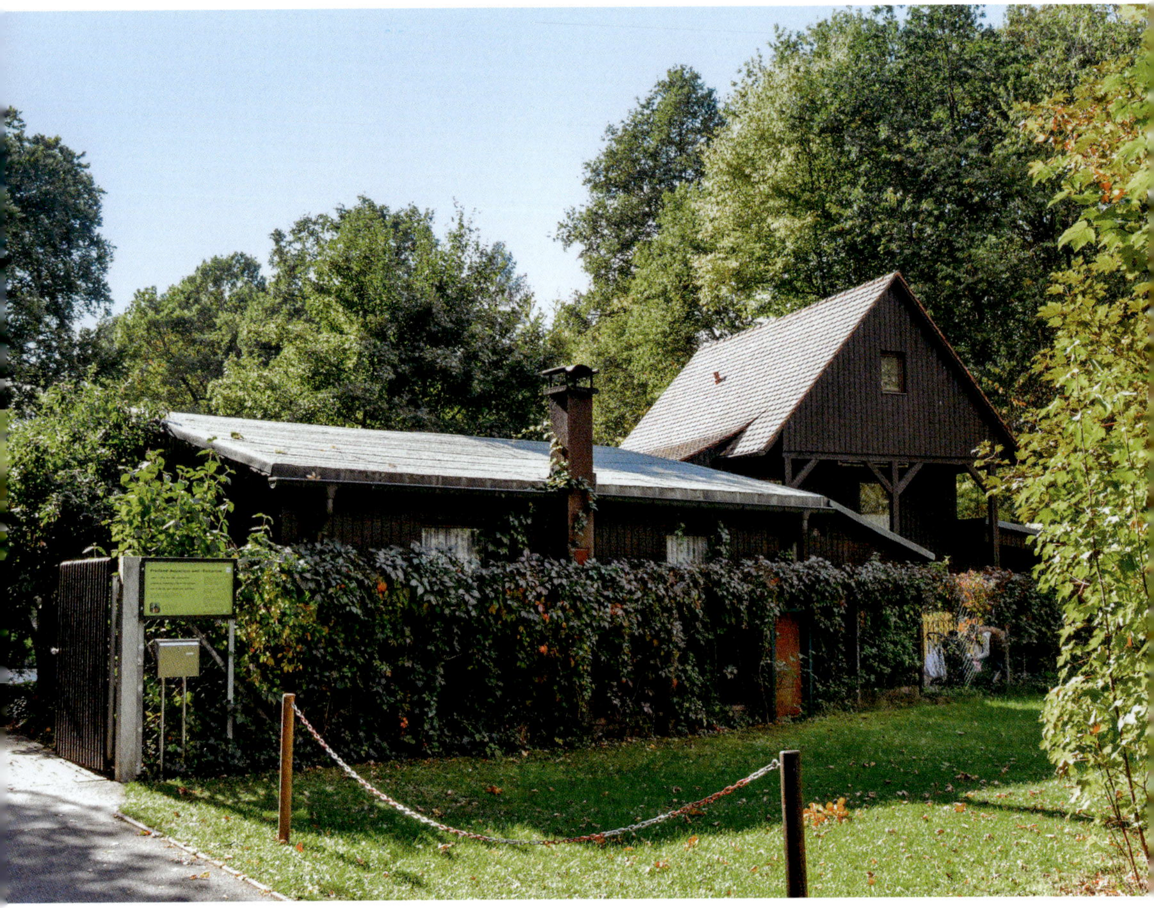

Freilandaquarium und Terrarium Stein

weg geht es nach rechts in einen Wiesenpfad, dem wir folgen, bis wir auf die Krottenbacher Hauptstraße stoßen. Diese nach links den Berg hinab.

Das Örtchen verlassend, geht es nun zunächst an der Straße entlang in Richtung **Nemsdorf**. Kurz vor den Weihern knickt der Weg nach links ab. Mit der Markierung geht es durch den Ort, auf die Wiese in den Wiesengrund und gleich links wieder in den Wald hinein. Hier lassen wir uns von einem Wegzeichen, das zunächst in die entgegengesetzte Richtung zeigt, nicht beirren.

Freilandaquarium Stein

Das Freilandaquarium ist vom 1. Mai bis 30. September an Samstagen, Sonn- und Feiertagen von 9 bis 18 Uhr geöffnet. Der Eintritt ist frei – es sollte jedoch selbstverständlich sein, den Erhalt der Anlage in Form einer kleinen Geldspende zu unterstützen. Eine Spendenkasse ist am Eingang aufgestellt. www.freiland.nhg-nuernberg.de

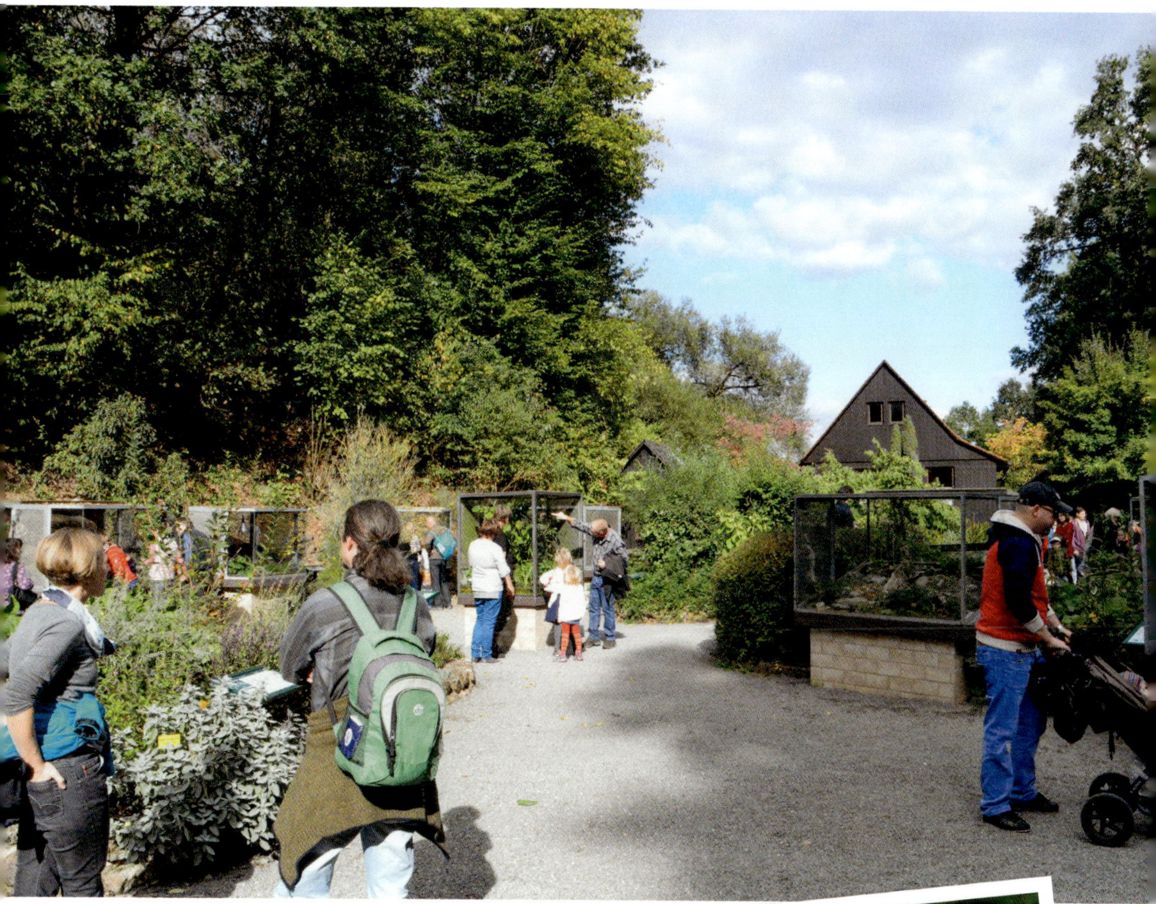

Anstieg durch den Wintergraben

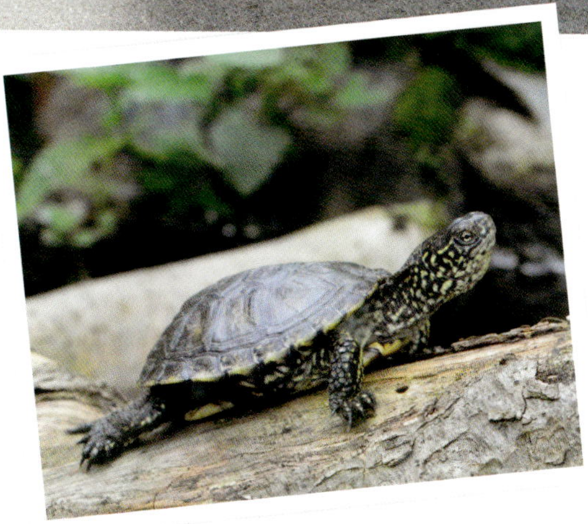

Nach dem Wiesengrund gelangen wir durch den **Wintergraben** bergauf. Hinunter nach **Hengdorf** und in Richtung Zwieselhof auf einem Asphaltweg. An der nächsten Wegkreuzung nach rechts und etwa 850 Meter geradeaus über die Hochfläche weiter. Dort gelangen wir an eine weichenförmige Weggabelung, welcher wir nach links in Richtung B 14 folgen und so nach **Gutzberg** kommen.
Hier wandern wir in den idyllisch gelegenen Wiesengrund und schließlich durch **Oberweihers- und Unterweihersbuch** zu unserem Ausgangspunkt zurück nach **Stein**.

Wasserschildkröte

Ganz oben: Das Freiland-aquarium: ein Erlebnis für die ganze Familie

7 Im Knoblauchsland – immer der Nase nach

Von Neunhof nach Buchenbühl

leicht | 11–16 km | 34 Hm | 3–4 Std.

Ausgangs-/Endpunkt
Parkplatz Schloss Neunhof, Obere Dorfstraße/Untere Dorfstraße, 90427 Nürnberg

GPS-Koordinaten
49.520135, 11.051730

Markierungen
Grüner Strich bis Buchenbühl, rotes Kreuz bis Frauenkreuz, blauer Punkt oder mit rotem Kreuz/grünem Strich nach Neunhof zurück

Tourencharakter
Längere Asphaltstrecke bei Neunhof, sonst verschlungener Waldpfad nach Buchenbühl, befestigte Forstwege auf dem Rückweg

Einkehrmöglichkeiten
»Zum Alten Forsthaus«, Untere Dorfstraße 6 in Neunhof (Di, Mi Ruhetag); »Landgasthof Grüner Baum«, Obere Dorfstraße 21 in Neunhof (Mo Ruhetag); »Gasthof Saalbau«, Kalchreuther Straße 125 in Buchenbühl (Mo Ruhetag)

Verkehrsanbindung
Bushaltestelle Neunhof (Buslinie 31 von Nürnberg-Thon)

Information
Touristeninformation Nürnberg, Königstraße 93 (ganzjährig) oder Hauptmarkt 18 (ganzjährig), Tel. 0911/2336-132 oder -135

Das fränkische Knoblauchsland im Städtedreieck Nürnberg–Fürth–Erlangen ist ein großflächiges Gemüseanbaugebiet. Gerade in den Sommermonaten duftet es hier nach Lauch, Kohlrabi, Kohl, Rettich, Wirsing – als säße man in Omas Küche am brodelnden Suppentopf. In dieser anregenden Umgebung erkunden wir einen ehemaligen Herrensitz, ein Damwildgehege und den Buchenbühler Urwald.

Auf verschlungenem Waldpfad gelangen wir zunächst von Neunhof – mit seinem gleichnamigen Schloss – nach Buchenbühl. Dort kehren wir um und können mit zwei Varianten nach Neunhof zurückwandern. An einer der Wegstrecken erwartet uns ein kleines Gehege mit Damwild – besonders für Kinder ein schönes Erlebnis. Unser Weg führt uns zunächst vom **Parkplatz**

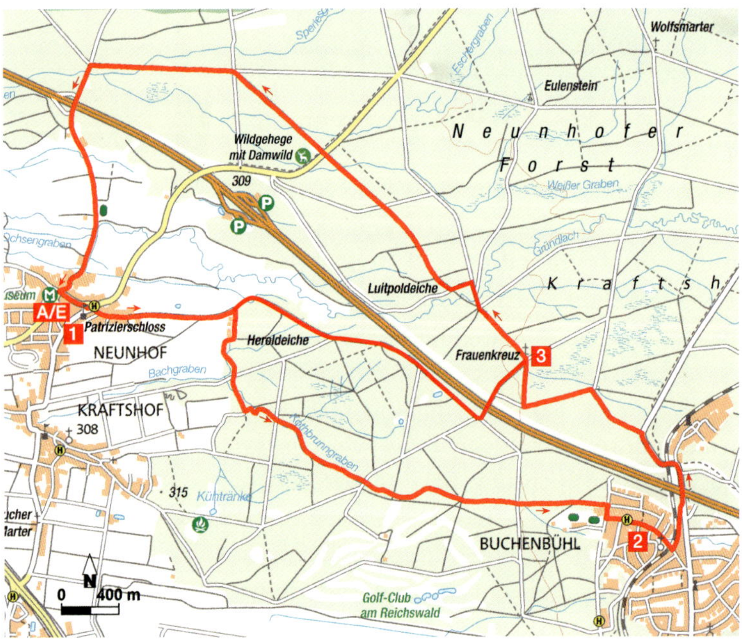

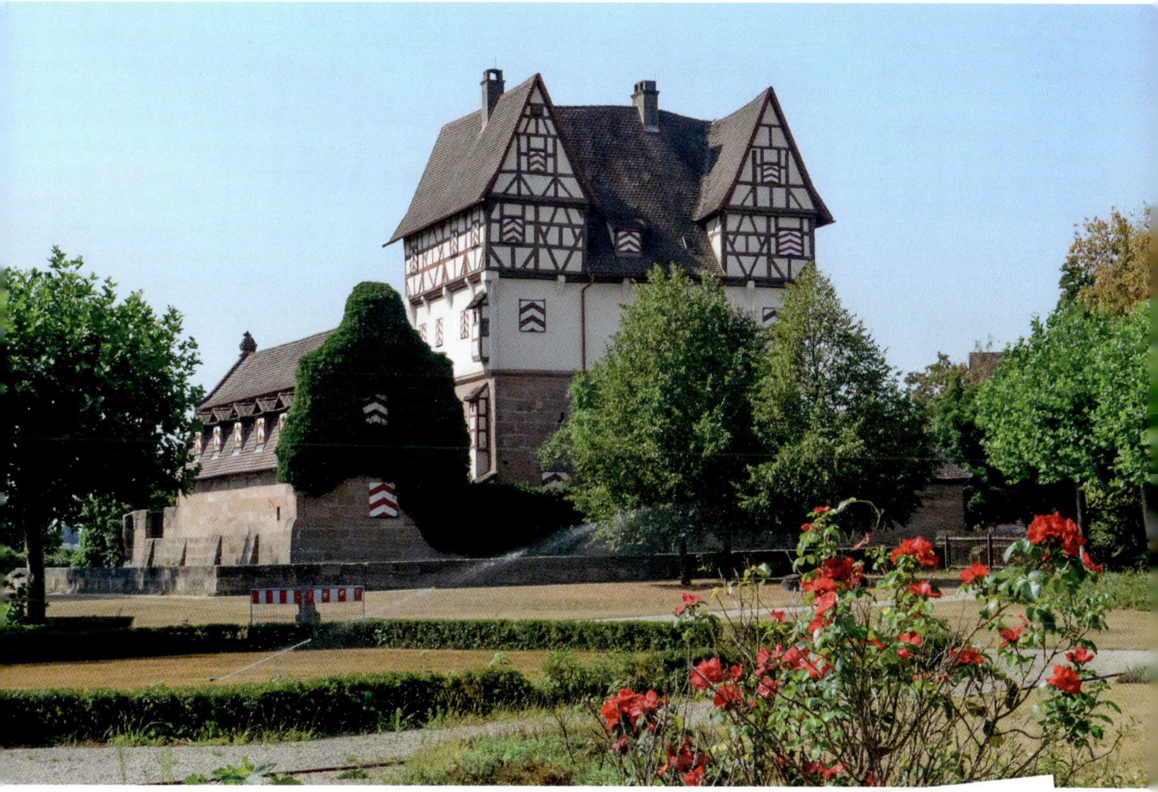

Schloss Neunhof (Ortsmitte) Ⓐ Ⓔ + ❶ mit der Markierung »grüner Strich« in den Sooßweg, welchem wir ein Stückchen auf der Asphaltstraße zwischen den Feldern bis zum Wald folgen. Wir verlassen schließlich den Hauptweg und nehmen nach den Häusern am Waldrand den rechten Weg (Wegweiser »Buchenbühl 4 km«).

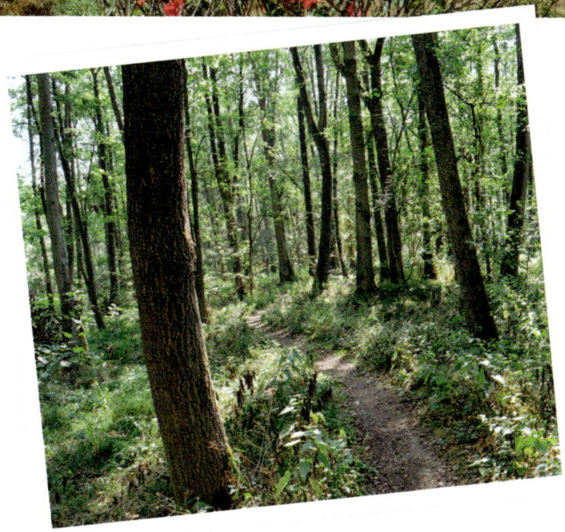

Auf schattigem Pfad nach Buchenbühl

Ganz oben: Barockgarten und Schloss Neunhof

Durch den fränkischen Urwald nach Buchenbühl

Die Markierung führt uns in den Wald hinein. Bis nach Buchenbühl wandern wir nun auf einem kleinen und romantischen Pfad, stets begleitet von einem mäandernden Bachlauf – dem Kothbrunngraben. Man könnte meinen, die Zeit wäre hier stehen geblieben, so naturbelassen präsentiert sich der Wald. Kurz vor

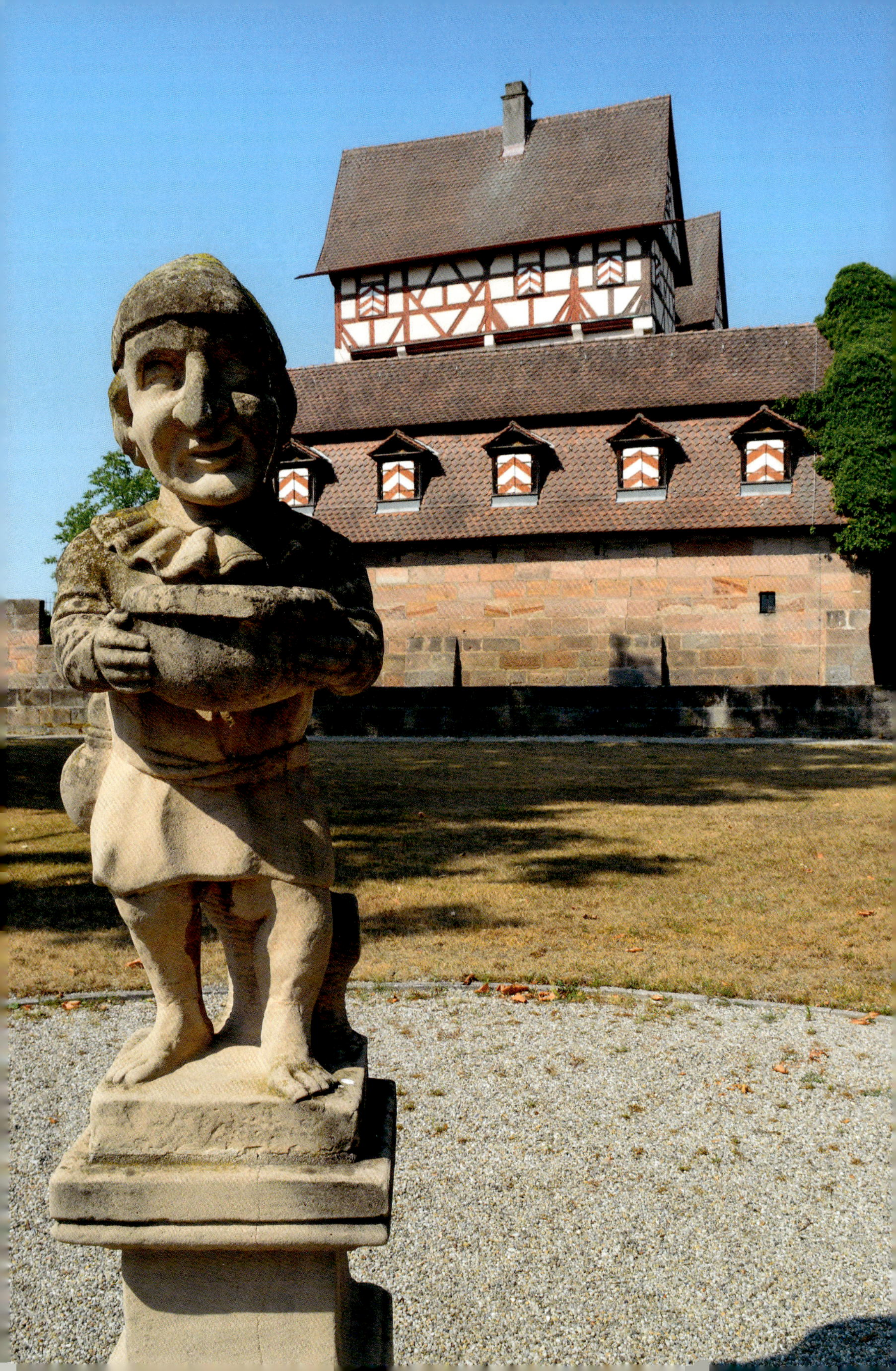

Buchenbühl ❷ führt der Weg aus dem Wald hinaus. Wir folgen dem »grünen Strich« durch den Ort. Kurz vor Erreichen der Bahnschienen befindet sich rechts eine Informationstafel über den Jakobsweg.
Über die Bahnschienen, an der Bushaltestelle Buchenbühl Siedlungswerk vorbei, geht es links auf einen großen Platz, an dessen Ende sich der Weg mit der Markierung »rotes Kreuz« anschließt, welchen wir ab hier wählen. Wir unterqueren schließlich die Autobahn, gehen danach links, überqueren die Bahnlinie und begeben uns wenig später in den Wald.

Das Wahrzeichen von Neunhof

Das Schloss Neunhof, am Neunhofer Schloßplatz 4, ehemaliger Herrensitz der Patrizierfamilie Kreß, beherbergt eine Außenstelle des Germanischen Nationalmuseums Nürnberg: die Jagdsammlung. Das Schloss befindet sich in Privatbesitz. Einige Teile sind jedoch auch Besuchern zugänglich, darunter das Erdgeschoss mit Küche, zwei obere Etagen und ein Pferdestall. Im 18. Jahrhundert wurde das Gelände mit einem Wassergraben versehen. Eine herrliche weitläufige Parkanlage im Stil des Barock säumt außerdem das Hauptgebäude. Geöffnet: Ostersamstag bis Ende September, samstags, sonntags und an Feiertagen, 10–17 Uhr, letzter Einlass 16.30 Uhr.

Nach Neunhof mit zwei Varianten

Mit unserer Markierung wandern wir nun einige Zeit auf breiten Forstwegen weiter, bis wir an einer Kreuzung eine Rastbank, ein steinernes **Gedenkkreuz (Frauenkreuz)** ❸ sowie einen Wegweiser erblicken. Ab hier können wir uns entscheiden: Diejenigen, die die Strecke verkürzen möchten, wählen den Forstweg linker Hand mit dem »blauen Punkt« in Richtung **Neunhof** zurück. Die zweite Variante führt uns mit der Markierung »rotes Kreuz« etwa zwei Kilometer weiter, bis wir schließlich ein **Gehege mit Damwild** erreichen. Die Markierung führt uns ab hier 1,8 Kilometer zu einer Wegkreuzung, an der wir auf die Markierung »grüner Strich« wechseln. Diese führt uns wenig später auf geteertem Weg zurück nach **Neunhof** und zu unserem Ausgangspunkt.

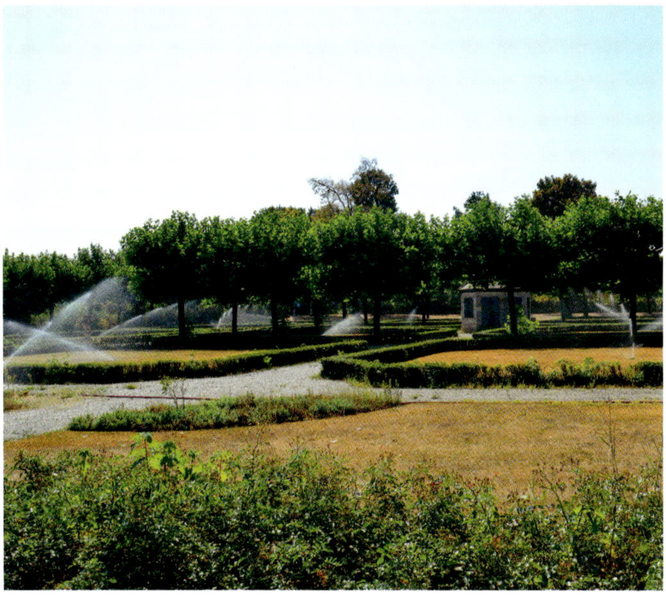

Der Barockgarten Schloss Neunhof im Hochsommer

Linke Seite: Zwerg mit Eierschüssel (Eiermännchen) im Barockgarten – 1. Hälfte des 18. Jahrhunderts

8 Auf Spurensuche zwischen Neunhof und Kalchreuth

Durch den geheimnisvollen Reichswald

mittel | 21 km | 122 Hm | 6 Std.

Ausgangs-/Endpunkt
Parkplatz Schloss Neunhof, Obere Dorfstraße/Untere Dorfstraße, 90427 Nürnberg

GPS-Koordinaten
49.520135, 11.051730

Markierungen
Grüner Strich, gelber Ring, roter Punkt, blauer Strich, Nordic-Walking-Trail und rotes Kreuz

Tourencharakter
Längere Tour, guter Orientierungssinn und Kondition notwendig; kleine Asphaltstrecken, hauptsächlich geschotterte Forstwege im Wald, schöner Waldpfad in der Winterleite, mäßige Anstiege

Einkehrmöglichkeiten
»Zum Alten Forsthaus«, Untere Dorfstraße 6 in Neunhof (Di Ruhetag); »Landgasthof Grüner Baum«, Obere Dorfstraße 21 in Neunhof (Mo Ruhetag)

Verkehrsanbindung
Bushaltestelle Neunhof (Buslinie 31 von Nürnberg-Thon)

Information
Landratsamt Erlangen-Höchstadt, Marktplatz 6, 91054 Erlangen, Tel. 09131/803-0

Eine Wanderung voller Überraschungen, Abenteuer und besonderer Eindrücke: ein alter Sandsteinturm, eine Höhle am Ofenlochberg, eine schroffe Felsformation in der Winterleite und der Tropfende Fels bei Kalchreuth.

Auf dieser Wanderung werden manche vielleicht Dinge entdecken, an denen sie auf früheren Spaziergängen möglicherweise schon ahnungslos vorbeigelaufen sind, ohne sie zu bemerken. Die Tour erfordert einiges an Kondition und einen guten Orientierungssinn. Eine Wanderkarte sollte man unbedingt mitnehmen, diese ist gerade in den großen Waldgebieten ein unabdingbares Hilfsmittel.

Wir starten am **Dorfplatz von Neunhof** Ⓐ Ⓔ in der Ortsmitte. Mit der Markierung »grüner Strich« wandern wir mit dem Wegweiser aus dem Ort in Richtung Ohrwaschl. Auf einer Teerstraße

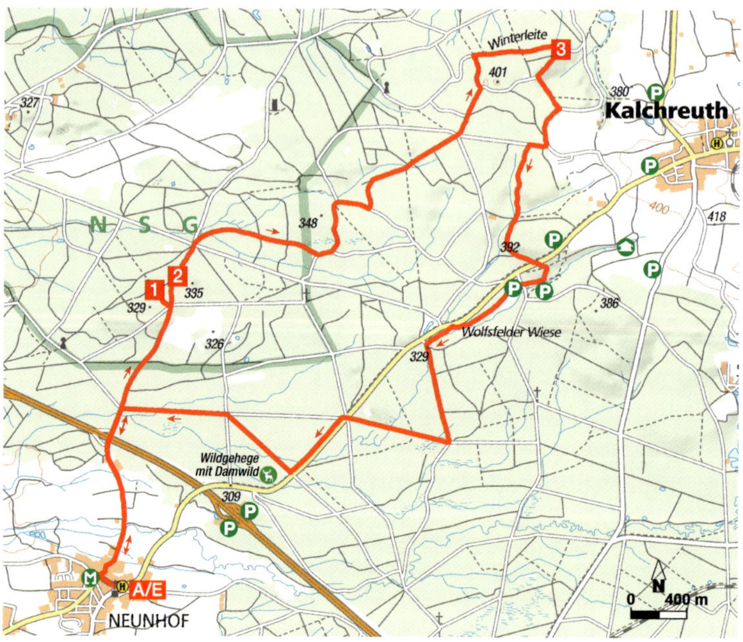

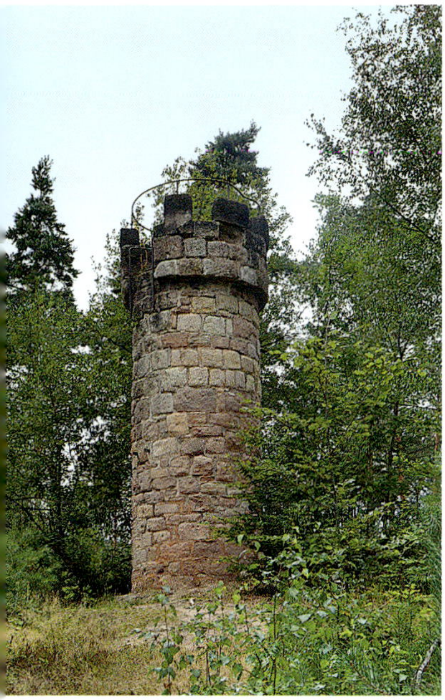

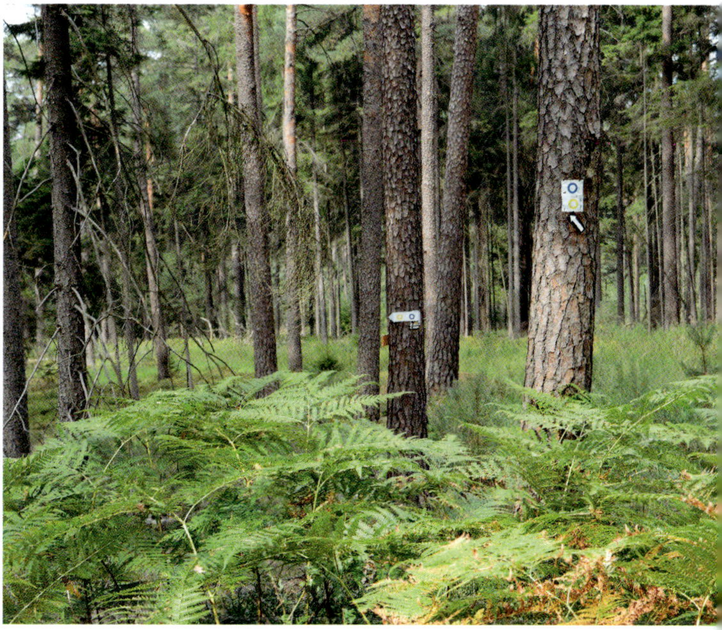

kommen wir an einem Reiterhof vorbei und erreichen nach kurzer Zeit über Wiesen und Felder den Schützenverein, der sich am Waldrand befindet. Dort überqueren wir mit einer Brücke die Autobahn. An der nachfolgenden Kreuzung geradeaus. Mit den Markierungen »grüner Strich« und »rotes Kreuz« wandern wir nun weiter bis zu einem kleinen Ziegengehege unterhalb des Geyersbergs. Ein erster Ort für eine schöne Verschnaufpause.

Ab durch den Urwald – Abstieg von der Winterleite

Links: Franz-Köhl-Turm

Nach dem Gehege kommen wir an eine weitere Wegkreuzung. Hier folgen wir einem kleinen Trampelpfad halb links (Himmelsrichtung NW, neben der Markierung am Baum) und gehen ohne Markierung in den Wald hinein. Auf einem verwunschenen Pfad gelangen wir schließlich zwischen Heidekraut und Moosflechten zum **Franz-Köhl-Turm** ❶ (s. Infokasten), einem alten Beobachtungsposten.

Auf selbigem Pfad wieder zurück zum befestigten Forstweg, setzen wir die Wanderung mit unserer Markierung fort. Etwa nach 365 Metern zweigt nach rechts ein alter bewachsener

Relikt aus alten Zeiten

1936 wurde im Tennenloher Forst der sieben Meter hohe Franz-Köhl-Turm erbaut. Dieser erfüllte in dunkleren Zeiten den Zweck, die dortigen Schießübungen der Wehrmacht zu überwachen, denn schon damals wurde dieses Gebiet als Truppenübungsplatz genutzt.

Mit einer festen Leiter war es möglich, den Turm hinaufzusteigen. Aus Sicherheitsgründen wurde die Leiter jedoch entfernt.

Wildgehege im Sebalder Reichswald

Zwischen Neunhof und Kalchreuth liegt inmitten des Sebalder Reichswalds ein Gehege mit Damwild. Die Damhirsche werden etwa 65 bis 100 Kilo schwer. Vom Rotwild zu unterscheiden ist diese Gattung dadurch, dass der Hals und die Beine etwas kürzer sind. Außerdem ist das Geweih deutlich kleiner als bei dem größeren Bruder. Leicht zu erkennen ist es auch an den weißen Flecken im Fell.

Flurweg ins Dickicht ab, der zum Fuß des Ofenlochbergs führt. Unterhalb des Markierungssteins am höchsten Punkt befindet sich hier das **Ofenloch** ❷, eine etwa sieben Meter lange Sandsteinhöhle.
Ein Abstecher dorthin ist jedoch strengstens untersagt – es herrscht aufgrund der ehemaligen Nutzung als Truppenübungsplatz abseits der befestigten Wege **absolute Lebensgefahr**! An der nächsten Weggabelung verlassen wir beide Markierungen und wechseln hier auf den »gelben Ring«, der uns in einem leichten Rechtsbogen über den Kalkgraben führt. Durch das landschaftlich reizvolle Gebiet mit offenen Flächen und kleinen Bächlein führt uns die Markierung nun nach etwa zwei Kilometern mit einem leichten Anstieg auf den höher gelegenen Teil des Waldgebiets. An sonnigen Tagen und in den späten Nachmittagsstunden kann es hier in den Sommermonaten ziemlich heiß werden.

Abstieg durch die Winterleite

Mit unserer Markierung überqueren wir eine Wegkreuzung (Winterleite 0,5 km) und wandern geradeaus weiter bis zu einer weiteren Wegteilung, die sich direkt am Fuße der **Winterleite** befindet (Wegweiser). Wir folgen ab hier nun der Markierung »blauer« und »gelber Ring« (Ohrwaschl 2,4 km; Eppeleinsweg 3,4 km) nach links hinab. Über einen wahrlich abenteuerlichen Pfad kommen wir nach wenigen Hundert Metern wieder auf einen Forstweg. Diesem folgen wir nach rechts, ohne Markierung, die wir an dieser Stelle hinter uns lassen. Nach kurzer Zeit erreichen wir die Felsformation **Tropfender Fels** ❸. Dem Forstweg folgen wir weiter, bis wir die Markierung »blauer Ring« erreichen und mit dieser an der Weggabelung nach rechts aufsteigen. An einer weiteren Wegeinmündung verlassen wir den befestigten Forstweg und biegen nach links ab. Auf schmalem Waldpfad mit der Markierung »Nordic-Walking-Trail« (gelb) geht es am Hang entlang. Der Pfad führt uns auf die offenen Felder vor

Kalchreuth. Aus dem Wald hinaus (Schranke) geht es nach rechts mit der Markierung »roter Punkt« (Wegweiser »2,7 km Felsenkeller«). Dieser führt uns bis zur Straße Kalchreuth–Neunhof, welche überquert wird. Mit »blauem Strich« geht es nun hinter der Straße (Wegweiser »Kraftshof 8,4 km«) weiter.

Dem »blauen Strich« folgen wir knapp drei Kilometer bis zum Eulenstein (Markierungsstein) an einer Wegkreuzung. Hier wechseln wir auf die Markierung »Nordic-Walking-Trail« (grün), die uns nach rechts in Richtung Landstraße führt. Diese überqueren wir, wenden uns nach links und laufen etwa 700 Meter auf dem Rad- und Fußweg in Richtung Neunhof, bis wir auf ein **Wildgehege mit Damwild** (s. auch Tour Nr. 7) treffen. Schöne Rastplätze entschädigen für das zuvor gelaufene Asphaltstück. Mit der Markierung »rotes Kreuz« geht es hier nach rechts, bis wir schließlich nach 1,8 Kilometern auf unseren bekannten Hinweg stoßen. Diesem folgen wir mit »grünem Strich« zurück nach **Neunhof**.

Ganz unten: Zeit zum Verschnaufen

Tropfender Fels bei Kalchreuth

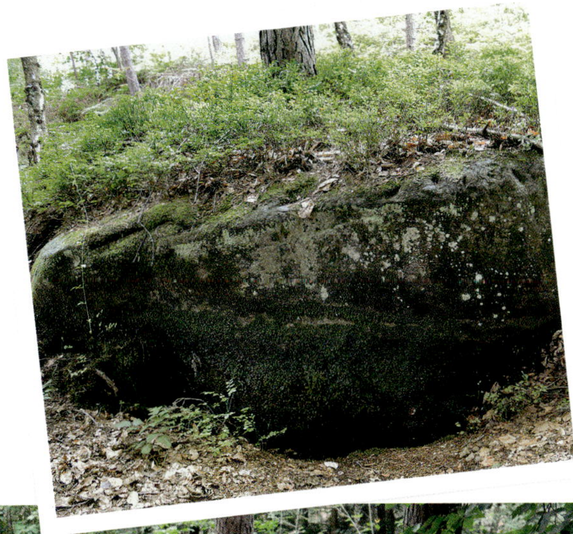

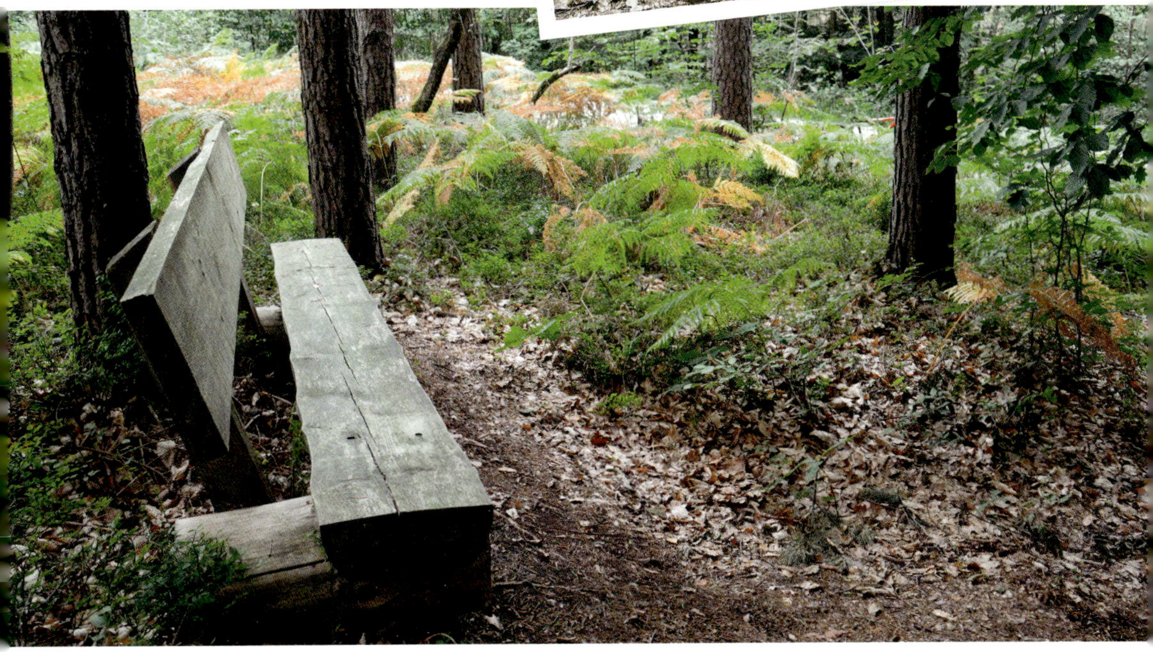

9 Zum Kalchreuther Teufelstisch

Vom Buckenhofer in den Tennenloher Forst

leicht | 11–16 km | 53 Hm | 3–4 Std.

Ausgangs-/Endpunkt
Waldparkplatz, Kreisverkehr OBI-Baumarkt, Kurt-Schumacher-Straße, 91052 Erlangen

GPS-Koordinaten
49.587909, 11.035565

Markierungen
Gelber Nordic-Walking-Trail, blaues Kreuz und gelber Punkt bis kurz vor der Ohrwaschl-Brücke, grüner Strich und blauer Ring bis zur Sandgrube, gelber Punkt und unmarkiert zurück

Tourencharakter
Befestigte Forst- und Schotterwege

Einkehrmöglichkeiten
»TIO Rustica«, Ludwig-Ehrhard-Straße 13 in Erlangen (kein Ruhetag)

Verkehrsanbindung
Bushaltestelle Marie-Curie-Straße (Buslinie 294 Erlangen-Zentrum)

Information
Landratsamt Erlangen-Höchstadt, Marktplatz 6, 91054 Erlangen, Tel. 09131/803-0

Wir besuchen das Wildschweingehege Buckenhof, eine ehemalige Heilquelle und die sandige Felslandschaft im Tennenloher Forst. An einem idyllisch gelegenen Weiher rasten wir und entspannen beim Quaken der Frösche.

Eine kleine Variante des Wanderweges bietet die Möglichkeit, zu dem fast vergessenen »Gesundbrunnen« bei Buckenhof zu wandern, einer im 18. und 19. Jahrhundert anerkannten Heilquelle.

Wir starten am **Wanderparkplatz**, direkt neben dem **Kreisverkehr am OBI-Baumarkt** Ⓐ Ⓔ. Ab der Wanderkarte führt uns der befestigte Weg mit der Markierung »Nordic-Walking-Trail« (gelb) in östliche Richtung. An einer Ruhebank wechseln wir die Markierung und setzen unsere Wanderung mit »blauem Kreuz« in Richtung Ohrwaschl (3,7 km) fort. Wir folgen einige

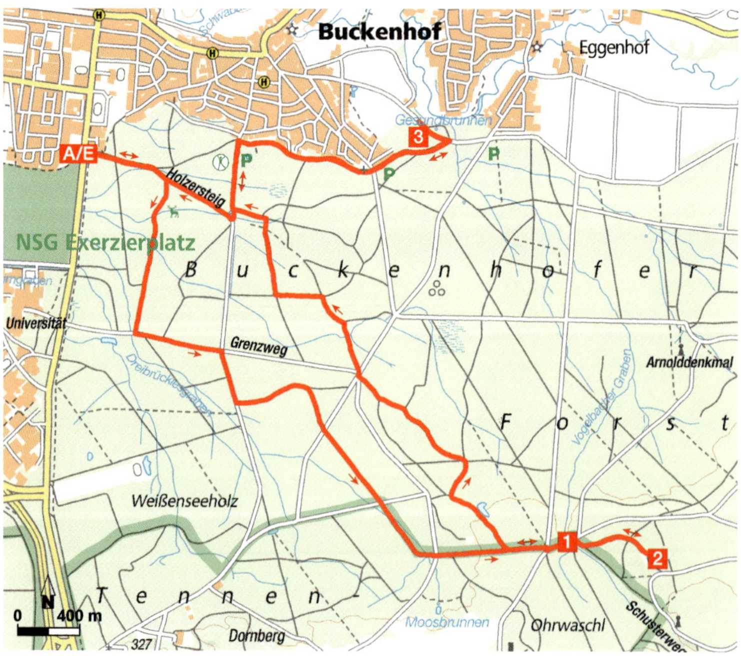

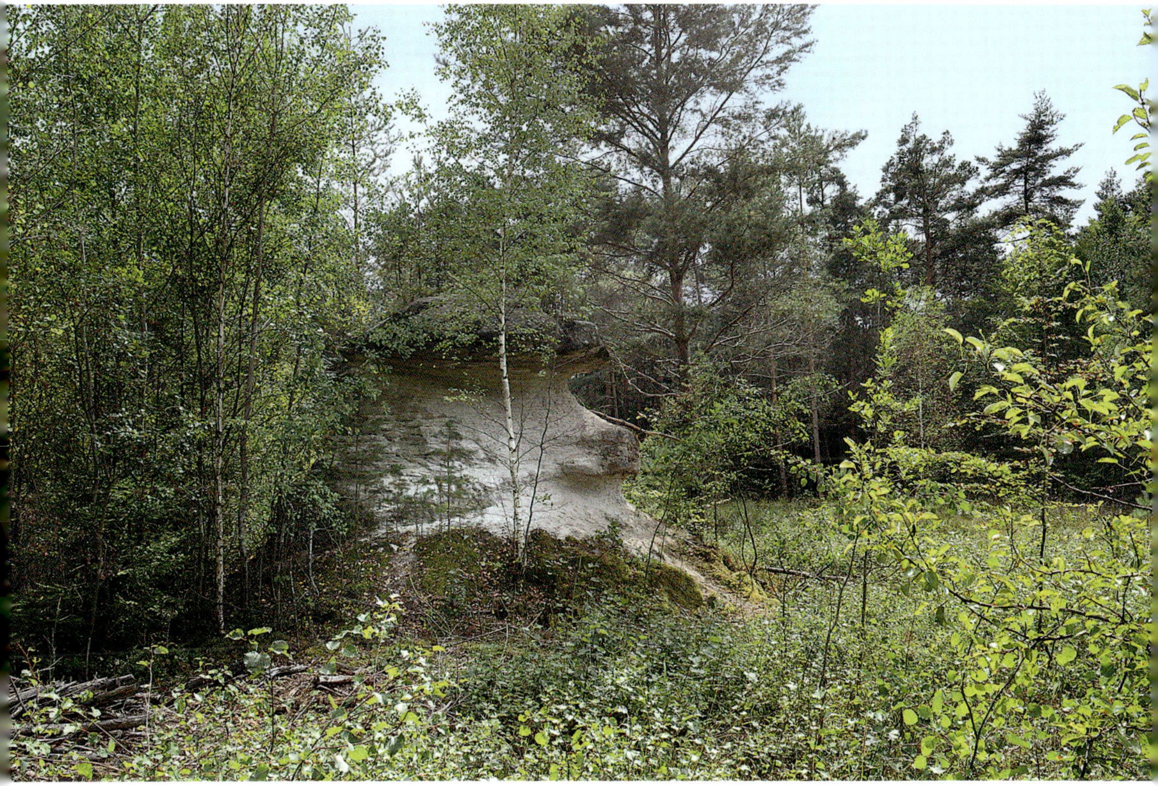

Kalchreuther Teufelstisch

Zeit dem breiten und gut markierten Wanderweg. Rechts und links davon bilden sich gerade bei Schneeschmelze oder Niederschlag kleine Sumpflandschaften und Tümpel, die teilweise plätschernd den Wanderweg unterqueren.

Nach etwa 45 Minuten biegt der Weg vor einem kleinen Weiher links ab. Wir treffen hier auf die Markierung »gelber Punkt«, welche uns gemeinsam mit dem »blauen Kreuz« in 250 Metern zu einer großen Wegkreuzung führt.

Nordic-Walking-Trail

2011 wurde durch das Uttenreuther Fitnessforum und die Skiabteilung des TC Buckenhof eine insgesamt 30 km lange Nordic-Walking-Strecke eröffnet. Diese ist in vier Trails aufgeteilt. Einer davon mit einer Länge von 10,5 km startet direkt am OBI-Kreisel – Markierung gelb. Download des Wegstreckennetzes unter www.vg-uttenreuth.de

Das Quaken der Frösche

Beide Wegzeichen werden nun verlassen. Mit »grünem Strich« geht es Richtung Dormitz über die **Ohrwaschl-Brücke** 1 (Ge-

Ein Abstecher zum Gesundbrunnen

Wer ein wenig mehr Zeit hat, der kann diese Variante in Richtung Buckenhof einbauen – ein kleiner Geheimtipp. Von 1709 bis 1810 befand sich hier eine Heilquelle. Entdecker war der Erlanger Professor Theodor Balthasar. Das Heilwasser, das Kohlensäure enthielt, wurde meist abgefüllt oder aber gleich vor Ort zu sich genommen. Aus einem alten Buch von 1813 von F.J. Bertuch geht hervor, dass dem Wasser u. a. Kräfte zur Linderung von Magenbeschwerden, Rückenschmerzen, aber auch von Blindheit zugesprochen wurden. Der Brunnen wurde damals gehäuft von der Heilung suchenden Bevölkerung, aber auch vom Adel aufgesucht. Zu der Zeit soll das Wasser in solchen Mengen herausgesprudelt sein, dass ab 1726 ganze Fuhren des Wassers nach Erlangen verbracht worden sind. In verschiedenen schriftlichen Werken wurde zur damaligen Zeit über das gesunde Wasser berichtet – sowohl im In- als auch im Ausland. Heute ist die Quelle leider fast vollständig versiegt.

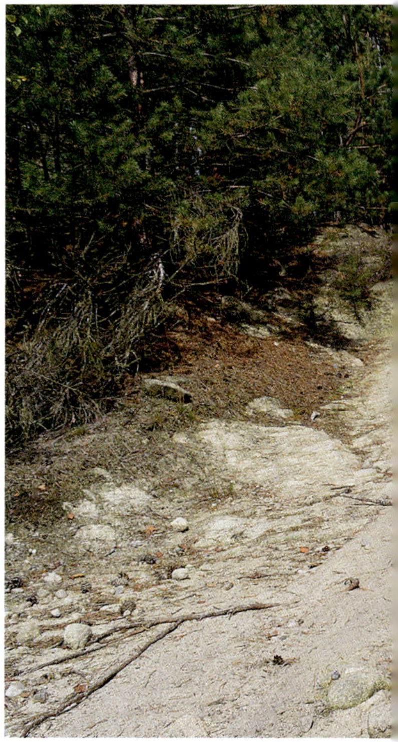

Ab in die Wildnis: felsiger Pfad

länder aus Leitplanken). Dem zweiten Weg nach der Brücke folgen wir mit der Markierung »blauer Ring« nach rechts, bis wir auf einen einzelnen größeren Sandsteinblock, den sogenannten **Teufelstisch** 2, treffen. An dieser Stelle befinden sich überall eng verschlungene, mit Felsblöcken besetzte Pfade, die auf eine große karge Lichtung führen. Der Zielpunkt unserer Wanderung ist nun erreicht.

Nach unserer Ruhepause geht es wieder zur Ohrwaschl-Brücke und ein kleines Stück auf bekanntem Weg zurück, nun jedoch mit der Markierung »gelber Punkt« in Richtung Buckenhof. Nach einigen Metern führt der Forstweg an einem **idyllischen Weiher mit Ruhebank** vorbei. Gerade in den Abendstunden ist dort das Quaken der Frösche nicht zu überhören. Wer sich die Zeit nimmt, kann auch auf einem kleinen Pfad (sich links haltend) auf die andere Seite des Weihers gelangen.

Weiter bis zu einer sternförmigen Kreuzung. Hier bleiben wir auf unserem Weg, bis wir an einem eingezäunten Hochbehälter vorbeikommen. Unser Wegzeichen zweigt hier einige Meter danach rechts ab. Nach etwa 700 Metern wird ein kleiner Tümpel erreicht.

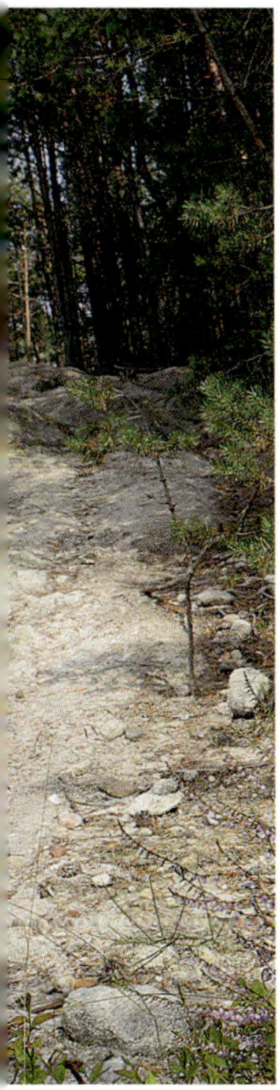

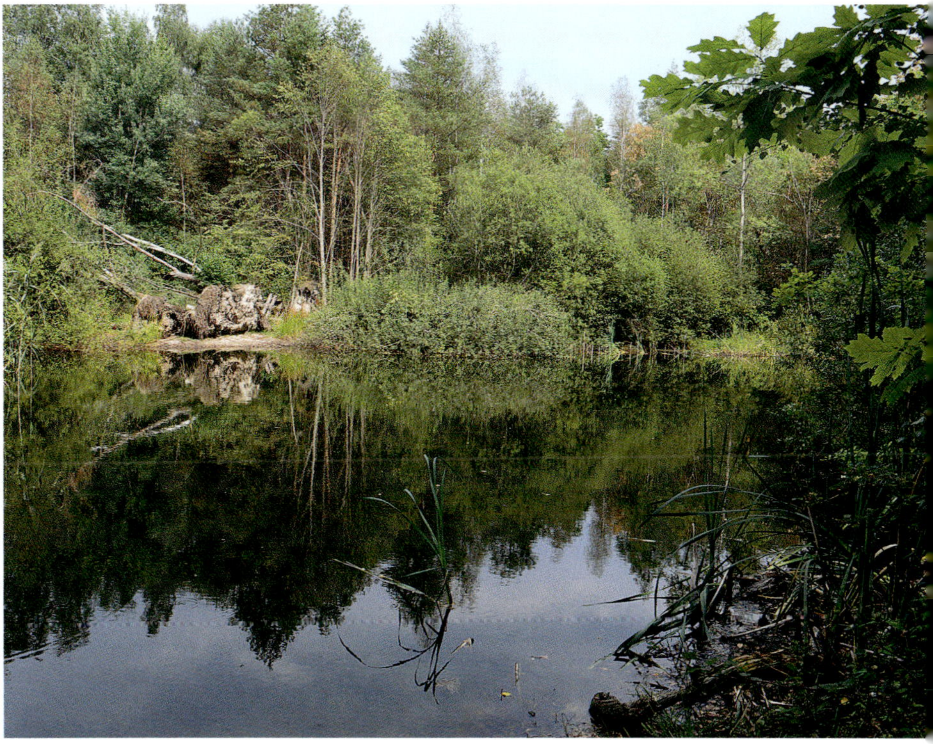

Blick aufs Wasser: idyllischer Weiher im Tennenloher Forst

Kohlensäurehaltiges Heilwasser

Wer möchte, kann ab hier einen Abstecher zum **Gesundbrunnen** ❸ (s. Infokasten) machen. Man folgt hierzu dem »gelben Punkt« bis nach Buckenhof zu einem Parkplatz vor dem Ortsbeginn. Vor den ersten Häusern begeben wir uns mit dem Forstweg nach rechts und wandern an der Häusergrenze entlang. Nach knapp 950 Metern gelangen wir an die Kreuzung Am Ruhestein/Eisenstraße. Letzterer folgt man in östliche Richtung. Nach etwa 530 Metern teilt sich der Weg. Wir biegen nach links in die Eisenstraße ein und erreichen kurz vor dem Sportplatz auf der rechten Seite im Wald den »Gesundbrunnen«.

Zurück zum Ausgangspunkt

Wer die Variante zum Gesundbrunnen gewählt hat, geht den Weg bis zu dem kleinen Tümpel zurück. Die ursprüngliche Markierung wird dort verlassen. Der Tümpel wird links haltend umlaufen, um danach auf einen breiten Forstweg nach rechts einzubiegen. Wir bleiben hier auf dem Weg. Dieser führt uns wieder zum Ausgangspunkt, dem **Wanderparkplatz,** zurück.

10 Die Letzten ihrer Art

Przewalski-Pferde im Tennenloher Forst

leicht | 8 km | 56 Hm | 2,5 Std.

Ausgangs-/Endpunkt
Wanderparkplatz Turmberg, Kurt-Schumacher-Straße/Turmberg/Weinstraße, 91058 Erlangen-Tennenlohe

GPS-Koordinaten
49.558804, 11.034650

Markierungen
Schwarze Heuschrecke auf grünem Grund, grüner Strich bis Ohrwaschl-Steinbruch; teilweise ohne Markierung

Tourencharakter
Keine Steigungen, überwiegend Wald- und Sandpfade, ansonsten geschotterte Forstwege, teilweise Überschwemmungsgefahr bei Schneeschmelze und Starkregen

Einkehrmöglichkeiten
Keine

Verkehrsanbindung
Bushaltestelle Walderlebniszentrum (Buslinie 30 Nürnberg–Erlangen)

Information
Landratsamt Erlangen-Höchstadt, Marktplatz 6, 91054 Erlangen, Tel. 09131/803-0

Erkunden Sie den Tennenloher Forst, eines der größten Sandökosysteme Deutschlands. Innerhalb des Nürnberger Reichswaldes gelegen, wurde er 1994 aufgrund seiner beeindruckenden Artenvielfalt von Tieren und Pflanzen (etwa 1600) unter Naturschutz gestellt. Ein Hauch »wilder Westen« weht hier, wenn Sie in dieser Steppenlandschaft den seltenen Przewalski-Pferden begegnen.

Charakteristisch für den Tennenloher Forst sind magere Sandgrasböden und lichte Kiefernwälder. Einige der hier vorkommenden Pflanzenarten wurden in die Rote Liste aufgenommen, z. B. das Silbergras, Sandglöckchen oder auch die Natternzunge.
Vom **Parkplatz am Turmberg** Ⓐ Ⓔ wandern wir an der Holztafel »Royal Rangers« mit der Markierung »grüne Heuschrecke« auf befestigtem Weg in den Wald hinein. An einem breiten Forstweg (Querweg) nehmen wir den linken Abzweig, bis wir nach etwa 250 Metern einen kleinen Waldpfad erreichen, der rechter Hand auf sandigem Boden abknickt (zunächst kein Wegzeichen vorhanden!). Die altbekannte Markierung erreichen wir erst wieder nach einigen Hundert Metern.

Wilder Westen bei Tennenlohe

Kiefern spenden gerade im Hochsommer in diesem Teil der Wanderung den notwendigen Schatten.
An Sandsteinformationen, kleinen Schluchten und Abhängen vorbei, verlassen wir nach etwa einem Kilometer den Wald. Die weitläufige Landschaft mutet ein wenig wie im Wilden Westen an – hier begegnen uns die **Przewalski-Pferde** ❶ (s. Infokasten), die in der scheinbar endlosen Steppe vor uns ihr Zuhause gefunden haben.
Unser Weg führt uns nun hinauf auf den **Aussichtshügel**, der in früheren Zeiten als Kugelwall diente. Zum Schutz vor Waldbränden durch Leuchtspurmunition hatte man den Wall ursprünglich aufgeschüttet. Heute ist der ehemalige Truppen-

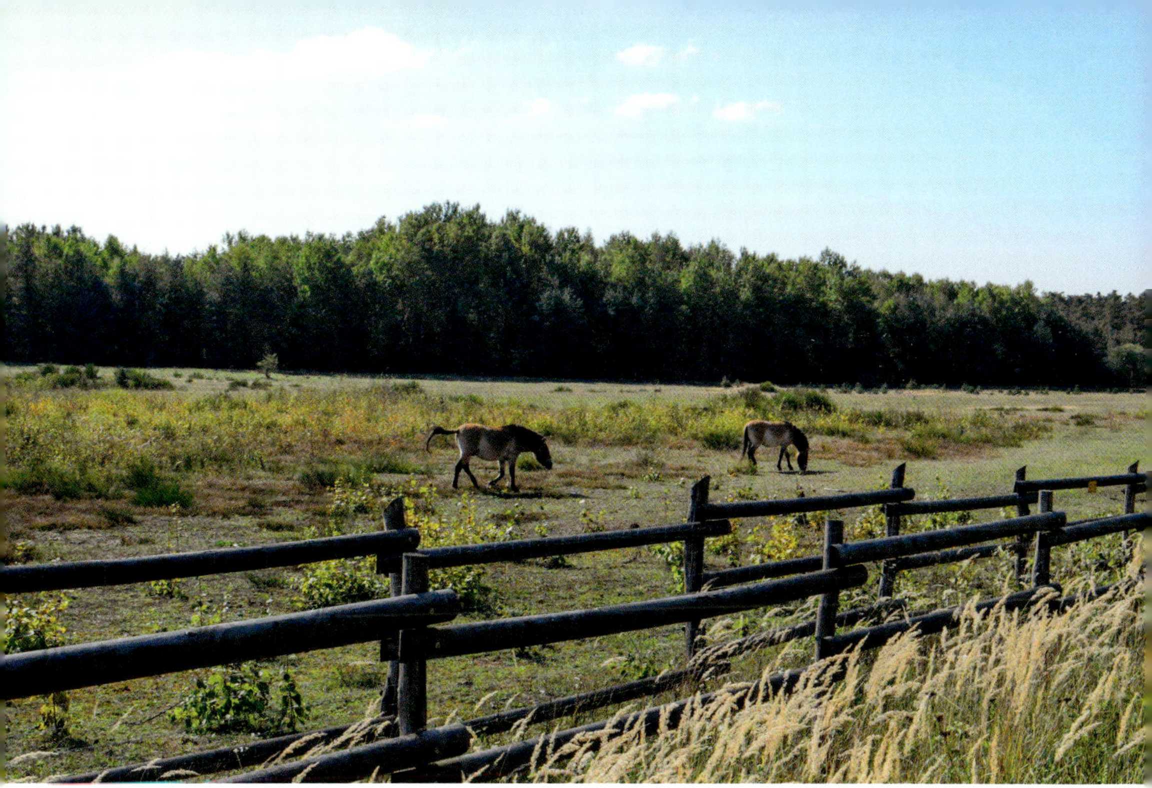

übungsplatz ein beliebtes Wanderziel geworden, sowohl zu Fuß als auch mit dem Fahrrad. Hier können wir bei klarem Wetter im Süden die Zinnen der Nürnberger Kaiserburg und im Südosten den Moritzberg erblicken. Im Nordosten bietet sich der weite Blick zum Walberla, einem Tafelberg – und dem Wahrzeichen der Fränkischen Schweiz.

»Wild Wild West«

Auf dem Hinweg geht es wieder hinab. Ein Blick auf die unten aufgestellte Übersichtskarte erleichtert uns die Orientierung. Wir verlassen die Markierung »grüne Heuschrecke« und setzten unseren Weg auf dem geschotterten Forstweg direkt am Zaun entlang in Richtung Nordosten fort (nicht den kleinen Pfad zwischen Aussichtshügel und Gehege wählen). Als Orientierungspunkt dient uns ab nun immer wieder der Holzzaun, welchen wir den gesamten Wegverlauf begleiten werden. Nach etwa 950 Metern biegen wir rechter Hand in einen kleinen Pfad ein.

Anfahrt mit dem Bus

Der Ausgangspunkt ist auch mit öffentlichen Verkehrsmitteln zu erreichen. Die Strecke verlängert sich dann um etwa einen Kilometer. An der Haltestelle »Walderlebniszentrum Tennenlohe«, entlang der Straße nach Erlangen, führt ein kleiner Waldpfad bis zur Überführung der Bundesstraße. Weiter über die Straße, gelangt man direkt zum Ausgangspunkt.

Am **Moosbrünnlein** ❷ vorbei gelangen wir nach knapp 600 Metern auf einen Forstweg, mit dem Wegzeichen »grüner Strich«. Hier machen wir einen kleinen Abstecher nach links zum **Ohrwaschl-Steinbruch** ❸. Nach einigen Metern kann man eine kleine Freifläche entdecken. Alte verfallene Holzbänke und ein Felsenkeller säumen die Anlage. Der Steinbruch war von 1839 bis 1912 in Betrieb, die hier gewonnenen Sandsteinquader wurden

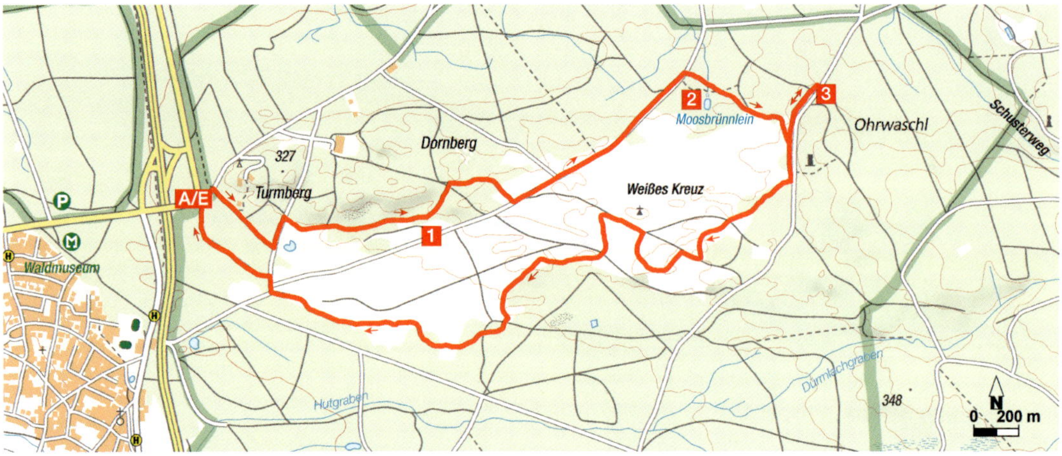

Die Przewalski-Pferde

Inmitten des Naturschutzgebietes wurde im Jahr 2003 das Wildgehege für die Przewalski-Pferde – auch mongolische Wildpferde genannt – errichtet, deren Art, ursprünglich aus Asien stammend, weltweit nur noch 2000 Stück umfasst. Es ist die einzige Wildpferdart, die bis heute überlebt hat. Alle anderen »frei lebenden« Pferde sind Tiere, die einst aus der Gefangenschaft entwichen sind. Benannt wurden die Pferde nach Nikolai Michailowitsch Przewalski, einem Forschungsreisenden. Im Jahr 1878 zog es ihn im Rahmen einer Expedition nach Zentralasien. Er brachte von dort Haut und Schädel der Tiere nach St. Petersburg mit. Diese Tierart war bis dato in der westlichen Welt wissenschaftlich nicht untersucht worden und weitgehend unbekannt. Entdeckt hatte Przewalski die Pferde in der Mongolei, einem Landstrich mit dem Name Tachin-Schara-Nuru, was so viel wie »Berge der gelben Pferde« heißt.

Das letzte Przewalski-Pferd wurde 1969 in freier Wildbahn gesichtet. Seitdem existieren keine weiteren Aufzeichnungen mehr. Ende des Zweiten Weltkriegs waren es schließlich weniger als 40 Tiere weltweit, die durch Menschen gezüchtet und betreut werden konnten.

Die Pferde wurden 2003 aus dem Tiergarten Nürnberg und dem Tierpark Hellabrunn in das Wildgehege Tennenloher Forst umgesiedelt.

Mit viel Glück und etwas Geduld kann man hier beobachten, wie sie ausgelassen über das weitläufige Areal galoppieren.

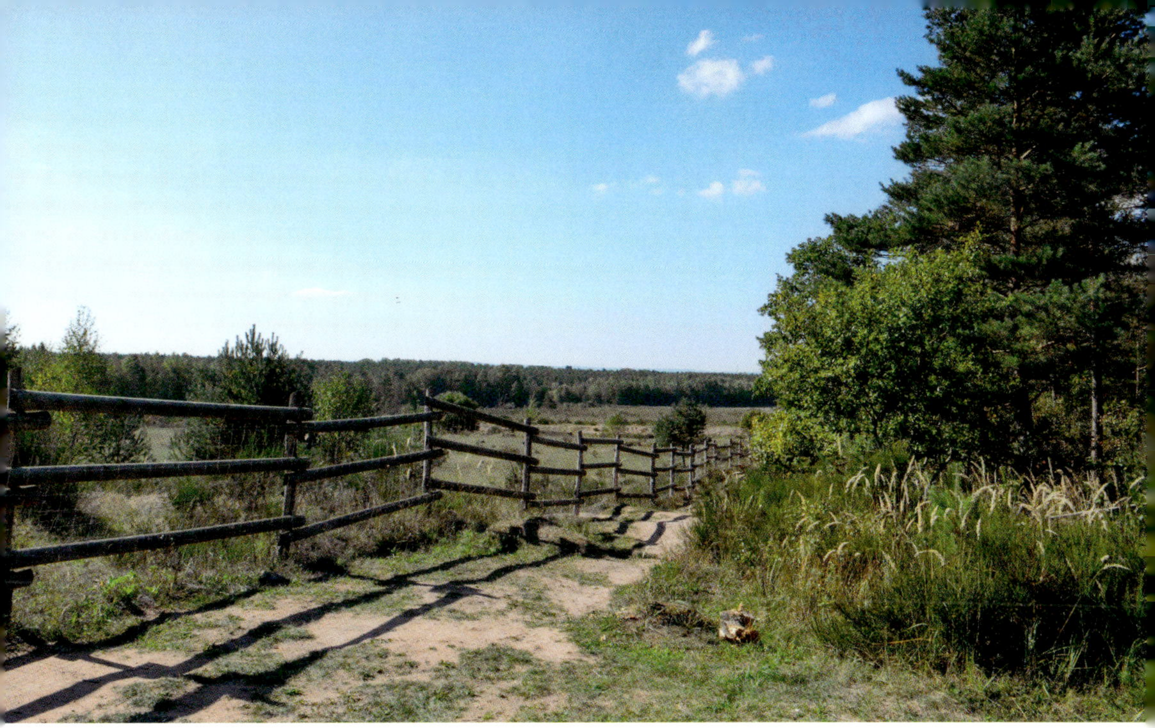

damals nach Erlangen und Nürnberg geliefert. Früher stand hier auch ein Wirtshaus (etwa ab 1866), das jedoch aufgrund wachsender Konkurrenz im Umland schließen musste und durch die US-Armee schließlich abgerissen wurde.

Ein besonderer Ruheort: Sandsteppe am Rande der Großstadt

Immer am Zaun entlang

Wieder zurück zum ursprünglichen Weg und mit dem »grünen Strich« ein Stück auf dem befestigten Weg weiter. Nach einigen Metern knickt der Zaun wieder ab und wir halten uns rechts. Ab der nächsten Gabelung wird der Weg nun wieder sandiger. Nachdem wir eine der wohl imposantesten Sandsteinschluchten dieser Wanderung passiert haben, stoßen wir auf einen künstlichen Überweg (Brücke). Diesen überqueren wir jedoch nicht, sondern bleiben auf unserem Weg und gehen weiter am Gehege entlang.

Durch eine Sumpflandschaft (Überschwemmungsgefahr bei Schneeschmelze und starken Regenfällen) gelangen wir schließlich auf kleinen Holzstegen wieder auf einen befestigten Forstweg. Noch ein letztes Stück am Zaun entlang, dann treffen wir auf einen Querweg, welchem wir links folgen, bis wir auf ein steinernes Denkmal stoßen. Hier biegen wir rechts ab, um gleich wieder den nächsten Abzweig links zu wählen. Dieser führt uns nun wieder mit dem Symbol »grüne Heuschrecke« zum Ausgangspunkt, dem **Parkplatz am Turmberg**, zurück.

11 Über die Tauchersreuther Höhe

Von Eschenau zu den Auenland-Weihern

leicht | 7 km | 115 Hm | 2 Std.

Ausgangs-/Endpunkt
Bahnhof Eschenau, Bahnhofstraße, 90542 Eckental

GPS-Koordinaten
49.575249, 11.200141

Markierungen
Gelbes Kreuz bis Beerbach, roter Punkt bis Neunhof, grünes Kreuz bis Tauchersreuth, gelbes Kreuz bis Eschenau

Tourencharakter
Forst- und Waldwege, Waldpfad im Brunngraben, Höhenweg und schöner Abstieg von Tauchersreuth nach Beerbach

Einkehrmöglichkeiten
Mehrere Einkehrmöglichkeiten in Eschenau; »Brauereigasthof Wiethaler«, Welserplatz 6 in Lauf-Neunhof (Mo, Di Ruhetag); mehrere Einkehrmöglichkeiten in Eschenau

Verkehrsanbindung
Bahnhof Eschenau (R21 »Gräfenbergbahn« Nürnberg–Gräfenberg), Buslinien 209, 212 und 213

Information
Nürnberger Land Tourismus, Waldluststraße 1, 91207 Lauf a.d. Pegnitz, Tel. 09123/9506062

Schon vor den Toren der Fränkischen Schweiz liegt rund um den Markt Eckental ein wahres Naturparadies. Südlich hiervon erstreckt sich das landschaftlich reizvolle Gebiet bei Tauchersreuth. Weite buckelige Wiesen und Felder, Höhenzüge mit grandioser Fernsicht und verwunschene Fischweiher mit dem Namen »Auenland« tun ein Übriges, um einmal mehr den Alltag hinter sich zu lassen.

Von unserem Ausgangspunkt führt uns diese Tour zur St. Egidienkirche nach Beerbach, anschließend über die offenen Felder nach Neunhof und weiter zur Brunngrabenhöhle. Über die Tauchersreuther Höhe gelangen wir dann schließlich nach Eschenau zurück.

Unsere Wanderung startet am **Bahnhof Eschenau ⒶⒺ**, der bequem mittels Bus oder Bahn erreicht werden kann. Die Mar-

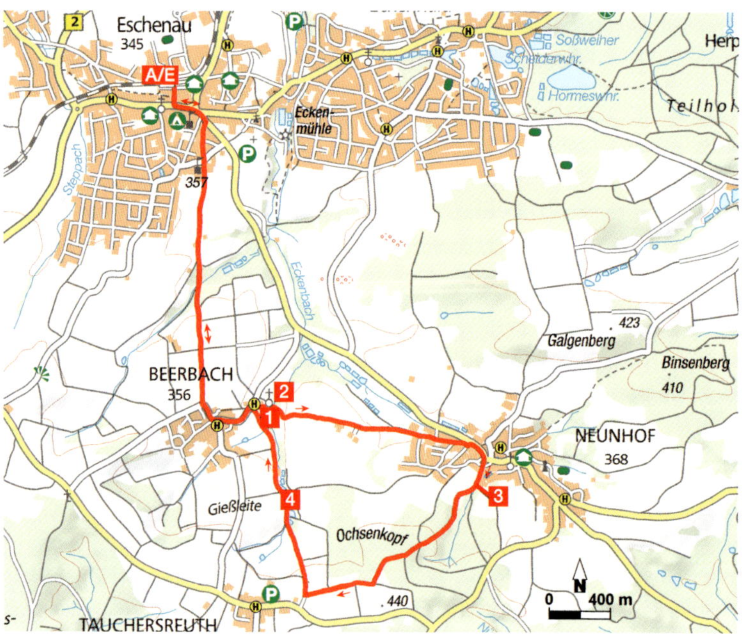

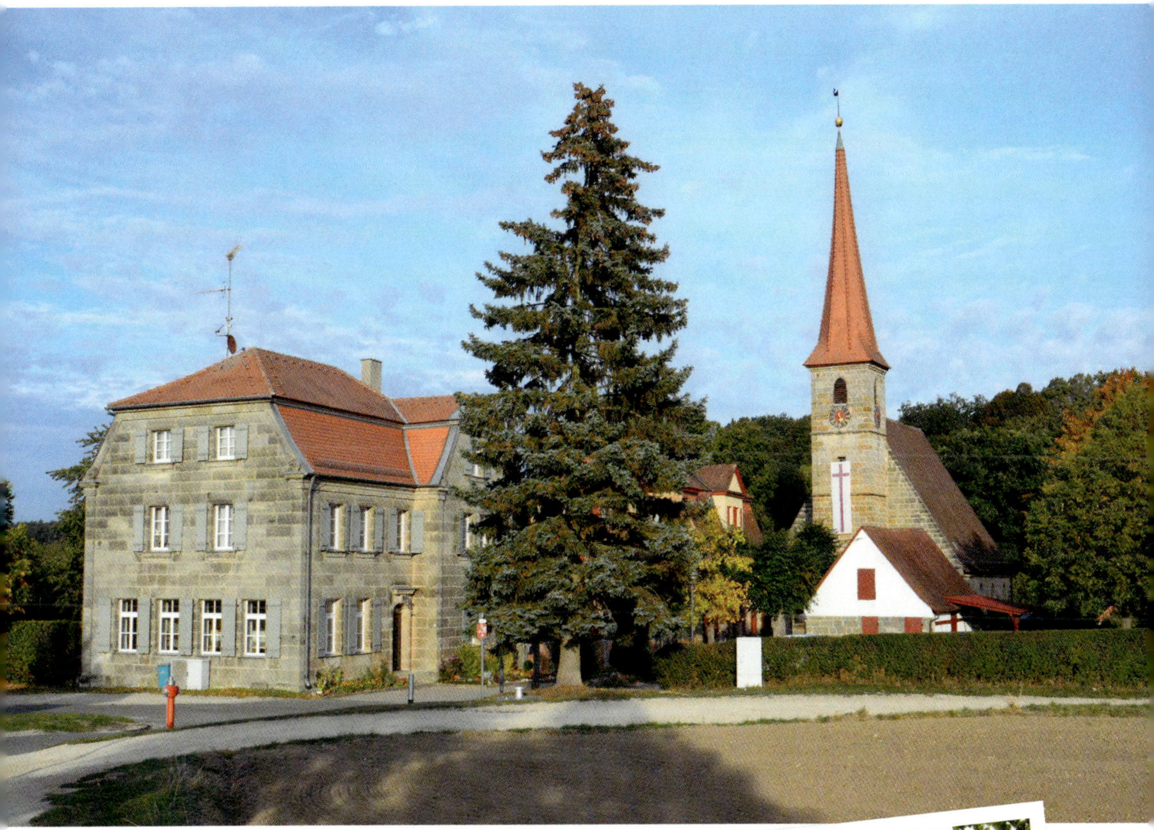

kierung »gelbes Kreuz« führt uns aus der Bahnhofsstraße links in die Eschenauer Hauptstraße. Dem Wegzeichen folgend, lassen wir über die Tauchersreuther Straße allmählich die letzten Häuser hinter uns. Nach etwa 1,3 Kilometern erreichen wir kurz vor Beerbach einen ruhig angelegten Spielplatz mit einem Fußballfeld. In der Ortsmitte von Beerbach wechseln wir nun die Markierung und folgen dem »roten Punkt« nach links in Richtung **St. Egidienkirche** ❶. Die Markierung führt uns durch den Friedhof der Kirche und anschließend über Treppen hinab. Am Naturdenkmal »Linden

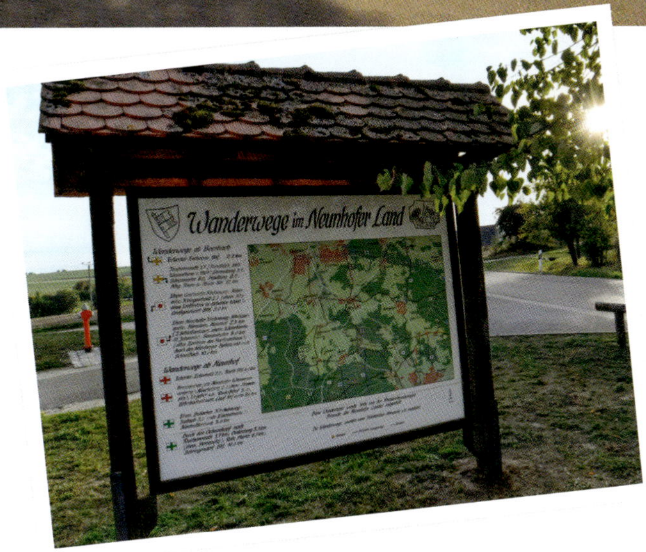

Wandertafel in Beerbach

Ganz oben: St. Egidienkirche in Beerbach

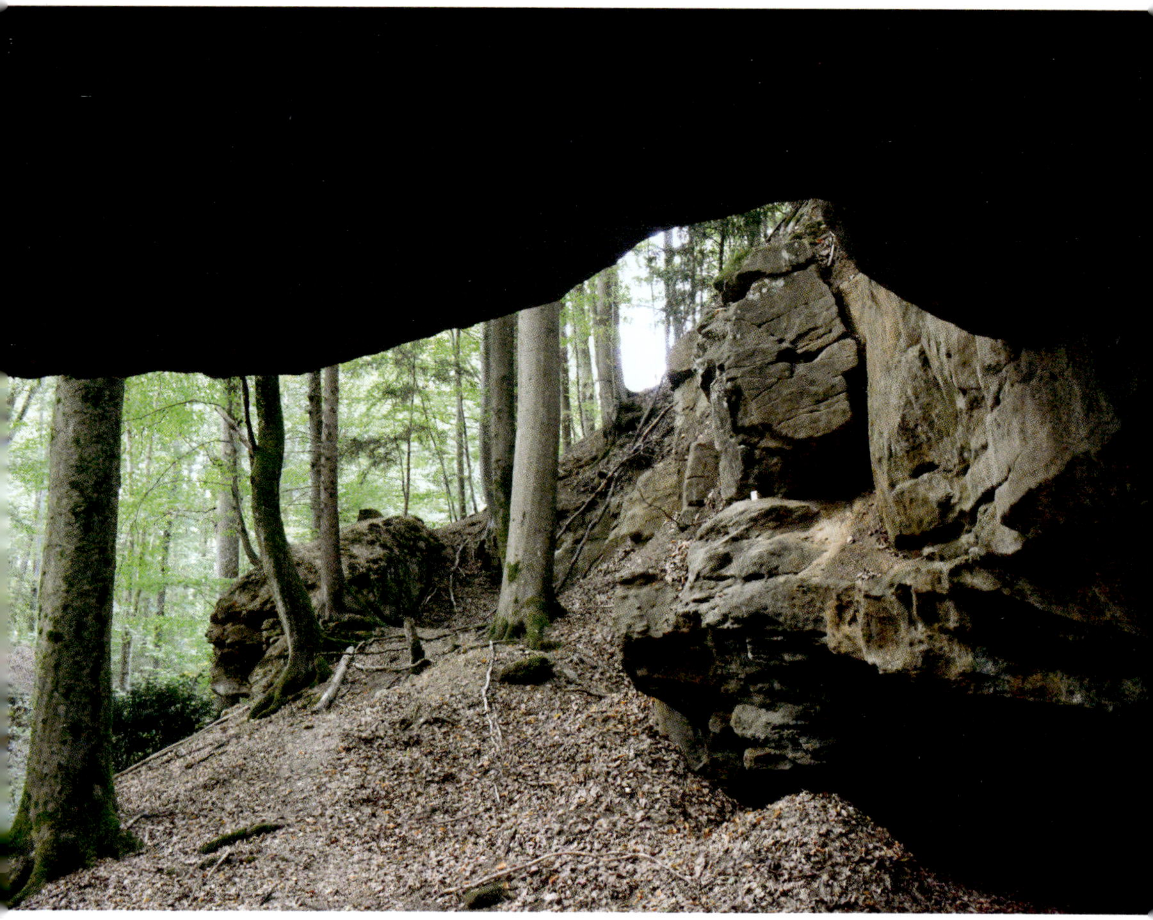

Blick aus der Brunngrabenhöhle

am Kirchenberg« vorbei öffnet sich linker Hand die **Nikolausquelle** ❷. Über die Hochfläche gelangen wir nach knapp einem Kilometer nach **Neunhof**.

Im Ort wechseln wir an der Straße Am Brunngraben die Markierung. Das »grüne Kreuz« führt uns so schließlich über den Tuchersteig an einer Pferdekoppel vorbei in den Wald. An einer Weggabelung mit einer Markierungstafel haben wir die Möglichkeit, einen Abstecher zur **Brunngrabenhöhle** ❸ (s. Infokasten) zu machen.

Zur Brunngrabenhöhle

Ab der genannten Markierungstafel zunächst nach links mit der Markierung »rotes Kreuz« auf einem Waldpfad bergauf. Nach einigen Metern gelangen wir so an einen Grenzstein. Hier können wir weglos nach rechts und anschließend über die Sandsteinfelsen hinabsteigen. Am Fuße der Felsen öffnet sich das Eingangsportal der Höhle. Taschenlampe nicht nötig.

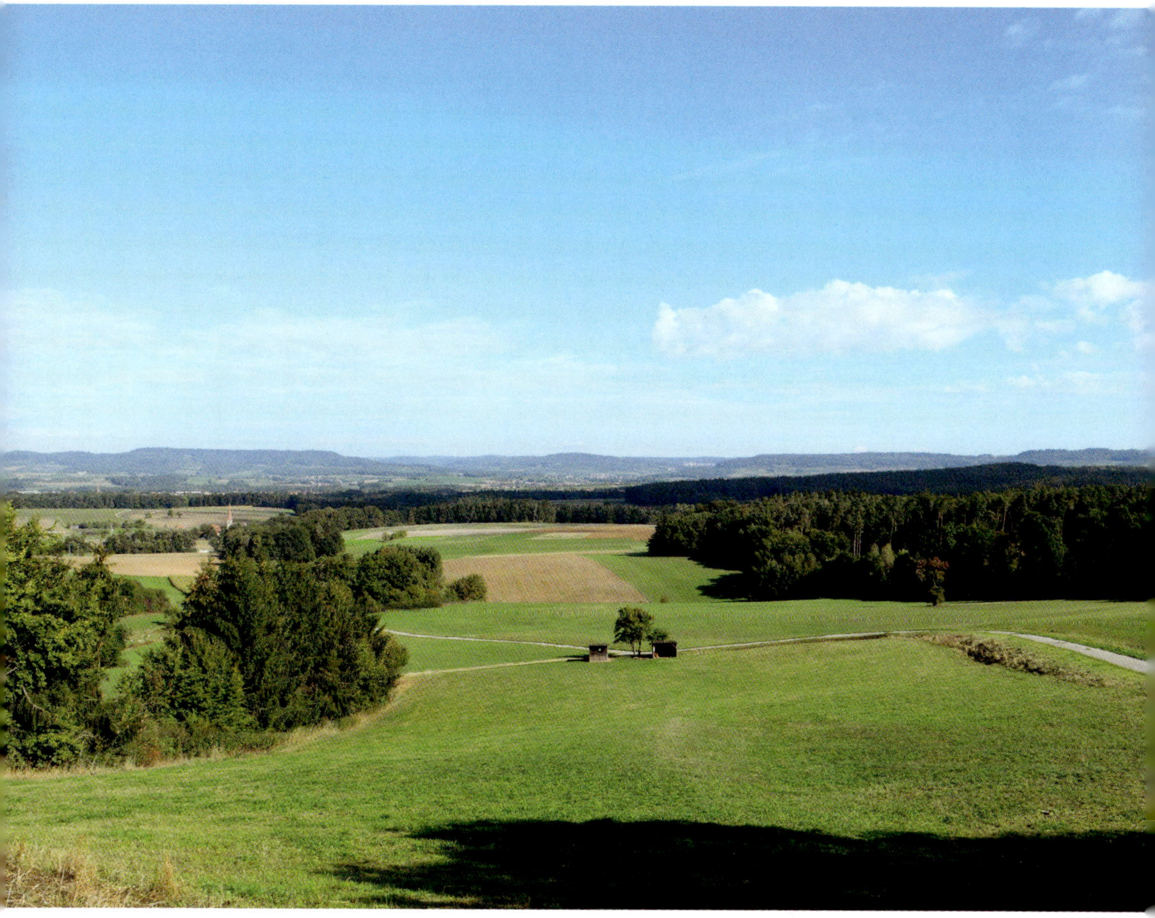

Über die Tauchersreuther Höhe nach Beerbach

Saftige Wiesen im »Auenland«

Mit dem »grünen Kreuz« geht es durch den Wald empor, über die Hochflächen auf den Ochsenkopf, und nach 1,5 Kilometern sind die ersten Häuser von **Tauchersreuth** erreicht. Bei klarer Sicht können wir hier einen herrlichen Fernblick in Richtung Hetzleser Berg genießen. Die buckelige Landschaft, die saftigen Wiesen und die weidenden Schafe sind ein Garant dafür, dem Alltag entfliehen zu können.

Kurz vor dem Ort steigen wir mit dem »gelben Kreuz« auf befestigtem Flurweg rechter Hand hinab zu den **Auenland-Weihern** 4. An der **St. Egidienkirche** vorbei folgen wir nun dem »roten Punkt« und anschließend dem »gelben Kreuz« auf dem bereits bekannten Hinweg dann zurück bis zu unserem Ausgangspunkt, dem **Bahnhof in Eschenau**.

12 Der Hetzleser Berg bei Effeltrich

Vor den Toren der Fränkischen Schweiz

mittel | 8–16 km | 238 Hm | 2,5–4,5 Std.

Ausgangs-/Endpunkt
Bushaltestelle Dorfmitte, Hauptstraße, 91077 Hetzles

GPS-Koordinaten
49.638683, 11.129777

Markierungen
Blaues Kreuz bis Hetzleser Berg, grüner Punkt bis kurz vor dem Burgstall, Ammonit-Symbol oder blaues Kreuz zurück nach Hetzles

Tourencharakter
Teilweise Asphaltstrecken, geschotterte Forst- und Flurwege, Waldpfade; steiler Anstieg zum Hetzles

Einkehrmöglichkeiten
»Michelwirt«, Hintere Dorfstraße 14 in Hetzles (Mi Ruhetag); »Schwarzer Adler«, Hauptstraße 112 in Hetzles (Mo und Di Ruhetag); »Waldschänke am Streitbaum«, Hetzleser Berg (sonntags geöffnet)

Verkehrsanbindung
Bushaltestelle Hetzles, Dorfmitte, Buslinien 224 und 225

Information
Verwaltungsgemeinschaft Effeltrich, Forchheimer Straße 1, 91090 Effeltrich, Tel. 09133/7792-0

Auf unserem Ausflug kommen wir am »Streitbaum« und am Burgstall vorbei. Außerdem begleiten wir den Westlichen Albrandweg ein kleines Stück auf dem Hochplateau des Hetzleser Berges. Auf dessen nördlicher Seite genießt man oft einen herrlichen Fernblick zum Walberla.

Das malerische Örtchen Hetzles liegt an den Ausläufern der Fränkischen Schweiz, inmitten des größten zusammenhängenden Kirschanbaugebietes Europas. Ruhig gelegen, umrahmt von malerischen Wiesen und Berghängen, erwandern wir den Hetzleser Berg mit einer Gesamthöhe von 547 Metern.
Wir starten unsere Tour in der **Ortsmitte von Hetzles**, an der **Bushaltestelle** Ⓐ Ⓔ und der daneben liegenden Wandertafel (Hauptstraße). Die Markierung »blaues Kreuz« führt uns zu-

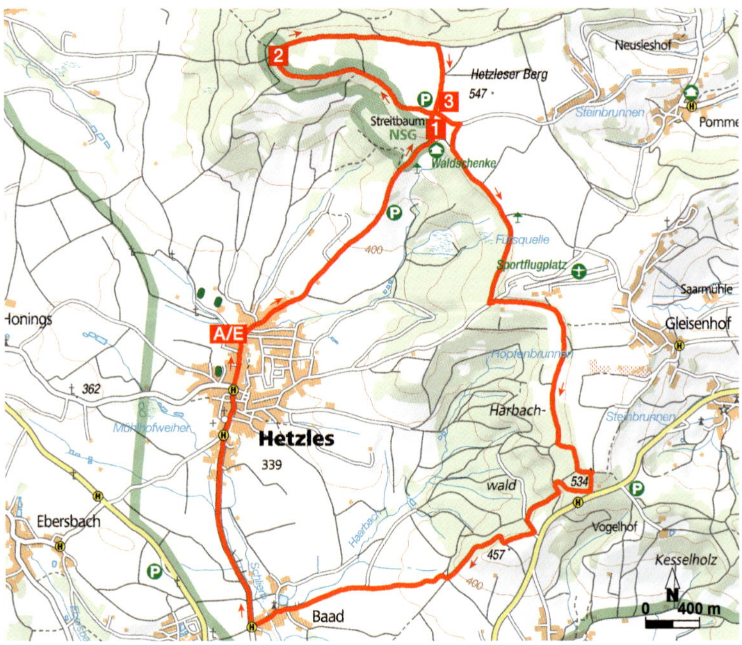

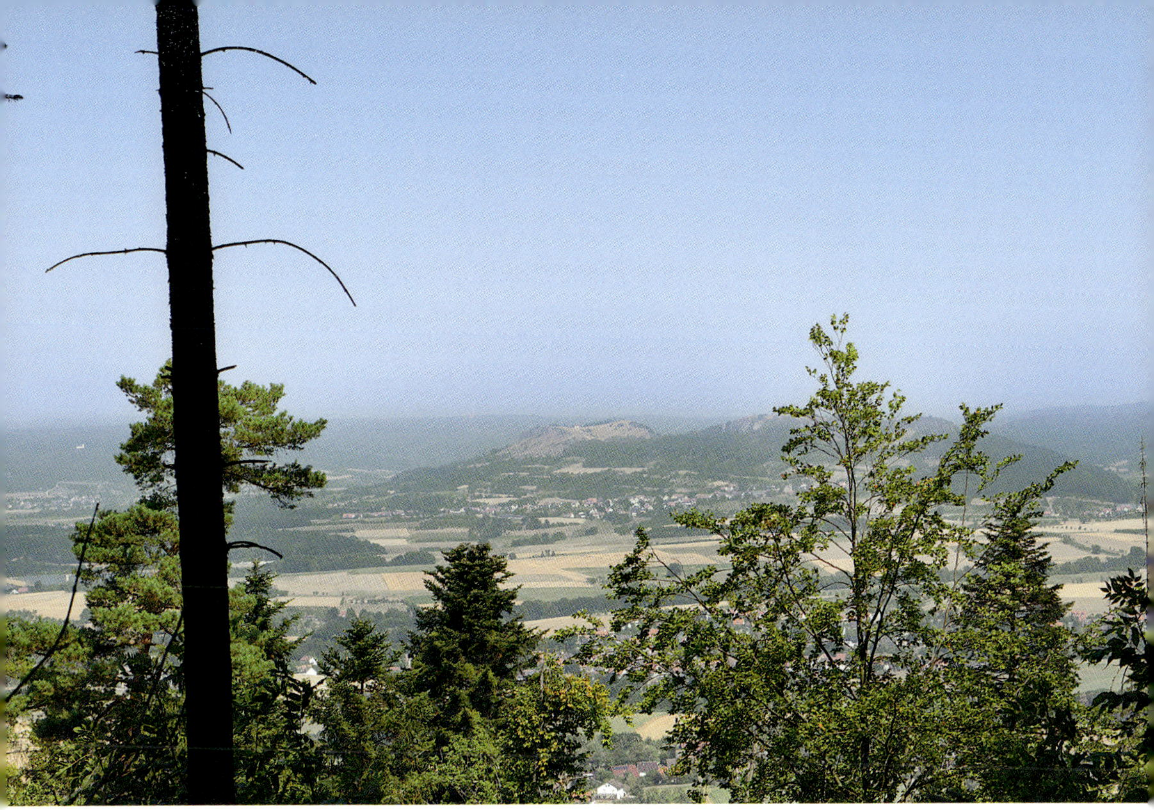

Klar bis diesig: der Blick aufs Walberla vom Hetzleser Berg

nächst auf der asphaltierten Straße Zum Streitbaum und weiter auf einem schotterbefestigten Forstweg bergauf.

Rechter Hand können wir nach kurzer Zeit eine kleine Holzhütte erblicken. Der Blick über die Baumwipfel in Richtung Nürnberg mag hier mit ein bisschen Fantasie an eine Alm in den Bergen erinnern. Im Frühjahr und Sommer breitet sich dort ein herrliches Blütenmeer aus. Das »blaue Kreuz« zieht nun weiter empor, vorbei an einem Schild »Naturschutzgebiet« zum **Streitbaum** ❶. Laut der Hetzleser Dorfchronik wurde hier früher über Recht und Unrecht verhandelt, obgleich es hierüber keine schriftlichen Belege gibt. Lediglich der Flurname wurde überliefert. Im Mittelalter wurden alte Bäume oftmals als Ort für Versammlungen oder als Gerichtsstätten genutzt. Heute lädt hier ein Biergarten zum Verweilen ein.

In die Ferne blicken?

Nicht an allen Tagen kann man ungehindert die Sicht in die Ferne genießen. Die Fernsicht hängt grundsätzlich von drei Faktoren ab: Temperatur, Feuchtigkeit und Staub. Bei günstigen Wetterlagen wie z. B. Föhn oder polaren Luftbewegungen hat man die bestmögliche Sicht. Hier sind Weiten von 150 km bis 300 km möglich, bei leicht diesiger bis klarer Sicht immerhin 10 bis 20 km. An aufklarenden Tagen, nach einem Starkregen, sind die Voraussetzungen perfekt, um in die Ferne zu blicken. Die Atmosphäre ist kurzfristig staubfrei und trocken. In den Sommermonaten ist die Chance auf gute Sicht am ehesten in den Morgenstunden gegeben.

Am Tor der Fränkischen Schweiz

Wir wechseln nun das Wegzeichen. Der »grüne Punkt« führt uns zunächst auf das Plateau des **Hetzleser Berges** zu einer Wandertafel mit Rastbank. Weiter geht es von hier zum **Burgstall** 2 (s. Infokasten), einem Zwischenziel unserer Wanderung. Über die Hochfläche gehen wir nun an einer schönen Wiesenfläche vorbei in den Wald hinein. An einer Weggabelung führt uns der Weg mit dem »Ammonit-Symbol« über 0,5 Kilometer zu der ehemaligen Befestigungsanlage.

Entlang am Westlichen Albrandweg

An einer Infotafel über die Befestigungsanlage am Hetzleser Berg folgen wir dem »Ammonit-Symbol«. Wir kommen nun nochmals an eine Weggabelung, bleiben aber mit unserer Markierung auf dem Weg (Wegweiser »1,7 km Streitbaum«). Linker Hand öffnet sich der Blick mehrmals und wir können hier bei guter Fernsicht im Nordosten den Bergrücken des Walberla (Tafelberg) bei Schlaifhausen und den Turm der Burg Feuerstein bei Ebermannstadt erblicken.

Wer das Walberla kennt, der dürfte interessiert aufhorchen, wenn er nun erfährt, dass das Harz'sche Habichtskraut und die

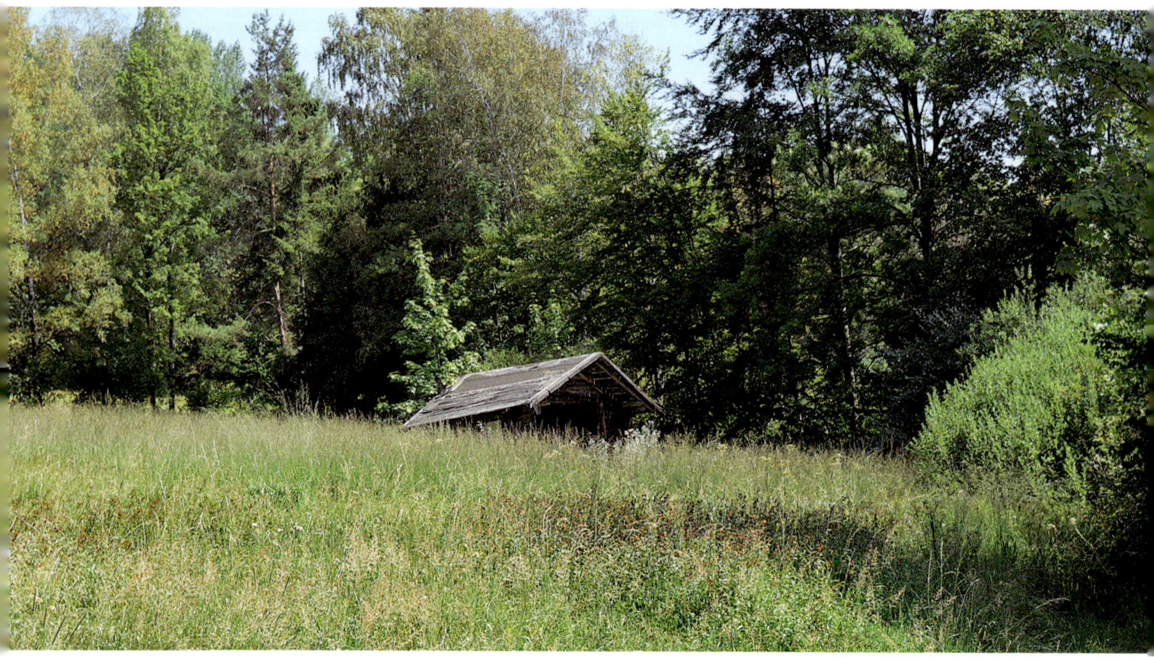

Ehemalige Schutzhütte beim Aufstieg auf den Hetzles (jetzt verfallen)

Hohenesters Mehlbeere weltweit nur dort vorkommen. Der Weg schlängelt sich als kleiner, mit Werkkalkplatten bedeckter Pfad am Hang entlang, bis wir aus dem Wald auf eine Wiesenfläche treten. Der Weg führt uns an der nächsten Gabelung nach rechts, zwischen zwei Äckern über die Hochfläche und zurück zur Wandertafel am Anfang der Hochfläche.

Wir können nun hier mit dem »blauen Kreuz« absteigen, welches uns wieder nach Hetzles zurückführt, oder aber mit der Markierung »Ammonit-Symbol« links haltend weiterwandern ❸. Diese Wegstrecke ist Teil des **Westlichen Albrandwegs**, welcher mit dem »roten Strich« markiert ist.

Wir gelangen so über die Höhen am **Flugplatz Hetzles** vorbei und steigen dann nach weiteren 1,5 Kilometern durch den Haarbachwald hinab in das Örtchen **Baad**. Die Markierung führt uns schließlich zurück zu unserem **Ausgangspunkt**.

Befestigungsanlage Burgstall

Ein Burgstall, eine ehemalige Befestigungsanlage, ist eine Burg, deren Überreste – im Gegensatz zu einer Ruine – so gut wie nicht mehr erkennbar sind. Eine Hinweistafel am Wegesrand erinnert am Hetzleser Berg an die mittelalterlichen Bauten. Die meisten Funde stammen aus dem 10. Jahrhundert n. Chr. Es gibt jedoch auch Hinweise auf eine Besiedelung bereits zu vorchristlicher Zeit. Die Anlagen stammen wohl aus dem Frühmittelalter, der karolingisch-ottonischen Zeit.

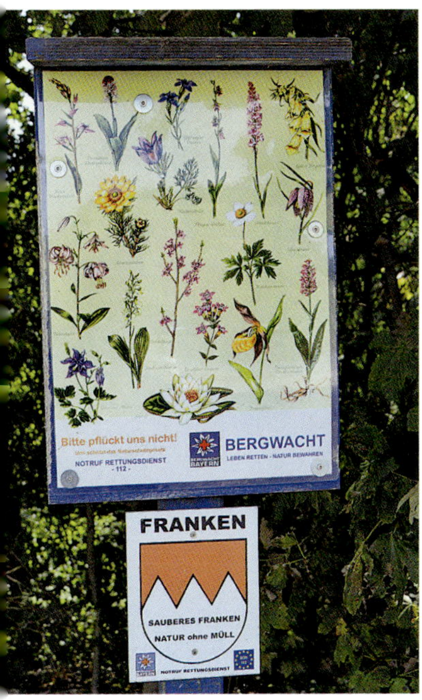

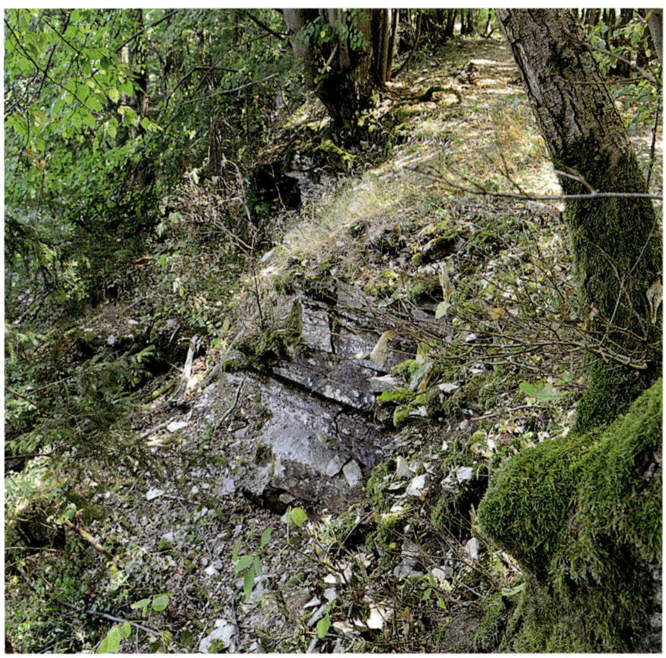

Links: Bitte pflückt uns nicht!

Rechts: Typische Felslandschaft – Werkkalkabbrüche

13 Unterwegs mit dem heiligen Jakobus

Der fränkische Jakobsweg ab Effeltrich

leicht | 16,5 km | 165/64 Hm | 4–5 Std.

Ausgangspunkt
Alte Linde, Neunkirchener Straße/Lindenstraße, 91090 Effeltrich

Endpunkt
St.-Andreas-Kirche, Dorfplatz 6, 90562 Kalchreuth

GPS-Koordinaten
49.659497, 11.092747

Markierungen
Durchgängig gelbe Jakobsmuschel auf blauem Hintergrund

Tourencharakter
Asphaltwege in den Ortschaften, sonst Feld- und Waldwege; geringe Steigungen

Einkehrmöglichkeiten
»Gasthof zur Alten Linde«, Neunkirchener Straße 5 in Effeltrich; Klosterhof, Innerer Markt 7 in Neunkirchen am Brand (Mo und Mittwochmittag Ruhetag); »Zum Roten Ochsen«, Weißgasse 10–12 in Kalchreuth (Mo Ruhetag)

Verkehrsanbindung
Hinfahrt: Buslinie 208 aus Erlangen und Baiersdorf oder 224 aus Forchheim nach Effeltrich (aus Nürnberg mit S-Bahn nach Baiersdorf, weiter mit Buslinie 208), Rückfahrt: Bahnhof Kalchreuth (R21 Nürnberg–Gräfenberg)

Information
Landratsamt Erlangen-Höchstadt, Marktplatz 6, 91054 Erlangen, Tel. 09131/803-0

Über weite Hochflächen und an Feldern entlang reisen wir in Pilgerschuhen auf dem fränkischen Jakobsweg nach Kalchreuth. Ein erhebendes Gefühl ist diese Wanderung im Zeichen der Jakobsmuschel, an deren Ende uns in der St.-Andreas-Kirche zwölf Tonapostel mit einer Jesusfigur erwarten – ein weltweit einzigartiger Schatz, der – vom Licht der Sonne berührt – in heiligem Glanz erstrahlt.

»El camino comienza en su casa« – der Weg beginnt in Ihrem Haus. Eine häufige Antwort auf die Frage, wo denn eigentlich der Jakobsweg seinen Anfang hat. Mit einer Gesamtlänge von über 2300 Kilometern führt er jährlich Tausende Pilger von Deutschland nach Santiago de Compostela in Galicien (Spanien). Im Jahr 2013 wurden insgesamt 215 000 Urkunden durch das

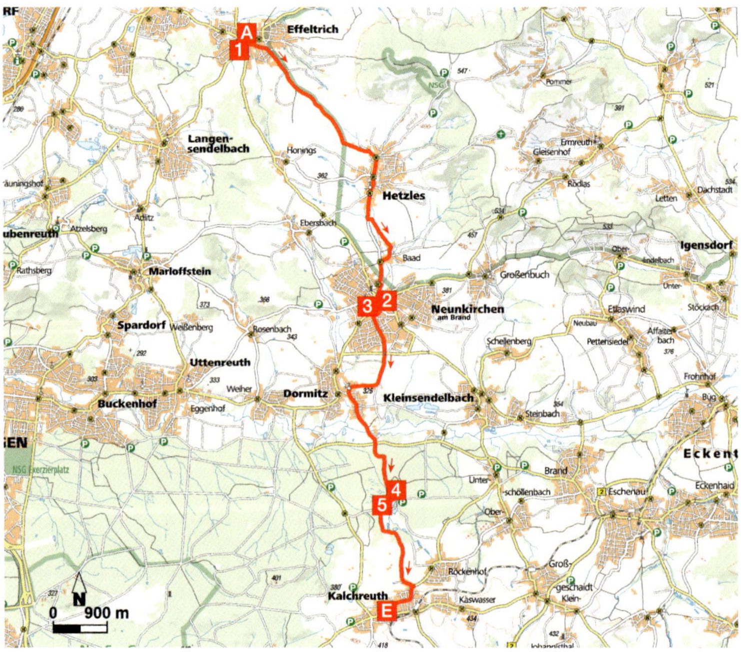

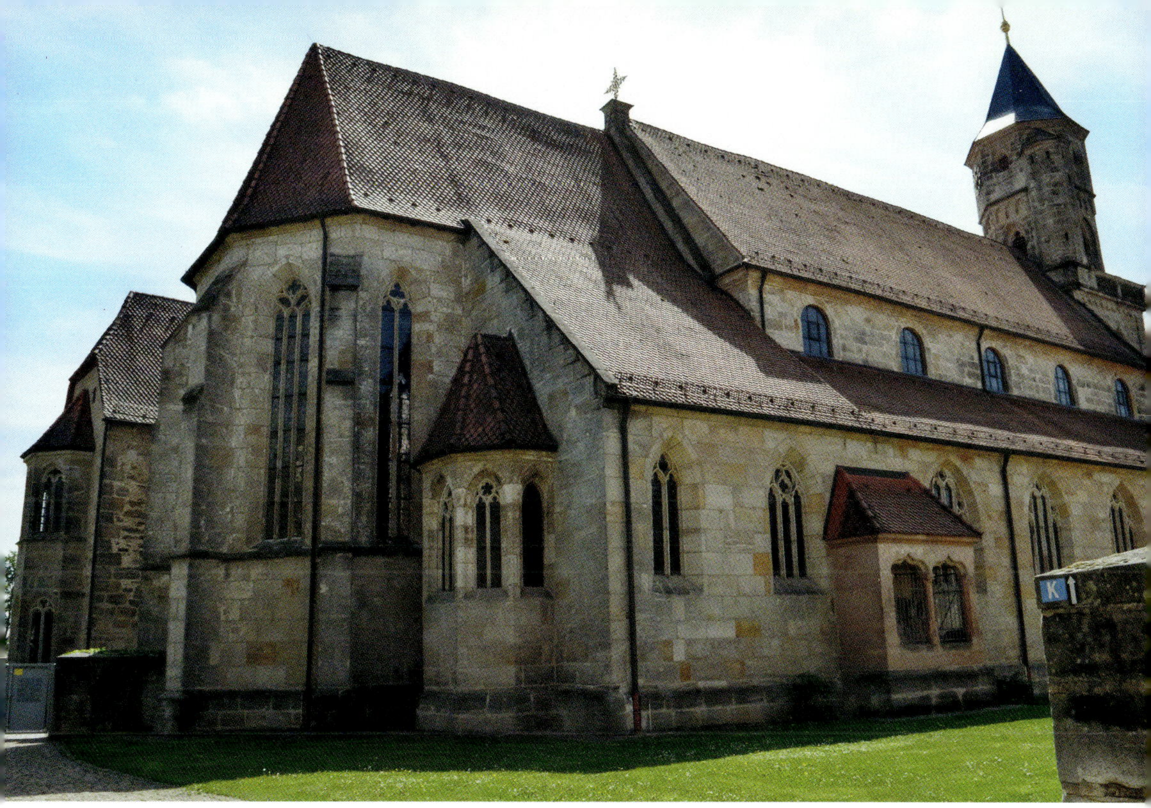

St.-Michael-Kirche in Neunkirchen

dortige Pilgerbüro ausgestellt. Einige laufen ihn zu Fuß, andere fahren mit dem Rad. Und immer mit den unterschiedlichsten Intentionen und Ansprüchen an sich selbst. Viele wollen einfach nur die körperlichen und geistigen Grenzerfahrungen erleben.

In **Effeltrich** starten wir am **Alten Lindenbaum** A, der sich im Ortskern (Neunkirchener Straße/Lindenstraße) befindet. Bevor wir jedoch unsere Tour beginnen, sollten wir uns einen Besuch der gegenüberliegenden **Kirchenburg St. Georg** 1 nicht entgehen lassen. Kirchenburgen dienten ab dem 15. Jahrhundert als Zufluchtsort vor kriegerischen Auseinandersetzungen und Räuberei.

Das Symbol

Um die Jakobsmuschel rankt sich eine Legende: Als der Leichnam des heiligen Jakobus mit dem Schiff in Spanien ankam, wollte ihn ein junger Ritter empfangen, stürzte jedoch ins Meer. Der Mann konnte aus dem Wasser gerettet werden, sein Körper war jedoch über und über mit Muscheln bedeckt. Der Muschel wurde daher seit dieser Zeit eine schützende Wirkung zugesprochen, die mit der Hilfe durch Jakobus in Verbindung steht.

Die Hochflächen von Effeltrich

Am Gasthaus »Zur guten Quelle« führt uns die Markierung »Jakobsmuschel-Symbol« zunächst in die Lindenstraße. An der Einmündung Mittlerer Bühl, durch einen schmalen Häuserdurch-

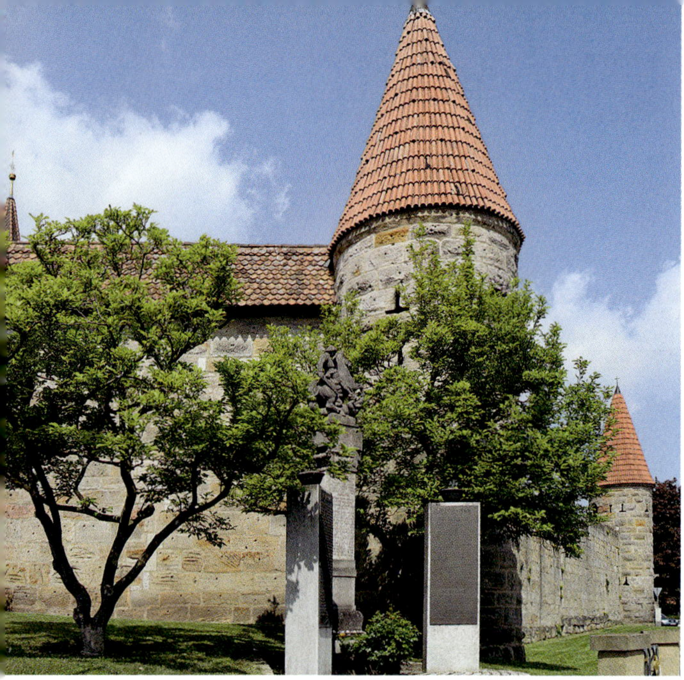

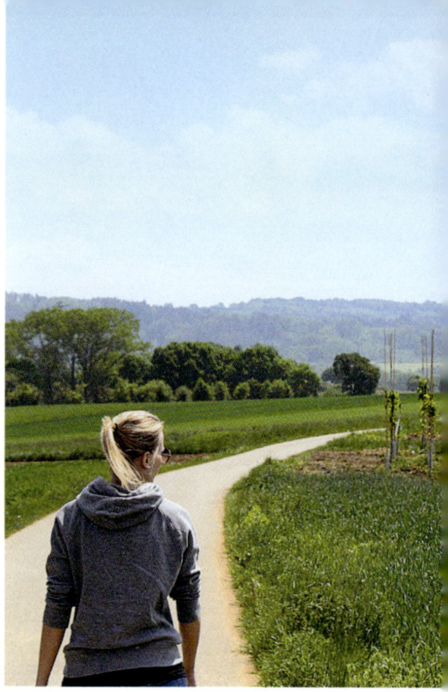

Kirchenburg in Effeltrich

gang, verlassen wir dann den Asphaltweg und kommen zu einem kleinen Brücklein, das wir überqueren. Der Weg führt uns nun die Erlenstraße leicht bergan und später zwischen Baumreihen mit der Straße Oberer Bühl aus dem Ort hinaus. Hier können wir schon bald unseren Blick über die traumhafte Kulisse in Richtung Hetzles und Walberla schweifen lassen. An einem Wegweiser wählen wir den Weg in Richtung **Dormitz**. Rechter Hand können wir an einer kleinen Kapelle eine Rast einlegen. Nach etwa zwei Kilometern ist die Ortschaft **Hetzles** erreicht.

Hier führt der Wegweiser rechts weiter durch den Ortskern. An der Kirche können wir uns an einem kleinen Brunnen erfrischen – gerade an heißen Sommertagen eine wohltuende Abkühlung, nachdem eine längere Wegstrecke ohne Schatten zurückgelegt wurde. Auf einem asphaltierten Fußweg geht es nun die Neunkirchener Straße aus dem Ort hinaus, bis wir diese nach einigen Metern nach links über einen Feldweg und eine kleine Brücke verlassen. Nach dem Dörfchen **Baad** weist die Markierung nach dem Reiterhof Birkenhof direkt nach links in ein schmales

Die St.-Andreas-Kirche und ihre Zwölf Apostel

Erbaut im Jahre 1471 beherbergt die St.-Andreas-Kirche in Kalchreuth einen weltweit einzigartigen Schatz: die Zwölf Tonapostel mit Jesusfigur, die, so vermuten Historiker, im Jahre 1400 in einer Nürnberger Werkstatt entstanden. Die Figurengruppe ist die einzige ihrer Art, die weltweit noch vollständig erhalten ist. Scheint die Sonne durch die nach Süden gerichteten Kirchenfenster, so erhellt das Licht die Tonfigurengruppe in einem wahrlich heiligen Glanz.

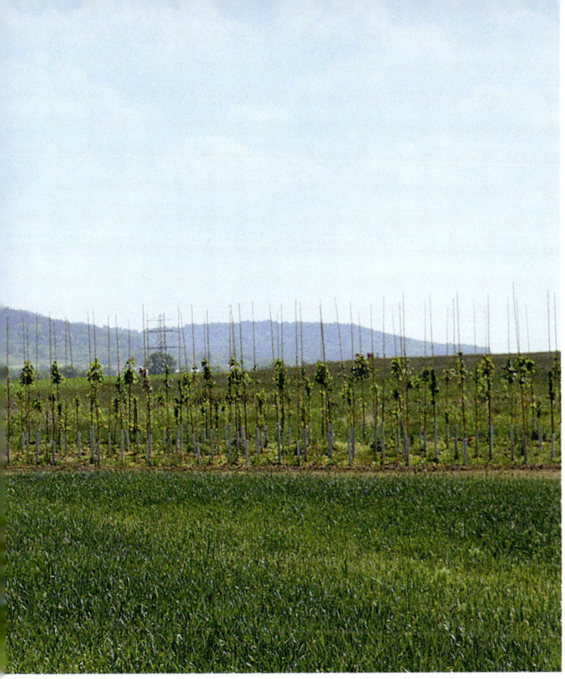

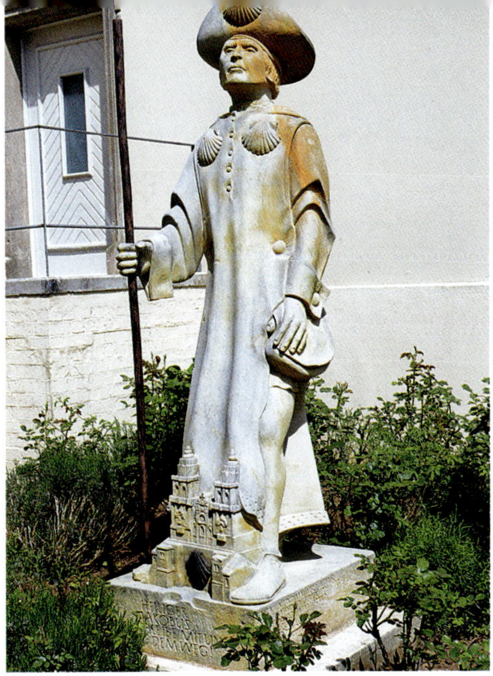

Heiliger Jakobus – Statue in Neunkirchen

Links: Die offenen Felder kurz vor Hetzles

Wiesenpfädchen zwischen Pferdekoppeln hindurch. An einer weiteren Brücke geht es wieder nach links über den Brandlbach und gleich danach rechts am Zaun eines Spiel- und Fußballplatzes vorbei auf einen wunderschönen Pfad. Die Bäume haben hier über die Jahre ihr Blattkleid zu einem Schatten spendenden Durchgang geformt. Wir erreichen **Neunkirchen am Brand** und gehen am Brandlbach entlang bis zur Straße Fröschau. Hier nach links und nach einigen Metern wieder nach rechts in einen kleinen Häuserdurchgang in Richtung **St.-Michael-Kirche** ❷. Diese wird im Innenhof rechtsseitig bis zum Mühlweg passiert. Dort treffen wir auf die 3,5 Tonnen schwere **Statue des heiligen Jakobus** ❸, welche von einem Großenbucher Steinmetzmeister in 365 Arbeitsstunden geschaffen wurde. Als Zeichen der Dankbarkeit für neun Jahre Pilgerschaft wurde die Skulptur im Oktober 2006 errichtet.

Fast geschafft – das letzte Stück bis Kalchreuth

Neunkirchen wird über die Joseph-Kolb-Straße verlassen. Wir erreichen nun **Dormitz**, durchqueren den Ort und gehen am Tennisplatz und an den Fußballplätzen auswärts in Richtung Wald, bis wir dort eine Landstraße überqueren. Am **Bannwalddenkmal** ❹ führt uns das »Jakobsmuschel-Symbol« auf verschlungenen Pfaden zum **Kreuzweiher** ❺, anschließend auf die Höhen nach **Kalchreuth** und zur **St.-Andreas-Kirche** Ⓔ, dem Endpunkt unserer Wanderung.

14 Kalchreuth – Teufelsbadstube und Käswasserschlucht

Wilde Schluchten und Felsformationen

mittel | 17 km | 157 Hm | 4–5 Std.

Ausgangs-/Endpunkt
Wanderparkplatz, Sportplatz Kalchreuth, Fürther Straße 26, 90562 Kalchreuth

GPS-Koordinaten
49.553587, 11.117564

Markierungen
Grüner Ring bis Käswasser, roter Ring in den Dormitzer Forst, blauer Strich zum Kreuzweiher, roter Punkt bis Kalchreuth; einige Wegweiser sind umgefallen, guter Orientierungssinn ist notwendig

Tourencharakter
Meist Wald- und Wurzelpfade, Wiesen-, Forst- und Schotterwege

Einkehrmöglichkeiten
»Felsenkeller« bei der Teufelsbadstube in Kalchreuth (Sommersaison, Mo–Di Ruhetag); mehrere Gaststätten in Heroldsberg; »Gasthaus Reif«, Käswasserstraße 51 in Kalchreuth (Do Ruhetag); »Roter Ochse«, Weißgasse 10–12, Kalchreuth (Mo Ruhetag)

Verkehrsanbindung
Bahnhof Kalchreuth (R21 »Gräfenbergbahn« Nürnberg–Gräfenberg)

Information
Landratsamt Erlangen-Höchstadt, Marktplatz 6, 91054 Erlangen, Tel. 09131/803-0

Unsere Rundwanderung führt über die offenen Höhen zur beeindruckenden Teufelsbadstube und schließlich zur Stettenberger- und Käswasserschlucht, allesamt tief in den Sandstein eingeschnittene, mäanderförmige Gräben. Anschließend geht es über den Kreuz- und Sambachweiher zur berühmten Dürer-Quelle und zurück nach Kalchreuth.

Zwischen Erlangen und Nürnberg liegt inmitten des Sebalder Reichswaldes der Ort Kalchreuth, der wegen seiner Vielzahl an Kirschbäumen bei den Einheimischen liebevoll »Kirschendorf« genannt wird. Unser Ausgangspunkt befindet sich in **Kalchreuth** am **Sportplatz** bzw. am daneben liegenden **Wanderparkplatz** Ⓐ Ⓔ. Mit der Markierung »grüner Ring« wandern wir ein kleines Stück auf asphaltiertem Fußweg ortsauswärts.

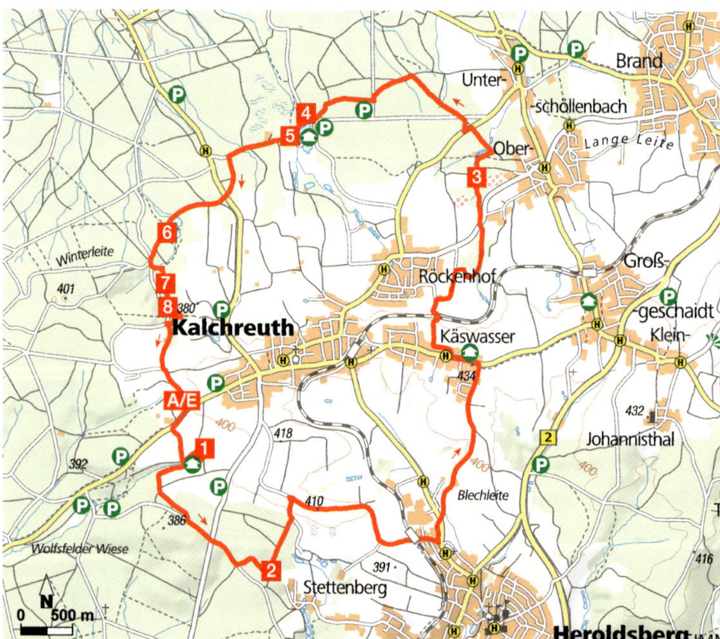

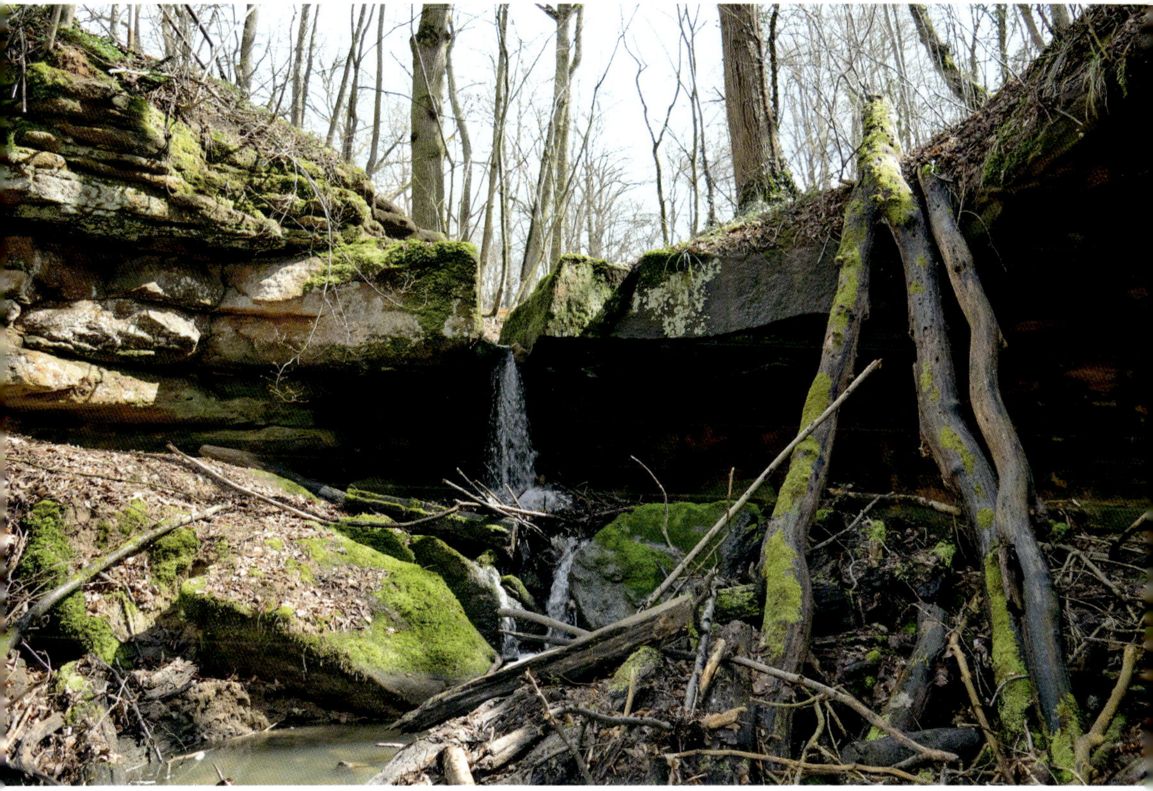

Die Teufelsbadstube

Wir überqueren die Fahrbahn und begeben uns über Wiesen in Richtung Felsenkeller. Dort queren wir mit befestigten Treppen die **Teufelsbadstube** ❶ (s. Infokasten), halten uns wenig später nach einem kleinen Aufstieg rechts am Waldrand und gehen parallel zur Schlucht weiter. Wir überqueren schließlich nach 1,5 Kilometern eine Verbindungsstraße und wandern auf breitem Forstweg dahin, bis die Markierung uns nach links auf einen Waldpfad führt. Nach einigen Hundert Metern überqueren wir ein kleines Bachbett über eine Holzbrücke (Achtung: bei Schneeschmelze und starken Regenfällen kann die Brücke überschwemmt sein). Hier befinden wir uns in der **Stettenbergerschlucht** ❷ vor Heroldsberg.

Die Teufelsbadstube

Etwa 500 m lang, 75 m breit und an einigen Stellen 25 m tief liegt die Teufelsbadstube eingeschnitten südwestlich von Kalchreuth. Sandsteinformationen und ein kleiner Wasserfall charakterisieren die Schlucht, die vor mehreren Millionen Jahren in den Rhät-Lias-Schichten gebildet wurde. Neben der Teufelsbadstube befindet sich der Felsenkeller, eine gemütliche Gaststätte mit Biergarten.

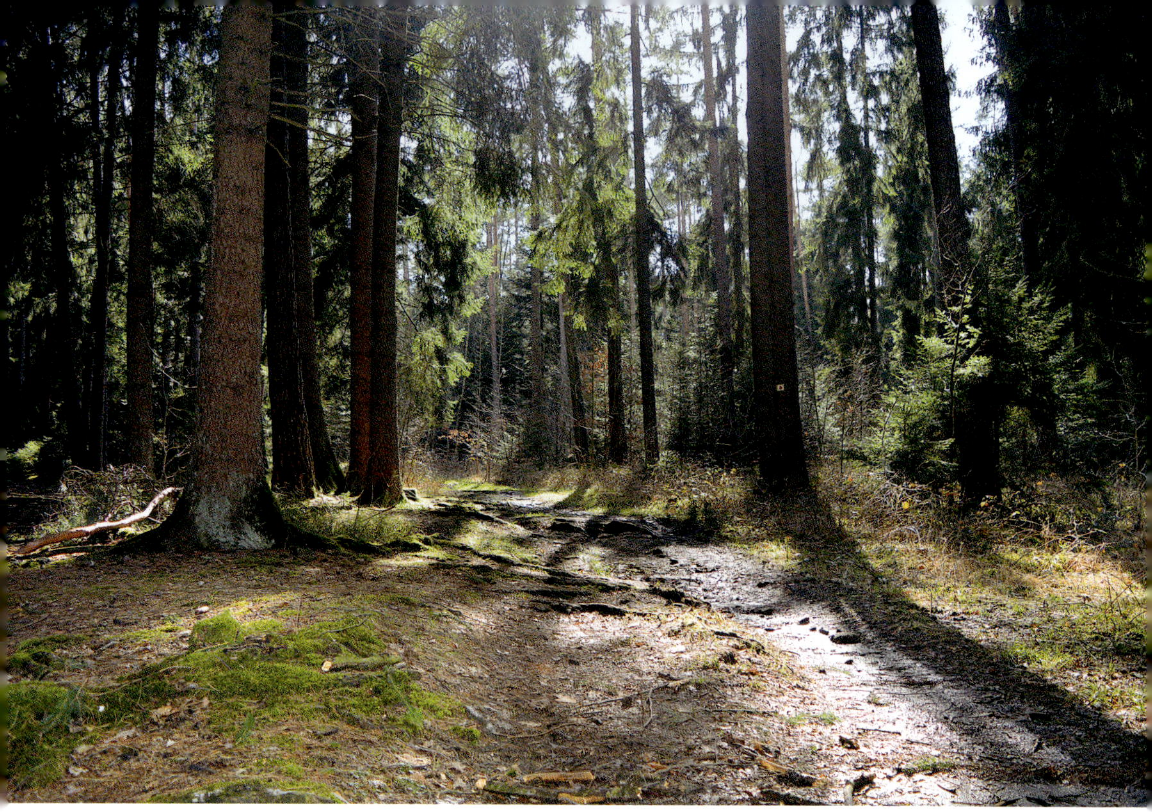

Lauschige Pfade im Dormitzer Forst

Wir kommen an einer Schutzhütte vorbei. Der »grüne Ring« führt uns gemeinsam mit dem Wegzeichen »Jakobsmuschel-Symbol« leicht bergauf und schließlich nach links. Hier teilen sich die Markierungen nach einigen Metern. Wir verlassen den Jakobsweg und wandern zunächst markierungslos nach rechts über die weiten Höhen weiter, bis wir nach etwa 200 Metern den »grünen Ring« an einem Baum wiederfinden. Auf der Anhöhe haben wir einen herrlichen Ausblick in Richtung Nürnberg zur Kaiserburg und zum Moritzberg.

Unsere Markierung führt uns nun am Modellflugplatz vorbei, durch eine Bahnunterführung und bis ins Industriegebiet von **Heroldsberg**. An der Hauptstraße (Schwanweg) queren wir nach links und überqueren nach etwa 150 Metern die Straße. Wir begeben uns zwischen Wiesen und Feldern hindurch zu einer Feldscheune. Der »grüne Ring« führt uns davor nach links, mit leichtem Anstieg bergan und in das Gewerbegebiet Kaufleite nach **Käswasser**. Dort am Autohaus links, einen Fußweg entlang und schließlich mit der Markierung »roter Ring« nach rechts in die Lindenstraße. Diese Markierung begleitet uns 3,2 Kilometer bis zum Eppeleinsweg.

Nach Überquerung einer Bahnstrecke geht es wieder in den Wald hinein. Wir überqueren im Anschluss eine Verbindungsstraße. Kurz danach beginnt der kleine, aber tief eingeschnittene Teil der **Käswasserschlucht** ❸.

Von Jungfrauen und besonderen Felsformationen

Der »rote Ring« begleitet uns einige Kilometer in den **Dormitzer Forst**, bis wir auf die Markierung »rotes Kreuz« treffen. Dieses führt uns zunächst in Richtung **Bannwalddenkmal** ❹. An der nächsten T-Kreuzung gehen wir jedoch mit dem »blauen Strich« zum **Kreuzweiher** ❺ (0,5 km). An dessen rechter Uferseite entlang kommen wir zu einer großen Wandertafel. Dort geht es mit dem »roten Punkt« in Richtung Kalchreuth zurück.

Nach etwa 1,5 Kilometern wird der **Sambachweiher** ❻ erreicht. Der Weg führt uns weiter, bis wir nach weiteren 15 Minuten zum **Jungfernsitz** ❼ gelangen, einer bizarren Felsformation mit Rastplatz. Einer alten Sage nach haben Jungfrauen, die sich in den Fels gesetzt haben, bereits noch im selben Jahr einen Mann gefunden.

An der **Dürer-Quelle** ❽ vorbei nach links und nun bergan mit dem »grünen Ring« aus dem Wald hinaus und über die Hochfläche zurück zum Ausgangspunkt nach **Kalchreuth**.

Frühlingshafte Vegetation

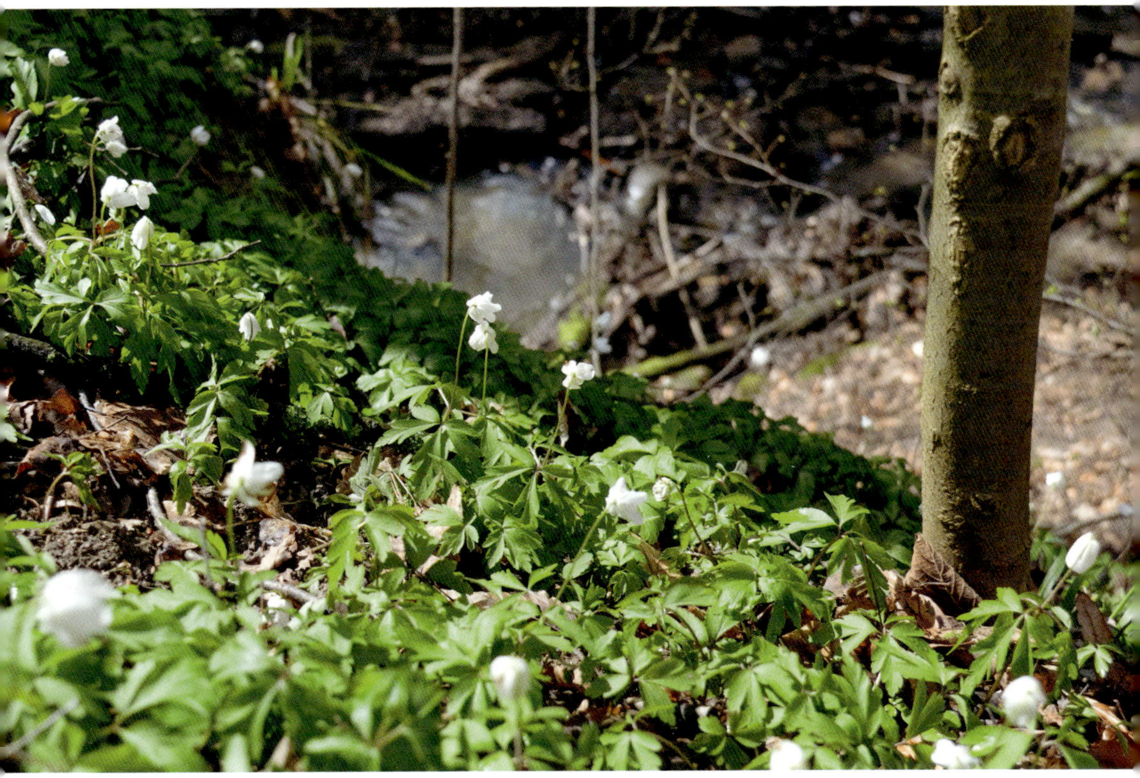

15 Fränkisch-japanisches Blütenfest

Der Kirschenweg in Kalchreuth

leicht | 3 km | 46 Hm | 1 Std.

Ausgangs-/Endpunkt
Dorfplatz, 90562 Kalchreuth

GPS-Koordinaten
49.558495, 11.132496

Markierungen
Kirschsymbol

Tourencharakter
Befestigte Forst- und Fußwege, teils Asphalt, keine nennenswerten Steigungen

Einkehrmöglichkeiten
»Felsenkeller« bei der Teufelsbadstube in Kalchreuth (Sommersaison, Mo–Di Ruhetag); mehrere Gaststätten in Heroldsberg; »Gasthaus Reif«, Käswasserstraße 51 in Kalchreuth (Do Ruhetag); »Roter Ochse«, Weißgasse 10–12, Kalchreuth (Mo Ruhetag)

Verkehrsanbindung
Bahnhof Kalchreuth (R21 »Gräfenbergbahn« Nürnberg–Gräfenberg)

Information
Gemeinde Kalchreuth, Rathausstraße 1, 90562 Kalchreuth, Tel. 0911/518344-0

Ein Frühlingsspaziergang der besonderen Art erwartet uns auf dem drei Kilometer langen Naturerlebnispfad »Kirschenprojekt« durch die Kalchreuther Kirschgärten. Vom Bund Naturschutz in Bayern e.V. angelegt, vermitteln dort zahlreiche Infotafeln Wissenswertes; Spielgeräte zum Mitmachen säumen die Wege. Ein erlebnisreicher Tag für die ganze Familie.

Mit 200 000 Kirschbäumen zählt die Fränkische Schweiz zum größten Kirschanbaugebiet Deutschlands. Auf einer Fläche von etwa 2500 Hektar verwandelt sich die Landschaft um die alten Hochbaumstämme Mitte April in ein bezauberndes Blütenmeer. Die harte Erntearbeit der rund 2000 Kirschbauern wird traditionell jedes Jahr mit der »Kerschterkerwa«, einem Fest, bei dem sich alles um die Kirsche dreht, beendet.

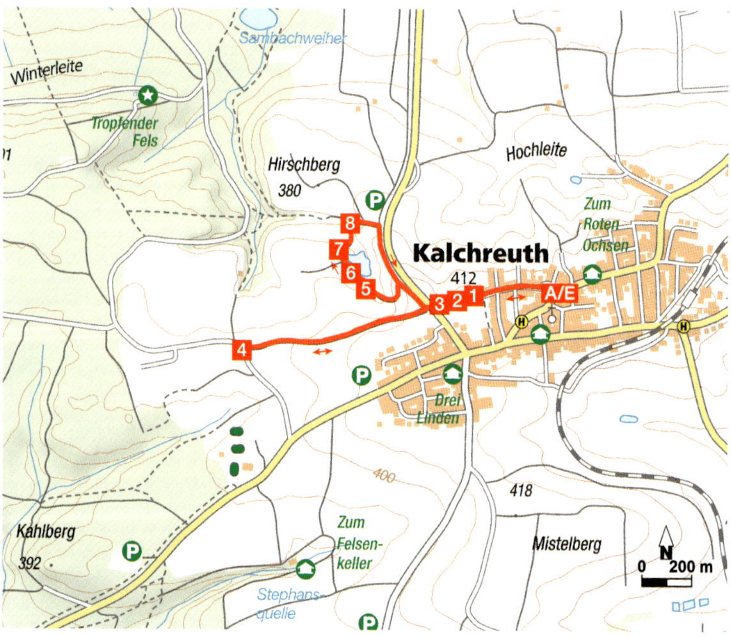

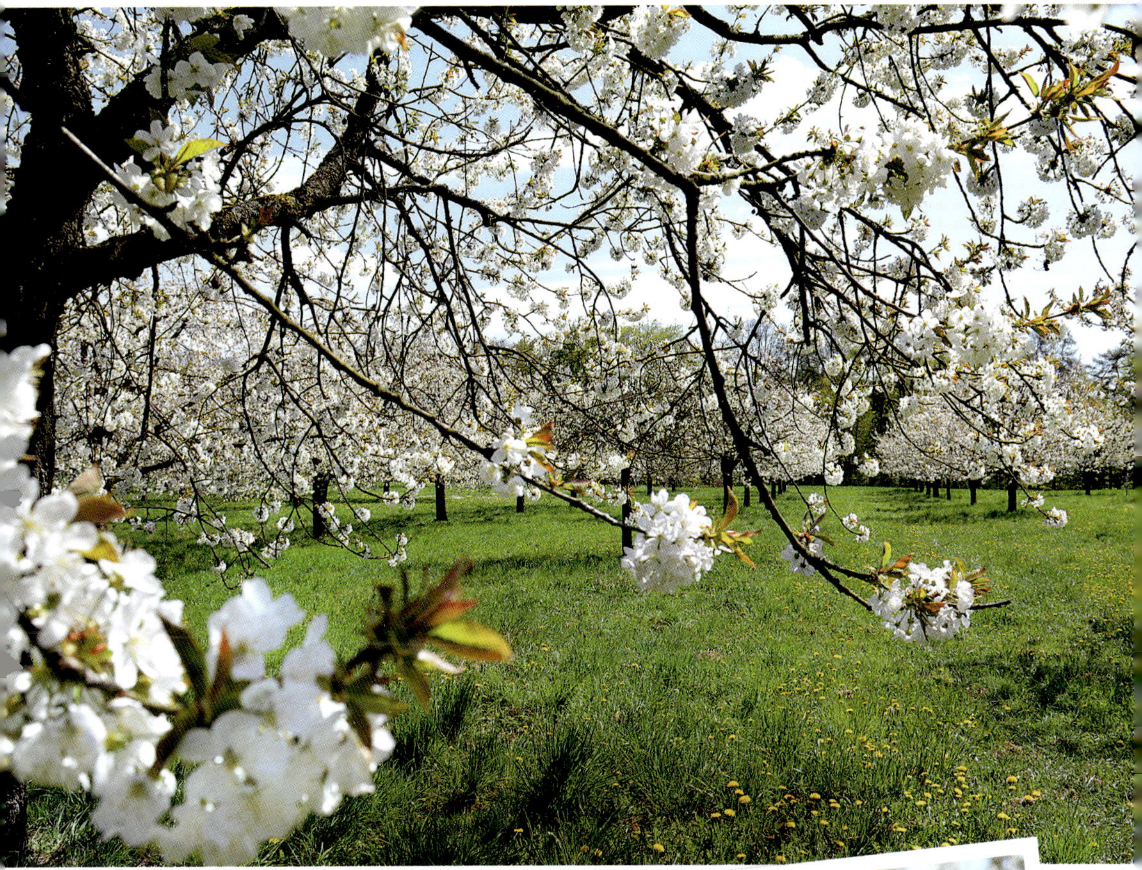

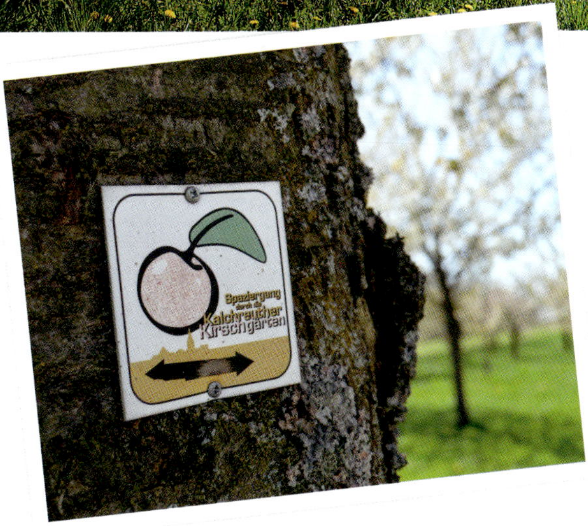

Die Kirsche als Wandersymbol

Ganz oben: Blütenpracht: die Kalchreuther Kirschgärten

Um die Blütenpracht mit ihrer vollen Schönheit genießen zu können, sollte man den richtigen Zeitpunkt wählen. Dieser ist etwa Mitte April (10–14 Tage Unterschied sind aufgrund der Schwankungen innerhalb der einzelnen Jahre möglich).
Wir beginnen unseren Spaziergang am **Dorfplatz in Kalchreuth an der Obstsorten-Säule** **A E**. Von dort führt uns die Markierung mit dem »Kirschsymbol« in den Rosenwinkel. An der ersten Station genießen wir einen herrlichen Blick in die Ferne. Eine Orientierungstafel erlaubt uns, sogar das weit entfernte Marloffsteiner Schloss zu erblicken. Wir überqueren nach einem Spielplatz die Erlanger

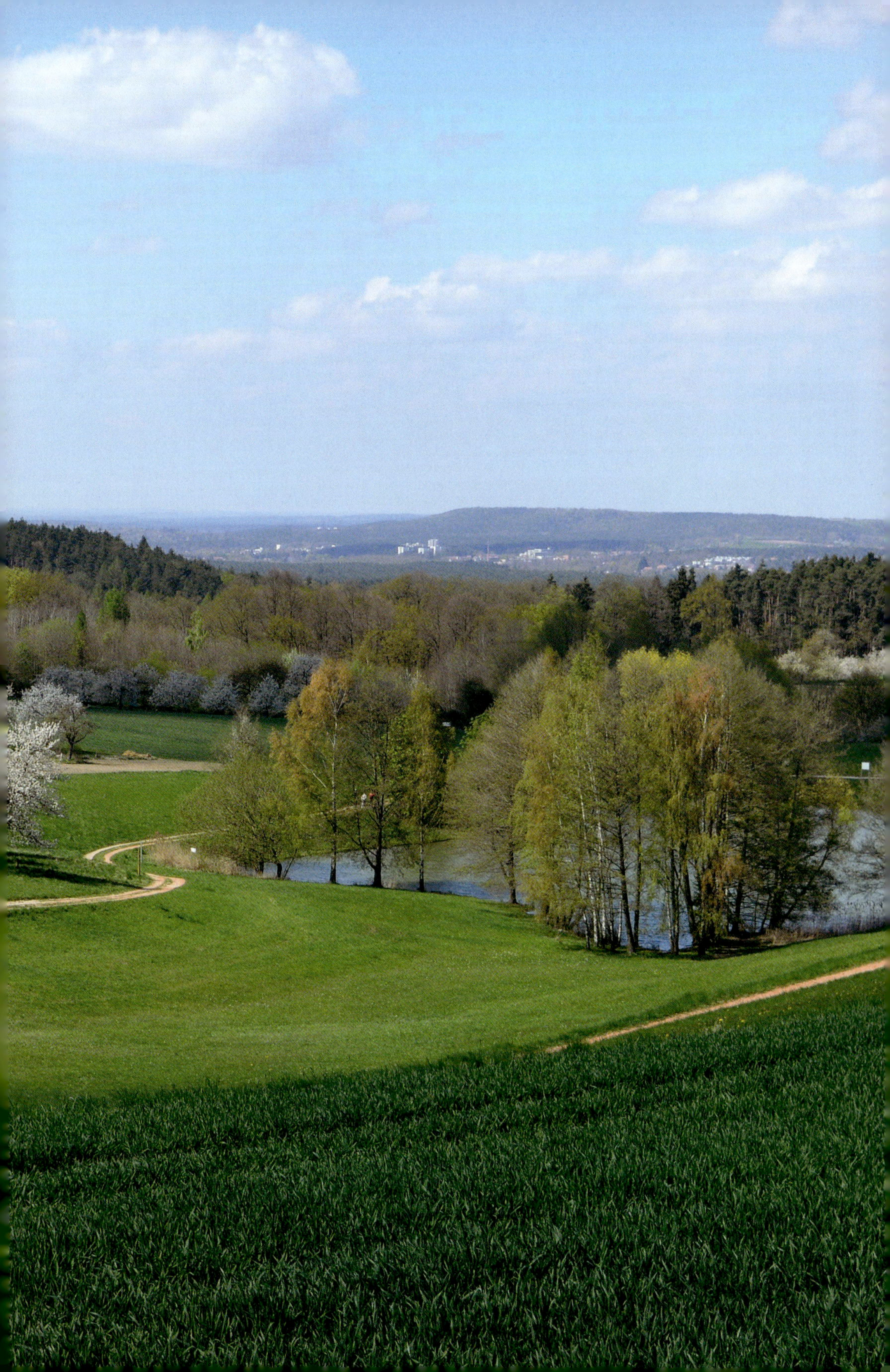

Traditioneller Genuss zum Selbermachen

Eine fränkische Spezialität ist das »Kirschenmännle«, eine lauwarme Süßspeise, die gerne mit Vanillesoße gereicht wird. Viele Variationen machen das Gericht zu einem wahren Gaumenschmaus.

Hier ein traditionelles Rezept: 400 g dunkles Bauernbrot und vier altbackene Brötchen würfeln. 800 ml Milch, vier Eier, 70 g Zucker und etwas Zitronenabrieb in einer Schüssel mit dem Schneebesen verrühren. Süß- oder Sauerkirschen (etwa 1000 g) entsteinen. Das Brot, die Kirschen und etwas Zimt mit der Eier-Milch-Mischung vermengen, etwas stehen lassen und dann in eine ausgebutterte Backform einfüllen. 50 Minuten bei 190 Grad backen.

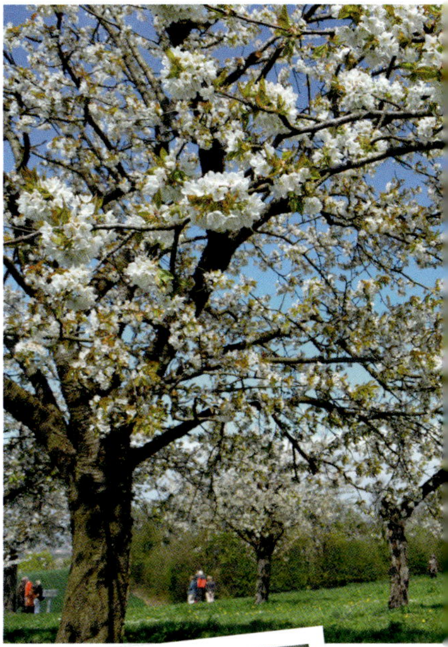

Straße und wandern nun auf befestigtem Weg durch die **Kalchreuther Kirschgärten mit verschiedenen Stationen** (1–5, 7, 8). An Station D (Baumumfang und -höhe) kehren wir um und wandern den Hinweg bis kurz vor die Erlanger Straße zurück. Dort führt uns der Weg links haltend auf einem geteerten Fußweg ein kurzes Stück bergab, bis dieser dann an einem Abzweig nach links auf einen Feldweg mündet. Dieser führt uns hinunter zum **Sklavensee** 6, an welchem ein kleiner Fischlehrpfad mit Hinweistafeln zu erkunden ist.

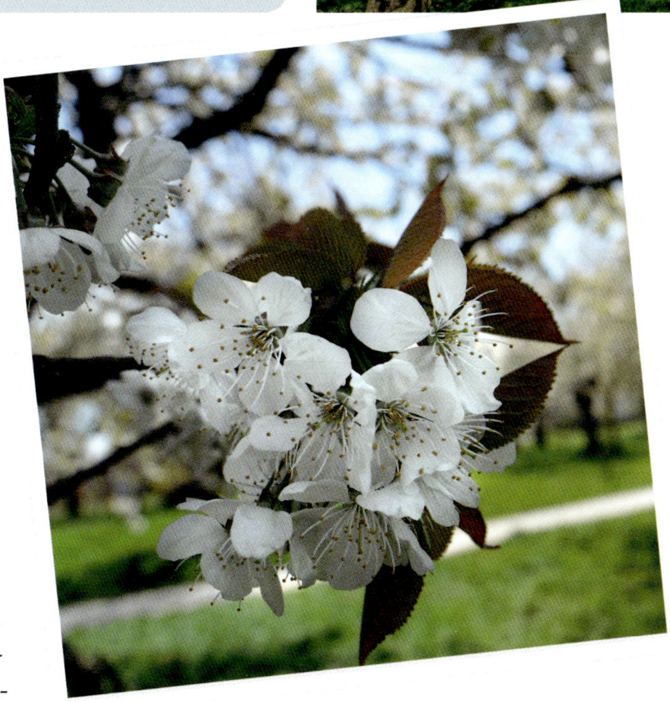

Die Markierung führt um den See herum, neben der Erlanger Straße wieder bergan und auf unserem ursprünglichen Weg in Richtung **Kalchreuther Dorfplatz** zurück.

Beide: Kirschblüte im Frühling

Linke Seite: Eingebettet: der Sklavensee bei Kalchreuth

16 Die Bitterbachschlucht

Durch den fränkischen Canyon hinauf nach Nuschelberg

leicht | 13 km | 122 Hm | 3,5–4 km

Ausgangs-/Endpunkt
Parkplatz Daschstraße/Am Bitterbach, 91207 Lauf a.d. Pegnitz

GPS-Koordinaten
49.513888, 11.265633

Markierungen
Rotes Kreuz bis Nuschelberg, gelber Punkt bis Güntersbühler Forst, rotes Andreaskreuz und rotes Kreuz zurück nach Lauf

Tourencharakter
Schattige idyllische Wald- und Wiesenwege, kurze Asphaltstrecken, leichter Anstieg nach Güntersbühl, sehr empfehlenswert an heißen Sommertagen

Einkehrmöglichkeiten
Hallerschlösschen, Nuschelberger Hauptstraße 1 in Lauf-Nuschelberg (Di–Do Ruhetag); »Gasthaus Fürsattel«, Am Alten Gut 2 in Lauf-Güntersbühl (Di, Mi, So Ruhetag)

Verkehrsanbindung
Bahnhof Lauf, li. Pegnitz (S1 Bamberg–Erlangen–Nürnberg–Hartmannshof), Bushaltestelle Daschstraße, Buslinie 351 ab Lauf re. Pegnitz

Information
Nürnberger Land Tourismus, Waldluststraße 1, 91207 Lauf a.d. Pegnitz, Tel. 09123/9506062

Wer im Sommer auf schattigen Wegen wandern möchte, dem sei diese Tour empfohlen. Auf zwei verschiedenen Strecken geht es hin und zurück durch die Bitterbachschlucht, den tief eingeschnittenen fränkischen Canyon. Der Güntersbühler Forst besticht mit seiner wilden Idylle – sandige Waldwege, ruhig gelegene Wiesenpfade und ursprüngliche Vegetation laden zum Krafttanken ein.

Die Wanderung beginnt an der Daschstraße/Am Bitterbach in **Lauf a. d. Pegnitz**. Hier befindet sich ein kleiner geschotterter **Parkplatz mit einer Wandertafel** Ⓐ Ⓔ. Die Markierung »rotes Kreuz« führt uns ab hier Richtung Bitterbachschlucht in nördlicher Richtung in die Straße Am Bitterbach. Einige Gehminuten auf einem asphaltierten Sträßchen, dann geht es auch schon kurz da-

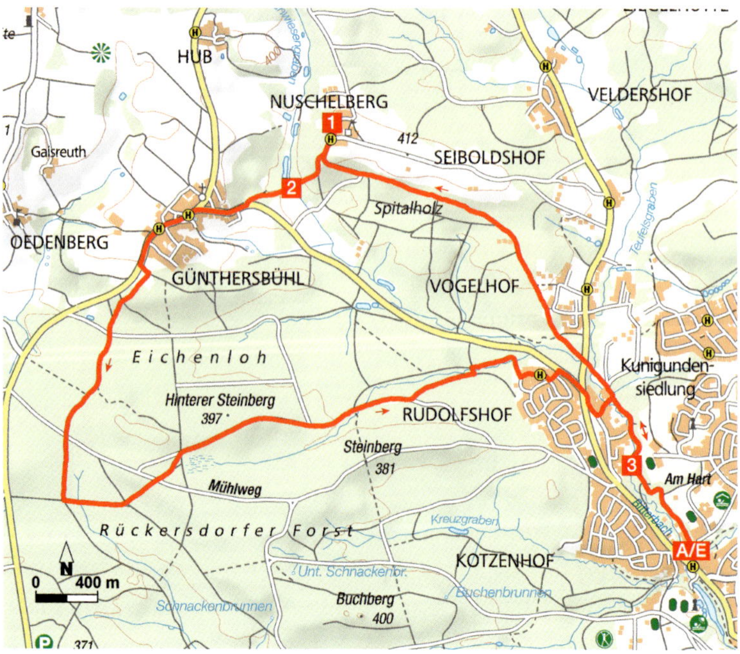

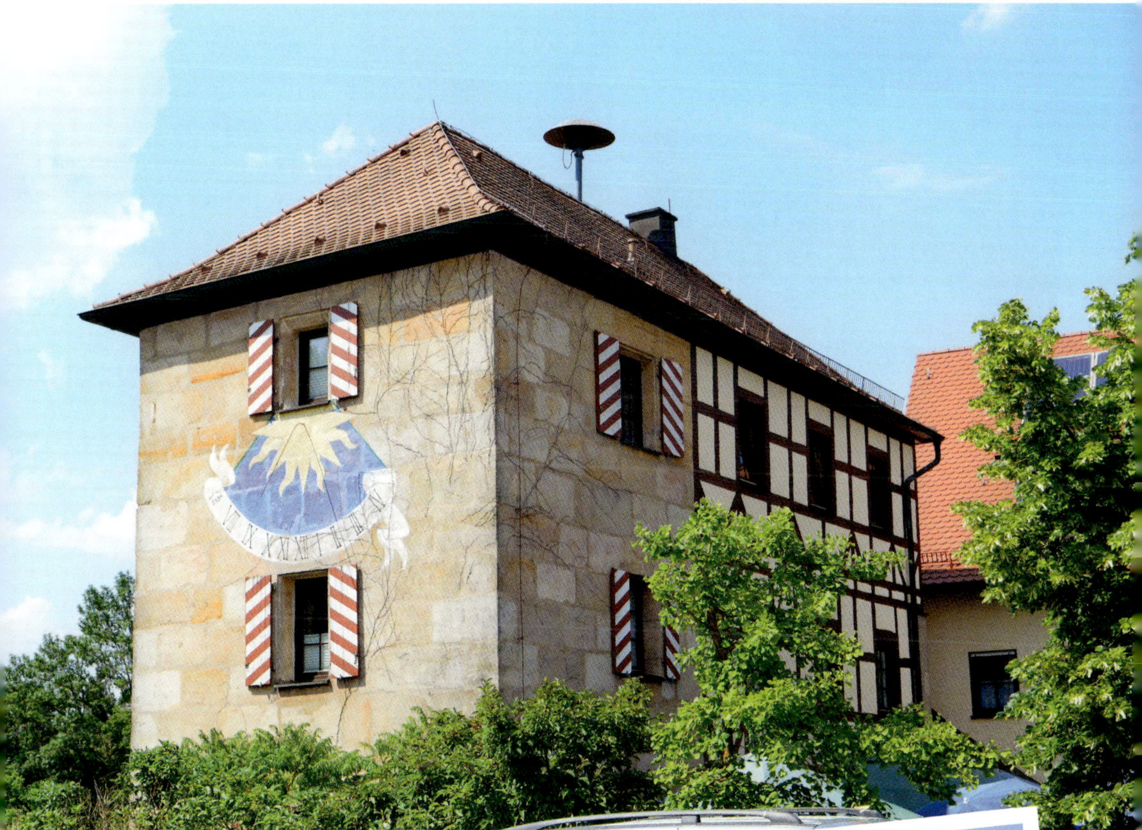

rauf in den Wald hinein. Auf einem Pfad erreichen wir nun die **sandsteingeformte Klamm des Bitterbachs**. Gerade an Tagen, an denen es zuvor ergiebig geregnet hat, erwartet uns hier ein rauschender Bach, umgeben von Burgsandsteinaufschlüssen, steilen Wänden, kleinen Wasserstufen und tiefen mäanderförmigen Einschnitten. Nachdem wir die Schlucht passiert haben, erreichen wir eine Weggabelung. Unserer bekannten Markierung folgen wir nach links über eine Blumenwiese (Wegweiser »Nuschelberg«), wieder in den Wald hinein bis zur Verbindungsstraße Lauf–Vogelhof. Wir überqueren diese, nachdem wir dem Fußweg etwa 20 Meter in Richtung Vogelhof gefolgt sind. Ein Schotterweg führt leicht bergab. Dieser mündet gleich wieder nach rechts in einen schat-

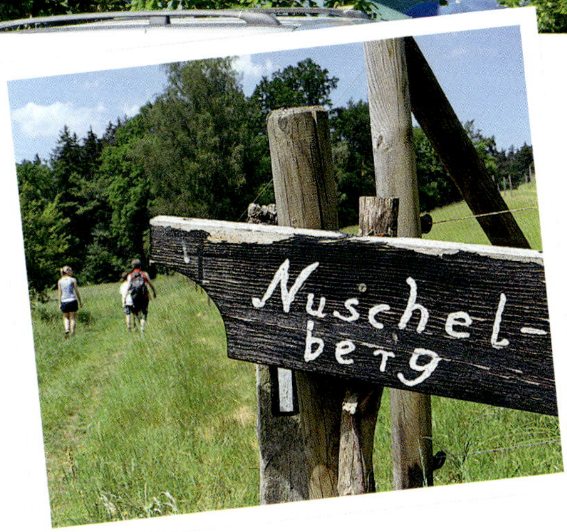

Auf nach Nuschelberg

Ganz oben: Sonnenuhr am Hallerschlösschen

tigen Waldpfad. Über Forstwege erreichen wir nun nach einiger Zeit die Straße nach **Nuschelberg**, welcher wir bergauf zur gleichnamigen Ortschaft folgen.

Blumenpracht im Güntersbühler Forst

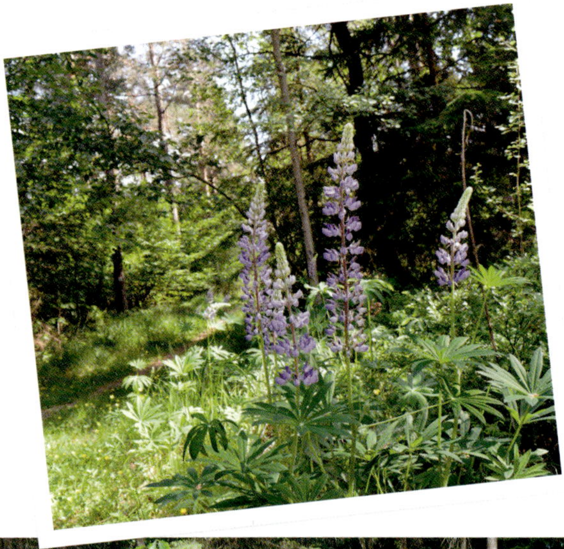

Am **Hallerschlösschen** ❶, das im Jahre 1534 erbaut wurde, können wir unsere erste wohlverdiente Rast einlegen. Seit 1815 wird das Schloss als Gaststätte betrieben. An der Schmalseite des Gebäudes ist eine Sonnenuhr angebracht.

Ein Stückchen wieder zurück auf dem Hinweg zweigt nach rechts in den Wald das Wegzeichen »gelber Punkt« ab, welches uns in einem Kilometer nach **Güntersbühl** führt. Über eine Wiese und drei kleinere Weiher, die im **Nüschwiesengraben** ❷ liegen, erreichen wir die kleine Ortschaft und durch-

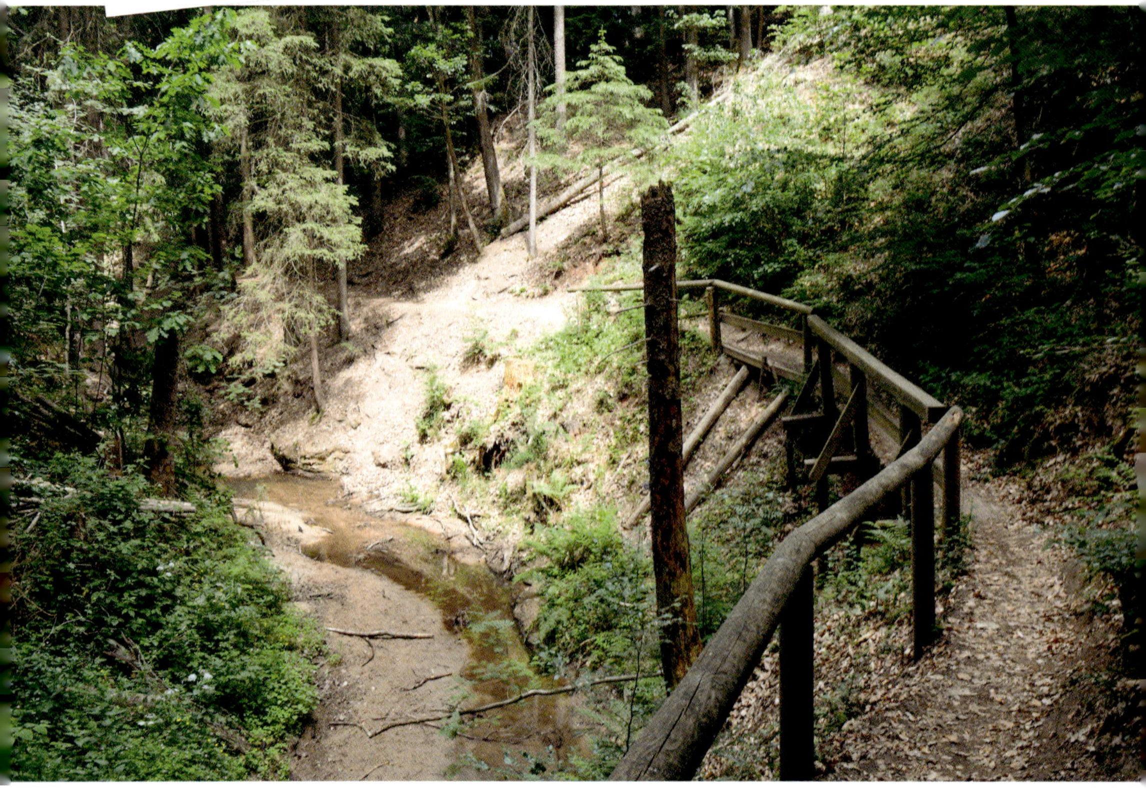

queren sie mit unserer Markierung. Am Ortsausgang zweigt der Weg nach links über Felder und Wiesen in den schattigen Wald hinein ab (Wegweiser »Rote Marter«). Lärchen, Farne und Heidelbeersträucher säumen nun den Wegesrand. Der »gelbe Punkt« begleitet uns über wildromantische, teils sandige und schattige Waldpfade. Nach knapp zwei Kilometern erreichen wir eine Wegkreuzung (Wegweiser). Hier wechseln wir die Markierung und wandern mit dem »roten Andreaskreuz« (Albquerweg) nach links in Richtung Rudolfshof.

Auf Höhe der Leitmeritzer Straße kommen wir nun in dem Ortsteil aus dem Wald heraus und folgen nach rechts dem Fußweg. Es wird die bereits auf dem Hinweg erreichte Straße Lauf–Vogelhof überquert, nach einigen Metern geht es wieder in den Wald hinein. An einer vom Hinweg bekannten Wegkreuzung wechseln wir die Markierung. Das »rote Kreuz« führt uns ab hier zurück durch die **Bitterbachschlucht** 3 an unseren Ausgangspunkt, den **Wanderparkplatz**.

Linke Seite unten: Die Bitterbachschlucht im Hochsommer

Typische Vegetation im Güntersbühler Forst

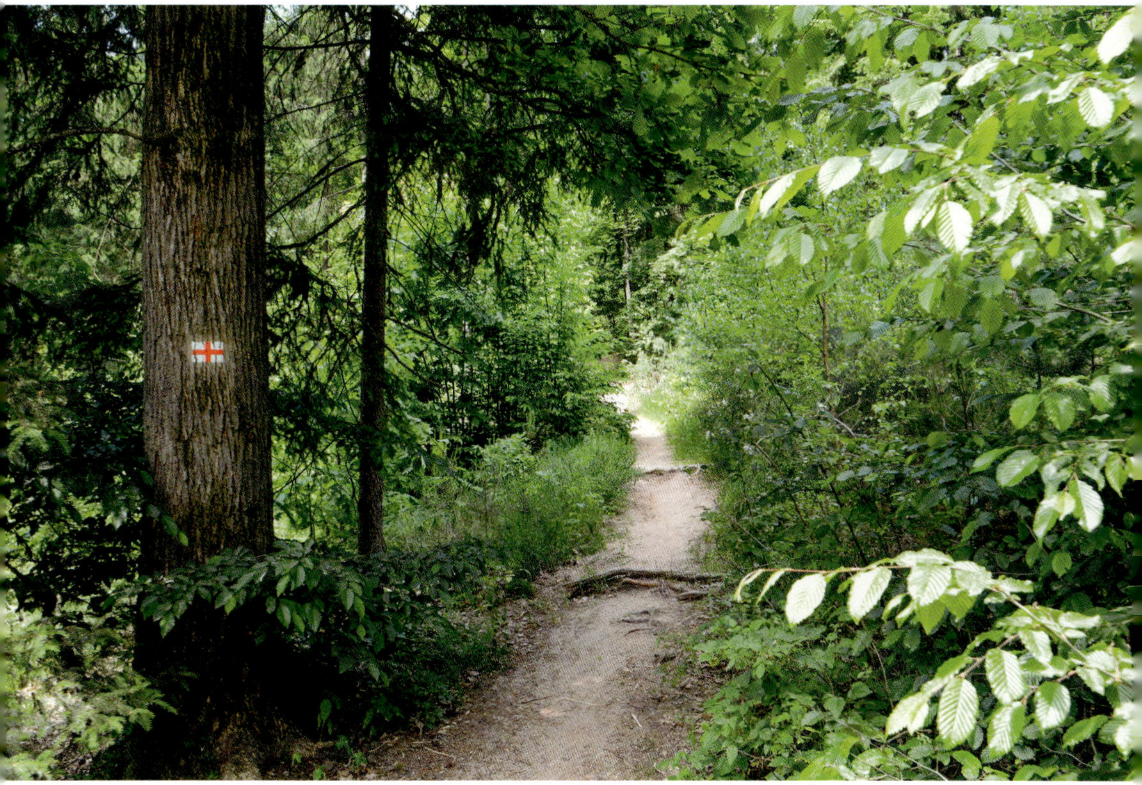

17 Auf den Moritzberg

Von Röthenbach hinaus ins Haimendorfer Land

mittel | 15 km | 271 Hm | 4–5 Std.

Ausgangs-/Endpunkt
S-Bahn-Haltestelle Röthenbach-Seespitze, 90552 Röthenbach a. d. Pegnitz

GPS-Koordinaten
49.491511, 11.261583

Markierungen
Grüner Strich (Jakob-Krieger-Weg) bis Moritzberg, rotes Kreuz, grüner Ring, grüner Strich zurück zum Ausgangspunkt

Tourencharakter
Wald- und Wiesenpfade, befestigte Forstwege, Asphaltstrecken; steiler Anstieg zum Moritzberg

Einkehrmöglichkeiten
»Berggasthof Moritzberg« (Mo Ruhetag)

Verkehrsanbindung
S-Bahn-Haltestelle Röthenbach-Seespitze (S1 Bamberg–Erlangen–Nürnberg–Hartmannshof)

Information
Nürnberger Land Tourismus, Waldluststraße 1, 91207 Lauf a.d. Pegnitz, Tel. 09123/ 9506062

Rechte Seite: Klingender Wasserfall bei Haimendorf während einer Trockenzeit

Wir erkunden den Moritzberg, einen Zeugenberg, der zum Albvorland gehört, und genießen zwei interessante Naturschauspiele, den Klingenden Wasserfall und den Sprosselbrunnen. Gerade in den Wintermonaten ist diese Tour wegen der imposanten kaskadenförmigen Eisvorhänge bei beiden Quellen empfehlenswert.

Der Moritzberg, einer der höchsten Berge Mittelfrankens (603 m ü. NN), befindet sich in der Nähe von Haimendorf, einem kleinen Stadtteil von Röthenbach a. d. Pegnitz östlich von Nürnberg. Hier liegt auch der gleichnamige Berggasthof, der durstige und hungrige Wandersleute bestens verköstigt.

Von der **S-Bahn-Haltestelle Röthenbach-Seespitze** A E verläuft der Jakob-Krieger-Weg mit der Markierung »grüner Strich« zunächst nach **Himmelgarten**. Dort führt der Weg rechtshaltend an

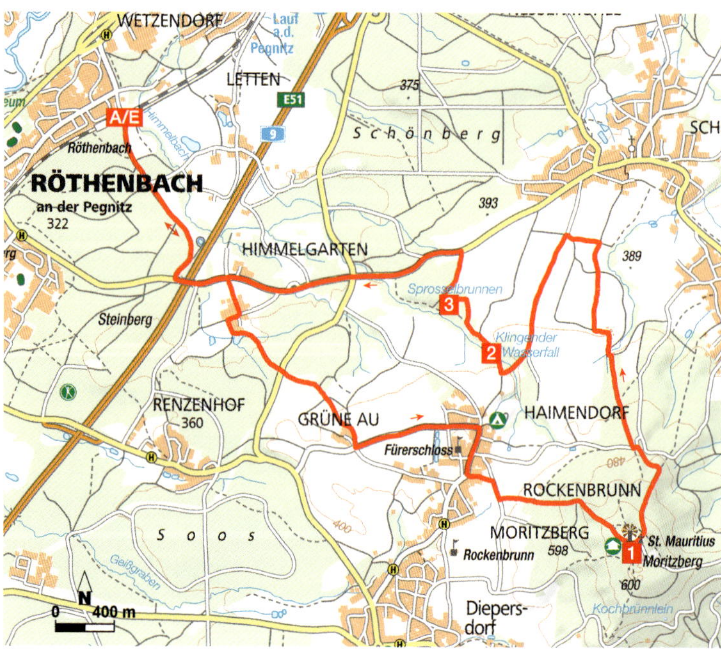

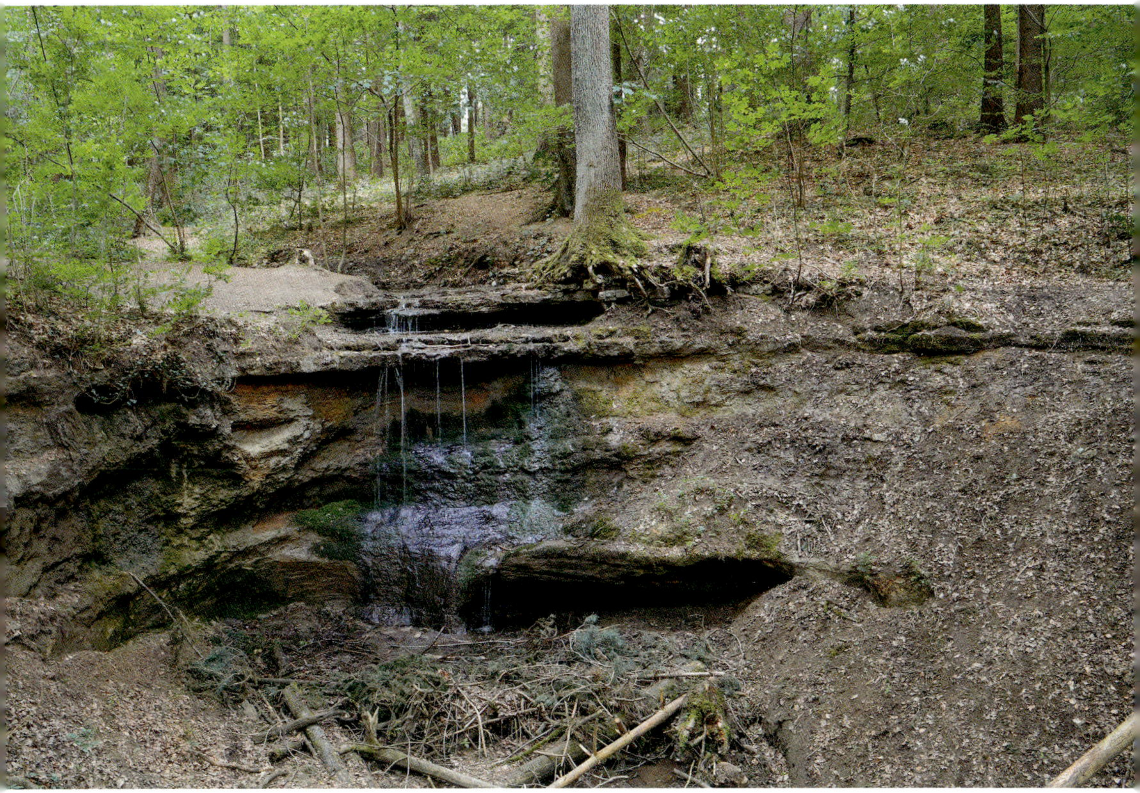

einem kleinen Weiher vorbei und führt dann nach links als wurzelbedeckter Pfad weiter. Nach etwa 400 Metern erreichen wir die Staatsstraße, die wir überqueren. Nach einigen Metern können wir auch schon unser Zwischenziel, den Moritzberg, in der Ferne erblicken. Wir halten uns rechts und kommen in den Weiler **Grüne Au**, den wir, vorbei an Reiterhöfen, allmählich hinter uns lassen. An einer Bushaltestelle mit einem alten nostalgischen Plastikstuhl als Sitzgelegenheit wandern wir auf der Teerstraße nach links in Richtung **Haimendorf**.

Klingender Wasserfall und Sprosselbrunnen

In der Hüttenbachschlucht bei Haimendorf befindet sich der Klingende Wasserfall. Über mehrere Stufen des Rhät-Lias-Sandsteins mit einer Höhe von 5 m plätschert das Wasser hier hinab. Der Name kommt von den vielfältigen Tönen, die der Wind und das Wasser im Winter erzeugen. Hier bilden sich im Winter kaskadenförmige Eisvorhänge, die mit einiger Vorstellungskraft wie Orgelpfeifen anmuten. Der Sprosselbrunnen, auch Spratzelbrunnen genannt, ist eine Sturzquelle, die aus einem Sandsteinfelsen entspringt. Je nach Jahreszeit hat die Quelle eine Schüttung von mehreren Litern pro Sekunde. Beide Naturschauspiele sind ausgewiesene Geotope des Bayerischen Landesamts für Umwelt.

Als Gipfelstürmer unterwegs

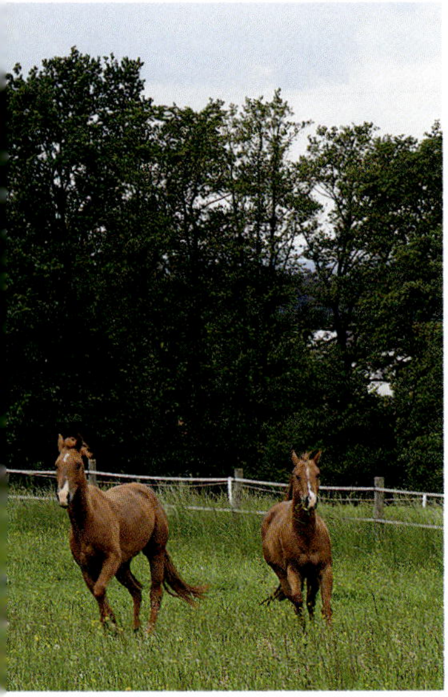

Am Fuße vom Moritzberg: freudige Pferde

Rechte Seite: Der Moritzbergturm

Der Ort wird nun durchquert und wir stehen schon nach kurzer Zeit am Fuße des Moritzbergs. Der nachfolgende Aufstieg erfordert ein wenig Kondition. Nachdem wir den Wald erreicht haben, führt uns unsere Markierung nach etwa 800 Metern in eine grabenförmige Vertiefung (Achtung, leicht zu übersehen!), der wir nach rechts aufsteigend zum Gipfelplateau des **Moritzbergs** ❶ folgen. Vom dortigen **Aussichtsturm** (s. Infokasten) ist die Fernsicht allerdings aufgrund des Baumbestandes nicht mehr ungehindert zu genießen. Ein Besuch der Moritzbergkapelle lohnt sich.

Vom Moritzberg geht es nun wieder hinab. Wir wechseln die Markierung, nun führt der Eppeleinsweg mit »rotem Kreuz« nach Norden in Richtung Schönberg. Am Fuße des Berges geht es nach links inmitten eines Feldes einen kleinen Pfad entlang. An einer Rastbank führt der Weg abermals nach links. An einer nicht zu übersehenden großen Markierung (»rotes Kreuz«) wenden wir uns nach rechts über die Wiesen mit Blick nach Schönberg (Norden). Nach etwa 550 Metern erreichen wir einen Wegweiser mit Markierungstafel. Der »grüne Ring« ist ab jetzt unser neuer Wegbegleiter. Dieser führt uns nach links über Fahrwege und über ein kleines asphaltiertes Sträßchen etwa einen Kilometer zum Waldrand. Über Waldpfade kommen wir am **Klingenden Wasserfall** ❷ und am **Sprosselbrunnen** ❸ (s. Infokasten) vorbei.

Nach dem Sprosselbrunnen verlassen wir den Wald. Kurz vor dem Erreichen der Straße zweigt der »grüne Ring« noch mal nach links ab, um dann nach einiger Zeit die Straße zu überqueren. Hier verlassen wir das Wegzeichen und wandern etwa 1,5 Kilometer auf der Landstraße wieder zurück nach Himmelgarten und dann nach **Röthenbach-Seespitze** (»grüner Strich«).

Aussichtsturm Moritzberg

Der heute 30 m hohe Moritzbergturm, früher Bismarck- und Hindenburgturm genannt, wurde im Jahr 1913 erbaut. Ursprünglich hatte das Bauwerk eine Gesamthöhe von 21 m. Die Finanzierung des Bauvorhabens gelang durch das Engagement des 1899 gegründeten Verschönerungsvereins Moritzberg. Allerdings kam es mehrfach aufgrund fehlender Geldmittel zu einem mehrjährigen Baustopp. Im Jahr 1964 wurde der Turm auf die jetzige Höhe aufgestockt. Er kann an Sonntagnachmittagen von Mai bis Oktober bei schönem Wetter besucht werden (Eintritt: Erwachsene 1 €, Kinder 0,50 €). Ansonsten ist der Berggasthof im Besitz eines Schlüssels. Außerdem gibt es Kontaktmöglichkeiten zum Ausleihen des Schlüssels (s. Kasten S. 14).
www.verschoenerungsverein-moritzberg.de

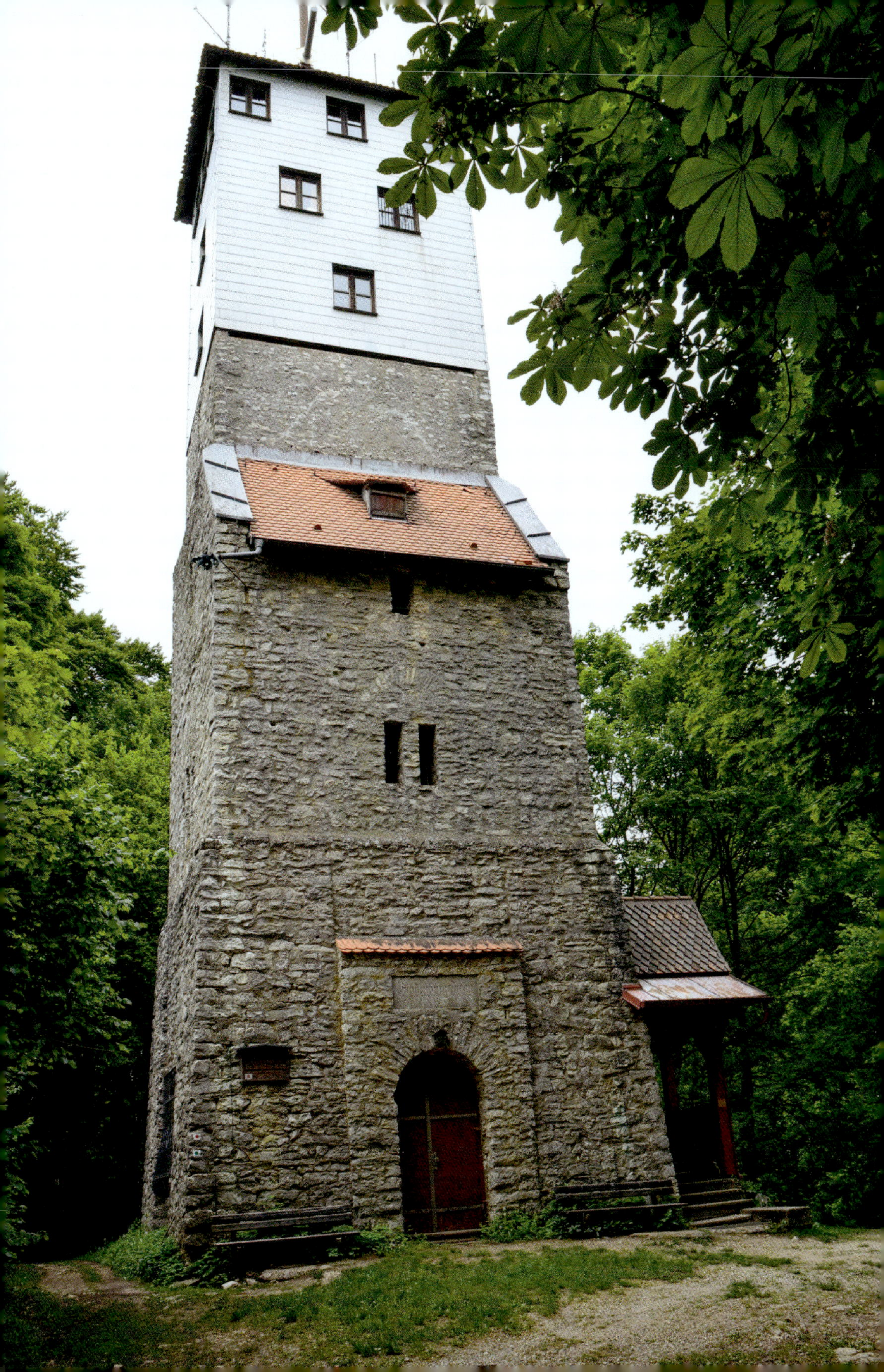

18 Über den Schmausenbuck nach Erlenstegen

Auf den Spuren der Zauneidechse – Etappe 1

leicht | 8 km | 56/79 Hm | 2 Std.

Ausgangspunkt
Wanderparkplatz Tiergarten Nürnberg, 90480 Nürnberg

Endpunkt
Straßenbahn-Endhaltestelle Erlenstegen, 90491 Nürnberg

GPS-Koordinaten
49.450682, 11.141041

Markierungen
Blauer Strich, blauer Punkt

Tourencharakter
Forst- und Waldwege, Wurzelpfade, teils asphaltiert, keine Steigungen

Einkehrmöglichkeiten
Tiergarten Nürnberg; mehrere in Laufamholz und Erlenstegen

Verkehrsanbindung
Ausgangspunkt: Tiergarten Nürnberg (Straßenbahnlinie 5 oder Buslinie 65), Endpunkt: Straßenbahn-Haltestelle Erlenstegen (Straßenbahnlinie 8 und Regionalbahn R3, R31)

Information
Touristeninformation Nürnberg, Königstraße 93 (Mo–Sa ganzjährig 9–19 Uhr, So 10–16 Uhr) oder Hauptmarkt 18 (Mo–Sa ganzjährig 9–18 Uhr, So April–November 10–16 Uhr), Tel. 0911/2336-132 oder -135

Rechte Seite: Die letzten Mauern von Schlossruine Oberbürg

Vielfältige Flora und Fauna, der Schmausenbuckturm und das frühere Wasserschloss Oberbürg begleiten uns auf der ersten von drei Etappen, die zusammen eine ausfüllende Tageswanderung ergeben. Trainierte Wanderer kommen hier voll auf ihre Kosten. Auf der ehemaligen Goldenen Straße nach Prag erreicht man den Endpunkt dieser Etappe – den Ortsteil Erlenstegen.

Die Touren 18 bis 20 zählen in diesem Ausflugsführer hinsichtlich der Gesamtstrecke von 27 Kilometern zur absoluten Königsdisziplin. Gerade für Kinder empfiehlt es sich deshalb, die Wanderung in drei Etappen zu unterteilen. Werden diese miteinander kombiniert, erreicht man im Rahmen eines Rundweges wieder den Ausgangspunkt, den Wanderparkplatz am Tiergarten Nürnberg. Bei der Aufteilung der Tour in die drei Wegabschnitte (Tour 18, 19 und

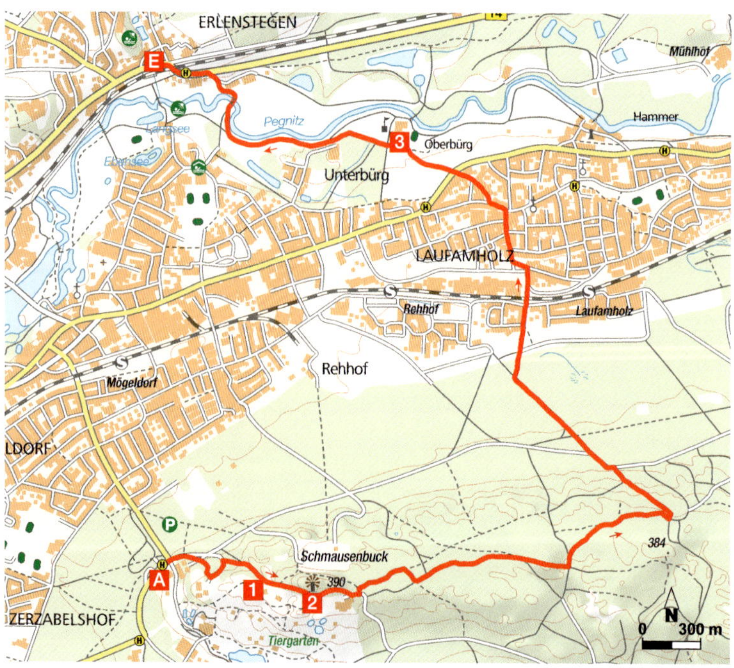

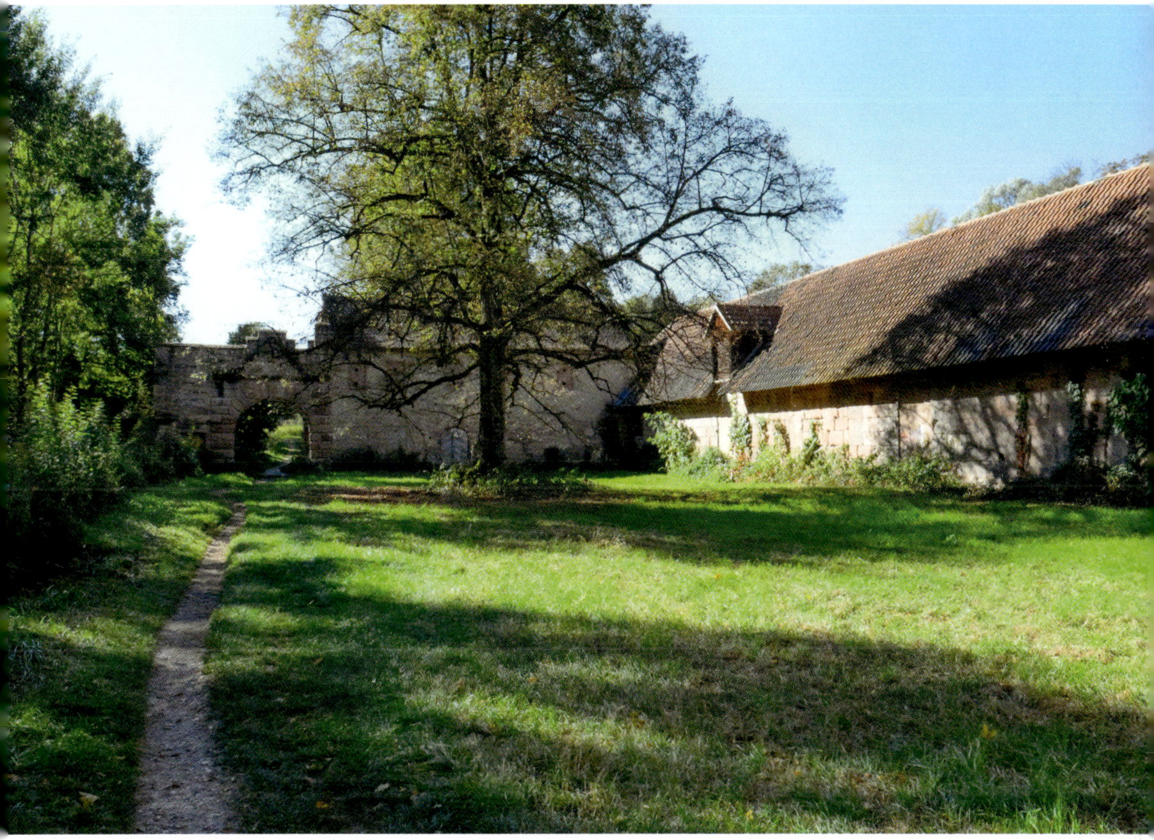

20) ist es immer wieder möglich, den vorherigen Ausgangspunkt mit öffentlichen Verkehrsmitteln zu erreichen.

Am **Wanderparkplatz Tiergarten** Ⓐ begeben wir uns zunächst mit der Markierung »blauer Strich« (Anton-Leidinger-Weg) über Waldpfade gemächlich bergauf durch den Wald und überqueren eine Asphaltstraße. An einer kleinen Anhöhe mit Rastbank kommen wir schließlich am Schutzzaun des **Nürnberger Tiergartens** ❶ vorbei.

Der Weg führt uns über Treppen empor zum **Schmausenbuck-**

Schlossruine Oberbürg

Das im 14. Jahrhundert erbaute Schloss Oberbürg befindet sich im Wiesengrund zwischen den Stadtteilen Laufamholz und Erlenstegen. Einst stand die Burg auf einer kleinen Insel inmitten eines künstlich angelegten Weihers und galt als einer der prächtigsten Herrensitze in der Region. In mehreren Epochen fiel sie gleich zweimal den Markgrafenkriegen zum Opfer und musste immer wieder neu aufgebaut werden. Nach 40 Jahren Bauzeit wurde 1487 das Schloss Oberbürg in ein Wasserschloss und wiederum einige Jahrhunderte später in ein prunkvolles Barockschloss umgebaut. Dieses wurde 1943 schließlich durch das Bombardement der alliierten Streitkräfte zerstört. Heute gleicht das Schloss eher einer Ruine.

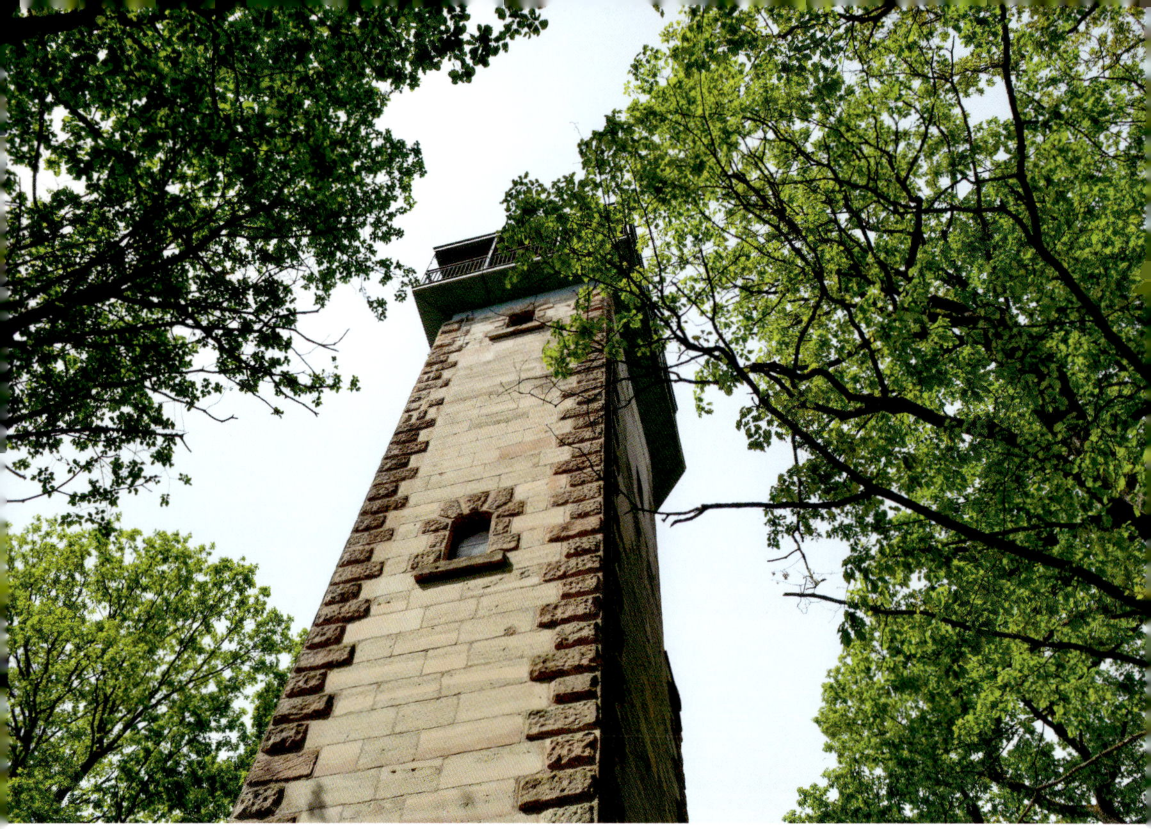

Über dem Blätterdach – der Schmausenbuckturm

turm ❷ (s. auch Tour 1). Hinter dem Turm geht es auf breitem Weg leicht bergab. Vorbei an bizarren Sandsteinformationen gelangen wir durch lichten Mischwald zu einer Waldschneise mit einer Stromtrasse. Ein kurzer Abstecher nach rechts bringt uns vom ursprünglichen Weg zu zwei Ruhebänken. Hier kann man die Aussicht über den südlichen Reichswald genießen. Auf kargem Sandboden und Magerrasen blüht an dieser Stelle das sogenannte Heidekraut.

Zurück auf unserem bekannten Weg kommen wir an eine Wegkreuzung, an der wir der Markierung »blauer Punkt« bergab auf einem schmalen Waldpfad folgen, der anschließend in einen befestigten Forstweg bis nach **Laufamholz** übergeht.

Durch eine Kleingartenkolonie gelangen wir ins Ortszentrum (vor der Sparkasse rechts) und überqueren mit unserem Wegzeichen an der Laufamholzstraße/Winner Zeile die Hauptstraße. Weiter geht es in den Wiesengrund. Hier können wir schon aus der Ferne die Mauerreste des ehemaligen **Schlosses Oberbürg** ❸ (s. Infokasten) erkennen.

Der Weg führt uns daran vorbei, durch den Wald (rechts haltend) und schließlich weiter links haltend an der Pegnitz entlang. Mit unserer Markierung geht es bis zum Wasserwerk Er-

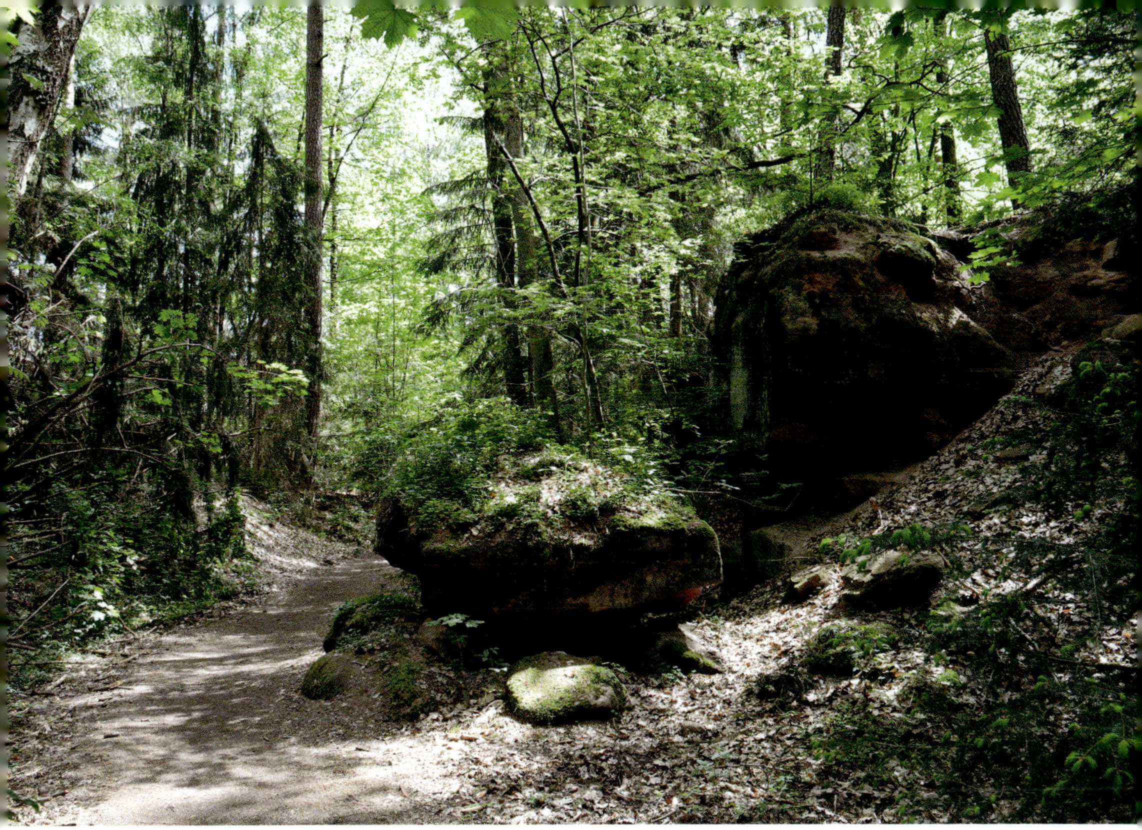

lenstegen. Von dort mit der Erlenstegenstraße, der **ehemaligen Goldenen Straße nach Prag**, aufwärts und stadteinwärts bis zur **Straßenbahn-Endhaltestelle Erlenstegen** E.

Sandsteinriesen am Wegrand

Die Goldene Straße

So nannte man im Mittelalter die bedeutendste Handelsverbindung zwischen Nürnberg und Prag. Karl IV. (Regierungszeit 1347–1378), der sich Herrscher von Neuböhmen (Teile der heutigen Oberpfalz, Mittel- und Oberfrankens) nannte, konnte, ohne Zoll entrichten zu müssen, vom damaligen Böhmen nach Nürnberg gelangen – und das sicherer als zuvor. Denn die Route verlief ursprünglich durch das Territorium verschiedenster Besitzer, sodass Überfälle auf die Reisenden und Handelsleute häufig vorkamen. Der Wegverlauf führte über Lauf, Sulzbach-Rosenberg, Weiden, Bärnau, Tachov/Tachau und Pilsen. Durch den Fränkischen Alb- und Oberpfälzer Waldverein wurde an den Grenzen des heutigen Tschechien ein Wanderweg mit einer Gesamtlänge von 151 km erschlossen, welcher zur leichteren Orientierung mit dem Wappen des »Böhmischen Löwen« markiert ist.

Die Grenze zu Böhmen befand sich übrigens dort, wo die Bahnlinie die B 14 überquert. Zur Erinnerung wurde eine Tafel an der Wand einer Häusergruppe angebracht. Diese ist etwa 100 m vor der Querung der Bahnlinie (stadtauswärts) auf der linken Seite zu finden.

19 Eiszeitliche Sanddünen im Erlenstegener Forst

Auf den Spuren der Zauneidechse – Etappe 2

mittel | 9 km | 25/11 Hm | 2,5 Std.

Ausgangspunkt
Straßenbahn-Endhaltestelle Erlenstegen, 90491 Nürnberg

Endpunkt
Bahnhof Behringersdorf, 90571 Behringersdorf

GPS-Koordinaten
49.472098, 11.137219

Markierungen
Blauer Punkt, roter Ring, rotes Andreaskreuz, blauer Strich und Böhmischer-Löwe-Symbol (Wappen)

Tourencharakter
Schattige Waldpfade und Sandtrassen, geschotterte Forstwege, kurze Asphaltstrecken; guter Orientierungssinn notwendig

Einkehrmöglichkeiten
Mehrere Möglichkeiten in Erlenstegen und Behringersdorf

Verkehrsanbindung
Ausgangspunkt: Straßenbahn-Haltestelle Erlenstegen (Straßenbahnlinie 8 und R3, R31), Endpunkt: Bahnhof Behringersdorf (Regionalbahn R3 und R31)

Information
Touristeninformation Nürnberg, Königstraße 93 (Mo–Sa ganzjährig 9–19 Uhr, So 10–16 Uhr) oder Hauptmarkt 18 (Mo–Sa ganzjährig 9–18 Uhr, So April–November 10–16 Uhr), Tel. 0911/2336-132 oder -135

Bizarre Sanddünen vermuten wir wohl eher in der Wüste oder auf Gran Canaria. Dieser Ausflug versetzt uns in Erstaunen, denn auch am Rande Nürnbergs entstanden vor mehreren Millionen Jahren eiszeitliche Zeugnisse in Form beeindruckender Sandebenen, die heute noch zu bewundern sind.

Die zweite Etappe der Rundtour führt uns am Naturgartenbad Erlenstegen vorbei zu einer einzigartigen Sanddünenlandschaft im Nordosten Nürnbergs. Von dort erreichen wir nach einer langen Waldstrecke durch den Erlenstegener Forst den Behringersdorfer See und anschließend den gleichnamigen Ort.
An der **Straßenbahn-Endhaltestelle Erlenstegen** Ⓐ überqueren wir die Straße an der Ampelanlage und wandern mit der Markierung »blauer Punkt« durch die Zapfengasse. An deren Ende verlassen wir das Wegzeichen. Mit der Markierung »roter Ring«

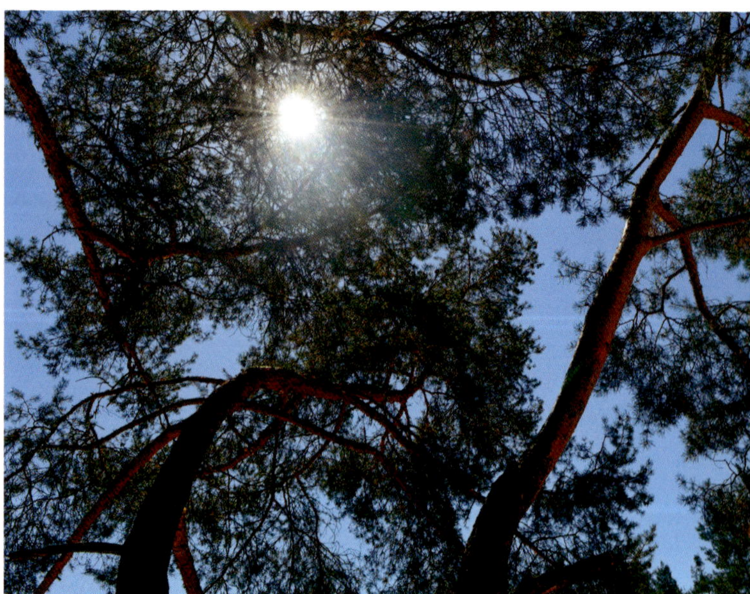

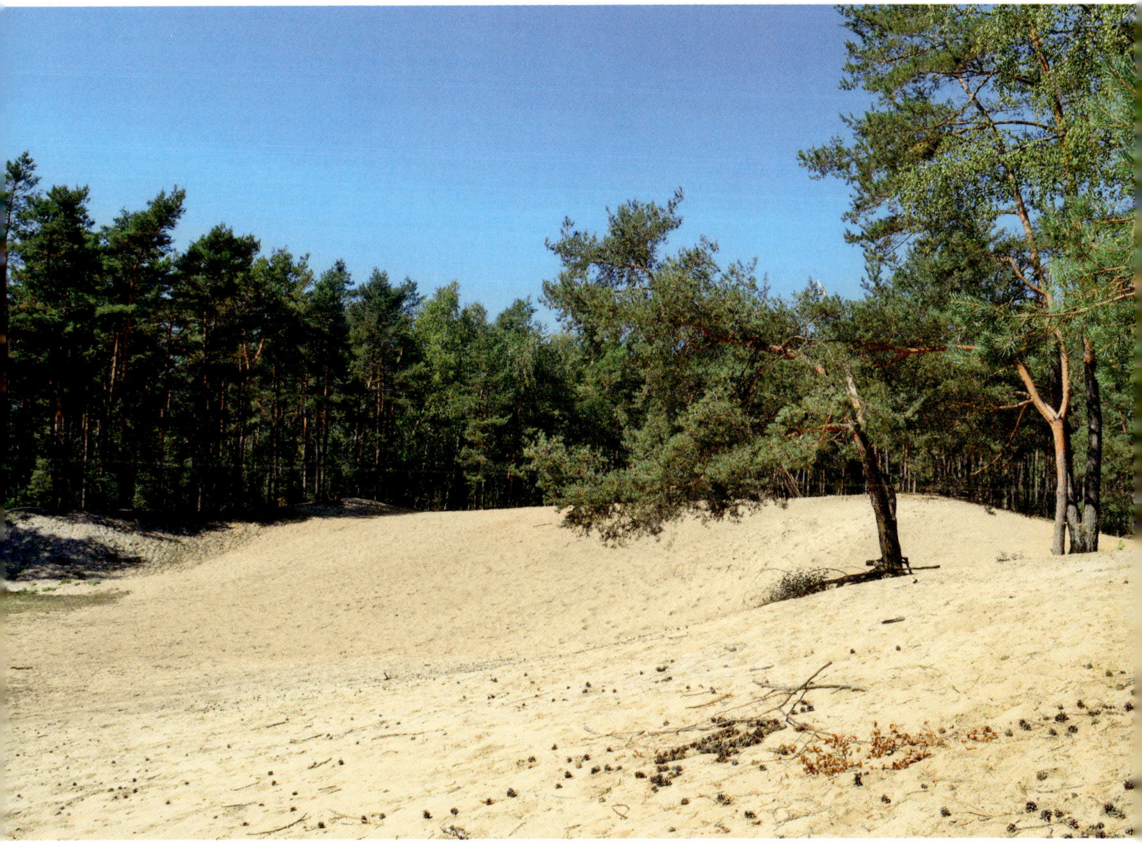

Große Sanddüne bei Erlenstegen

Linke Seite: Schatten spendende Kiefern

wenden wir uns nach links in die Günthersbühler Straße. Wir kommen am **Naturgartenbad** 1 vorbei, verlassen wieder die Markierung und wandern auf einem Fußweg am Zaun des Bades entlang. Ab hier ist ein guter Orientierungssinn gefragt, da wir markierungslos bis zur Sanddünenlandschaft weiterwandern.
Am Ende des Zauns gelangen wir durch den **Tiefgraben** 2 zu einer Brücke, die jedoch nicht überquert wird. An einem Bächlein entlang weiter bis zu einer alten Bahnunterführung. Hier besteht die Möglichkeit, vor dem Durchqueren des Tunnels einem Pfad rechts haltend aufwärts und oben nach links bis zu einer kleinen Sanddünenlandschaft zu folgen. Durch die Unterführung hindurch,

Kühle Erfrischung

Das idyllisch gelegene Naturgartenbad Erlenstegen (Schlegelstraße 20, 90491 Nürnberg) lädt Naturfreunde zu einem besonderen Erlebnis ein. Die Becken sind nicht beheizt. Eine großflächige Liegewiese, Volleyballfeld und Gastronomie sind vorhanden. Informationen: www.nuernbergbad.de

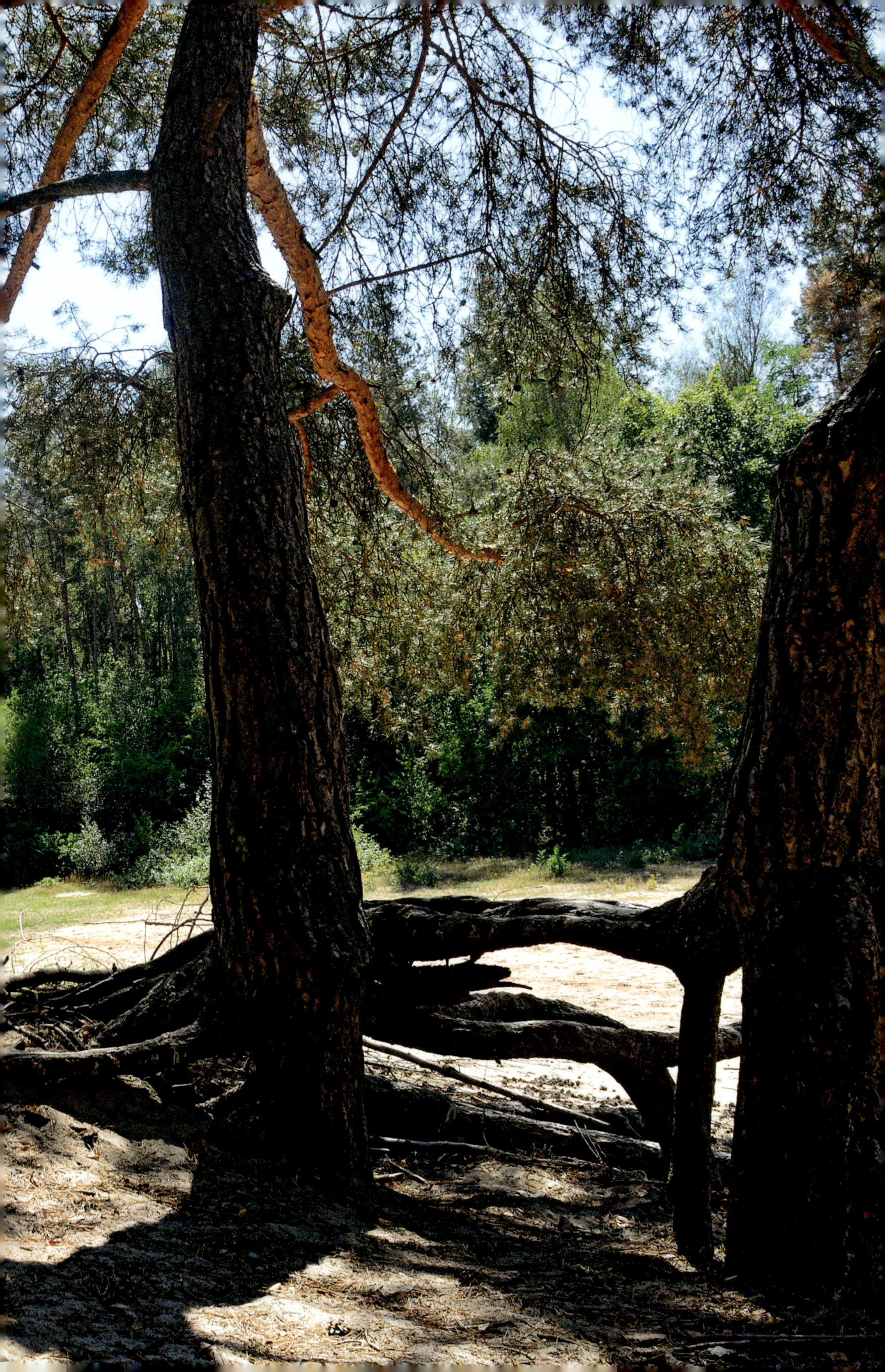

dann gehen wir an dem schluchtartigen Graben entlang bis zu der Abzweigung »Schießhaus«, der wir jedoch nicht folgen. Wir halten uns links über eine Brücke und gehen danach an einem Zaun entlang (rechts eine Bogenwiese) geradeaus weiter.

Linke Seite: Ein schattiges Plätzchen

Vor dem Tor der Hundefreunde Nürnberg-Fürth e.V. in der Stadener Straße folgen wir einer weiteren Einzäunung, die uns nach rechts führt. Diesem Weg folgen wir etwa 30 Meter, bis wir uns nach links wenden und schließlich die bis zu 21 Meter hohe **Sanddüne** 3 erreichen.

Zurück zum Hundesportverein, dann wandern wir auf der Stadener Straße ein kurzes Stück auf Asphalt in Richtung Tierheim. Hinter dem Gebäudekomplex folgen wir einem breiten geschotterten Forstweg nach rechts (Wandertafel) in den **Erlenstegener Forst**. An der nächsten großen Kreuzung (Eichelberg) führt uns der Weg nun mit dem Symbol »rotes Andreaskreuz« nach rechts. Mit der Markierung »blauer Strich« und dem »Böhmischer-Löwe-Symbol« (Wappen) geht hier nach etwa 850 Metern ein Pfad nach links in den Wald hinein. Über verschlungene Pfade geht es zu einer versteckt gelegenen Sandtrasse. Heidekraut und Farne säumen den Waldweg bis zu einer Schneise. Nach etwa 100 Metern führt uns der Pfad halb links (Abzweig nicht verpassen!) mit unserer Markierung wieder in den Wald hinein.

Wir überqueren nach einiger Zeit die Autobahnbrücke der A 3 und wandern mit dem »blauen Strich« am **Behringersdorfer See** 4 vorbei bis nach **Behringersdorf**. Mit dem »Böhmischer-Löwe-Symbol« geht es nun Richtung Schwaig durch eine Wohnsiedlung und bis zum **Bahnhof Behringersdorf** E.

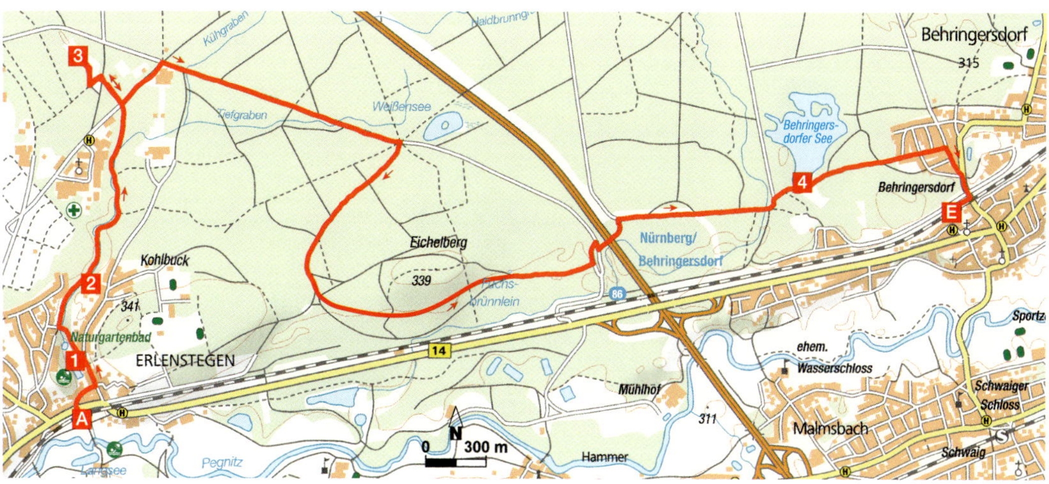

20 Durchs Pegnitztal bei Schwaig

Auf den Spuren der Zauneidechse – Etappe 3

mittel | 11 km | 92/68 Hm | 3 Std.

Ausgangspunkt
Bahnhof Behringersdorf, 90571 Behringersdorf

Endpunkt
Wanderparkplatz am Nürnberger Tiergarten, 90480 Nürnberg

GPS-Koordinaten
49.481588, 11.198480

Markierungen
Fränkischer Dünenweg, Nordic-Walking-Trail rot und grün, Nr. 2 und blauer Strich

Tourencharakter
Im Pegnitzgrund asphaltierter Weg, ansonsten geschotterte Forstwege, Waldpfade am Schmausenbuck; sehr guter Orientierungssinn notwendig

Einkehrmöglichkeiten
Mehrere in Behringersdorf; Tiergarten Nürnberg

Verkehrsanbindung
Ausgangspunkt: Bahnhof Behringersdorf (Regionalbahn R3 und R31), Endpunkt: Tiergarten Nürnberg (Straßenbahnlinie 5 oder Buslinie 65)

Information
Touristeninformation Nürnberg, Königstraße 93 (Mo–Sa ganzjährig 9–19 Uhr, So 10–16 Uhr) oder Hauptmarkt 18 (Mo–Sa ganzjährig 9–18 Uhr, So April–November 10–16 Uhr), Tel. 0911/2336-132 oder -135

Die dritte Etappe auf den Spuren der Zauneidechse führt uns von Behringersdorf durch das reizvolle Pegnitztal nach Malmsbach – und schließlich nach Schwaig, dessen barockes Herrenhaus alljährlich im September zum Schlossfest lockt. Der Anton-Leidinger-Weg begleitet uns ein kurzes Stück durch die Sandsteinbruchlandschaft zum Schmausenbuck mit seinem einladenden Aussichtsturm.

Aufgrund der wechselnden Markierungen im Lorenzer Reichswald ist in diesem Waldstück ein sehr guter Orientierungssinn erforderlich. Wanderkarte und Kompass sind für Unkundige unbedingt zu empfehlen.

Vom **Bahnhof Behringersdorf** Ⓐ geht es zur Güntersbühler Straße. Dieser folgen wir in südlicher Richtung, gehen über die Straßenkreuzung in die Schwaiger Straße und bis zur **Maria-**

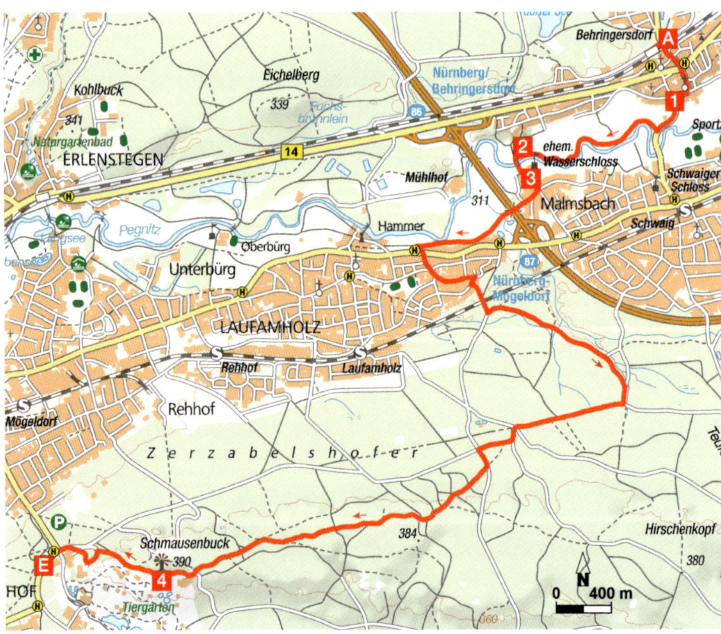

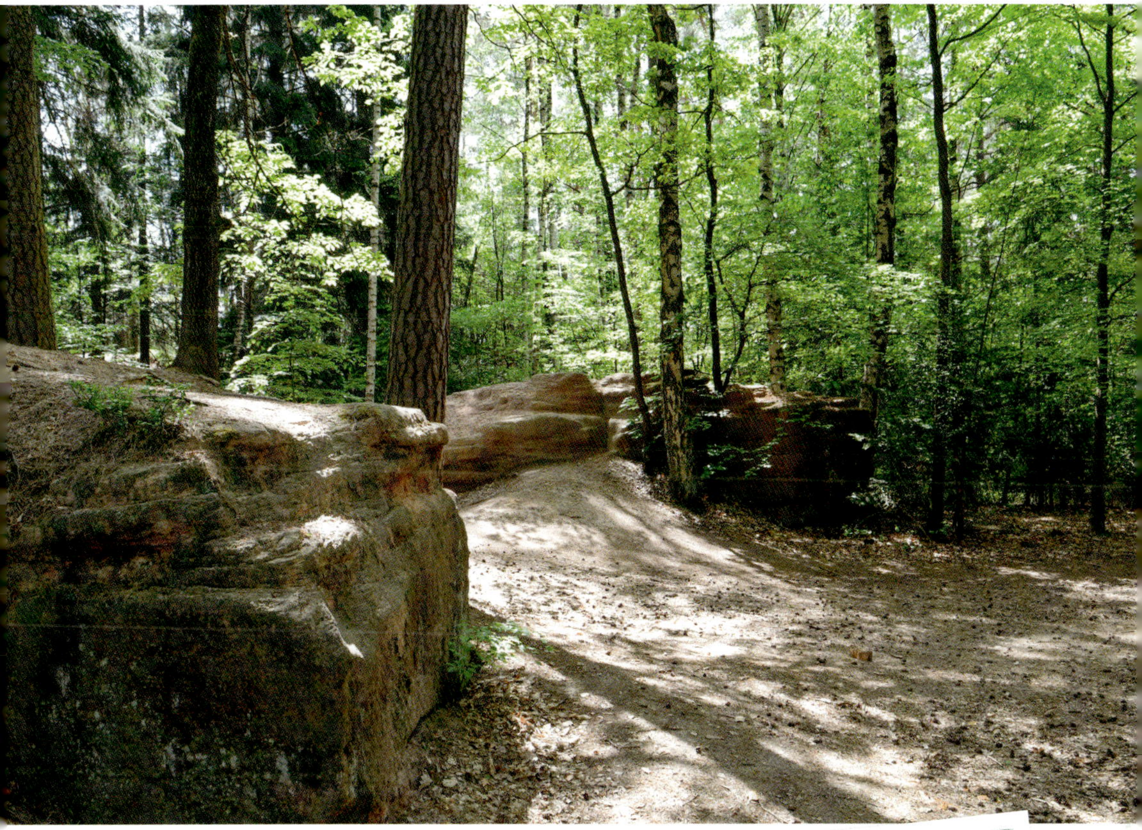

Magdalena-Kirche ❶ (s. Infokasten). Von dort geht es mit der Markierung »Fränkischer Dünenweg« (weiß-gelb-geteiltes Rechteck) rechts haltend auf dem Gehweg weiter.

Nach etwa 250 Metern erreichen wir rechts haltend das Pegnitztal. Durch Wiesen und Felder gelangen wir so zum **Naturdenkmal »Die 9 Eichen«** ❷. Wir überqueren die Pegnitz über einen Steg. Der Weg führt uns in die Schloßgrabenstraße nach **Malmsbach** mit seiner **ehemaligen Wasserburg** ❸. Heute sind hiervon nur noch das Torhaus und die Nebengebäude erhalten. Das Schloss wurde 1449 während des ersten Markgrafenkriegs fast vollständig zerstört. Die Gebäude können leider nicht besichtigt werden, da sie sich in Privatbesitz befinden.

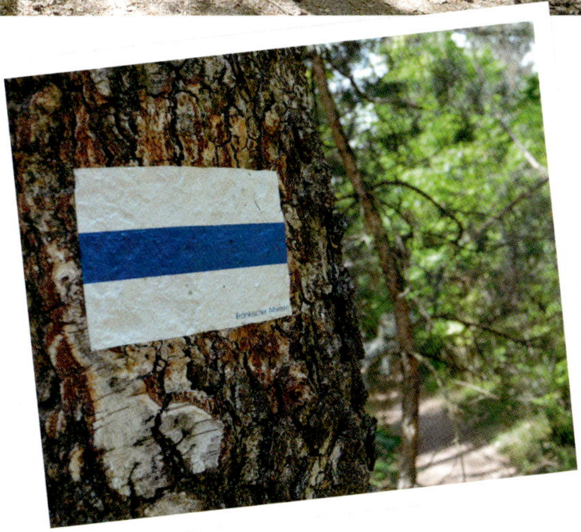

Altbekannt: der Anton-Leidinger-Weg

Ganz oben: Zurück durch die alten Sandsteinbrüche

Mit unserer Markierung kommen wir schließlich am Dorfbrunnen vorbei. Im Jahre 1871 wurde hier ein Feldahorn gepflanzt. Wir gehen rechts weiter in den Hammerweg und unter der Autobahn hindurch.

Über eine weitläufige Wiese (überdimensionale Markierung an einem Strommast) geht es schließlich aus einem kurzen Waldstück heraus und links auf einem kleinen Fußweg (Absperrung/Warnbarke) bis zur Hauptstraße von **Schwaig**. Diese wird überquert. Das Wegzeichen führt uns aus dem Ort hinaus Richtung Waldrand.

Nun ist bei dem weiteren Wegverlauf erhöhte Konzentration geboten. Der »Fränkische Dünenweg« führt uns bis zu einer Wegkreuzung, an der wir auf die Markierung »Nordic-Walking-Trail« (grün und rot) stoßen. Letzterem folgen wir nach rechts an einer Stromtrasse entlang.

An der nächsten Weggabelung wählen wir den mittleren Weg (altes Holzschild »Tiergarten«) ohne Markierung, bis wir nach 50 Metern auf den Forstweg nach rechts einbiegen. An einer Weggabelung wandern wir den Weg geradeaus weiter. Die Stromtrasse lassen wir immer als Orientierungshilfe rechts neben uns liegen.

An einer weiteren Wegaufteilung wechseln wir schließlich die Markierung. Mit der Nr. 2 (3,4 km Tiergarten) geht es nun weiter, bis wir wieder unseren Hinweg, den **Anton-Leidinger-Weg** (»blauer Strich«), erreichen. Dieser begleitet uns nun durch die Steinbruchlandschaft des Schmausenbucks am dortigen **Aussichtsturm** 4 vorbei bis zu unserem Ausgangspunkt, dem **Wanderparkplatz am Nürnberger Tiergarten** E.

Der Millionenschatz

Während der Kriege soll in der Maria-Magdalena-Kirche ein Behältnis mit Gold- und Silbermünzen und Juwelen versteckt worden sein. Und zwar dort, wo sich unterhalb der schweren Altarplatte die Gruft befindet, in der die Tucher-Familie beigesetzt wurde. Am 2.5.1927 wurde diese Platte schließlich angehoben. Außer den darin vorhandenen Särgen fand man nichts, was auf einen geheimnisvollen Schatz hingedeutet hätte.

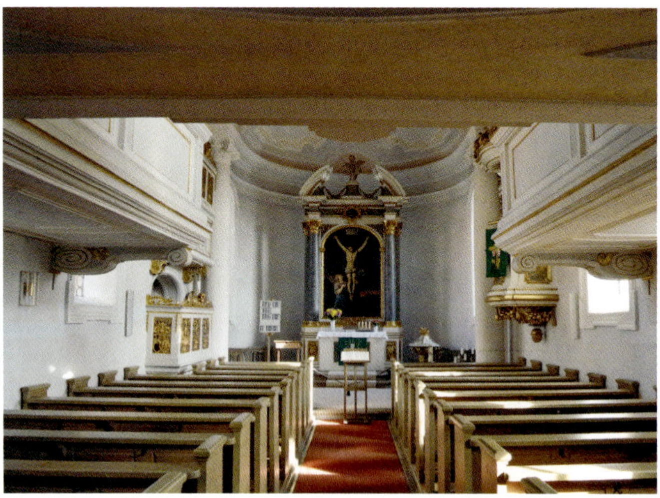

Das Kirchenschiff

Rechte Seite: Die Maria-Magdalena-Kirche in Behringersdorf

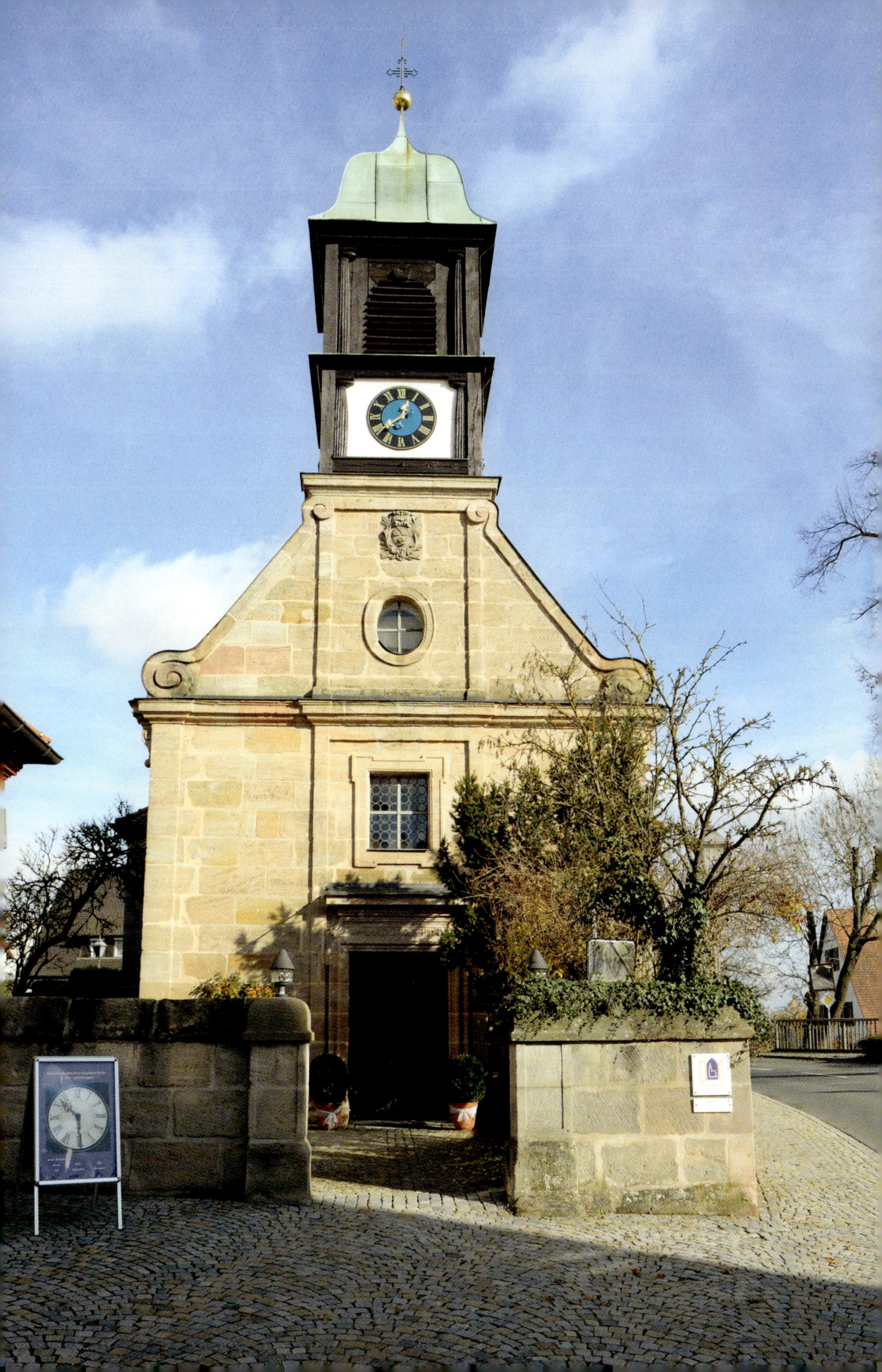

21 Rund um Atzelsberg

Von Erlangen durch die Rathsberger Wildnis

mittel | 10 km | 130 Hm | 2,5–3 Std.

Ausgangs-/Endpunkt
Bushaltestelle Waldkrankenhaus

GPS-Koordinaten
49.608646, 11.020298

Markierungen
Blaues Kreuz bis Atzelsberg, grüner Punkt bis »Naturschutzgebiet Wildnis am Rathsberg«, anschließend ohne Markierung

Tourencharakter
Forst- und Waldwege, gelegentlich im Schatten; im Bereich Rudelsweiherstraße in Erlangen gute Orientierung nötig

Einkehrmöglichkeiten
»Atzelsberger Wirtshaus«, Atzelsberg 4 (Winter: Do–So geöffnet, Sommer: täglich geöffnet)

Verkehrsanbindung
Bushaltestelle Waldkrankenhaus, Buslinien 289 aus Erlangen-Zentrum, 290 aus Nürnberg-Thon

Information
Landratsamt Erlangen-Höchstadt, Marktplatz 6, 91054 Erlangen, Tel. 09131/803-0

Wissenswertes für Fans der Geologie gibt es auf dem Erlanger »Berch« zu entdecken, auf den Atzelsberger Höhen erfrischen wir uns im schattigen Biergarten, um gestärkt durch den Urwald am Rathsberg zu streifen und anschließend prunkvolle Villen und einen bemerkenswerten Wasserturm bewundern zu können.

Im mittelfränkischen Städtchen Erlangen, am Ortsrand gelegen, ist der Burgberg einmal im Jahr für Tausende von Besuchern eine besondere Attraktion: Zur Bergkirchweih im Mai strömen die Menschen zum Erlanger »Berch«, wie er hierzulande heißt. Auch historisch ist der Burgberg erwähnenswert. Im 16. Jahrhundert wurden aufgrund der besonderen geologischen Beschaffenheit Sandsteinquader gefördert, die für städtische Bauten in Erlangen Verwendung fanden. Am Burgberg selbst steht noch heute das älteste Gebäude der Stadt, die im 15. Jahrhundert erbaute Burgbergkapelle.

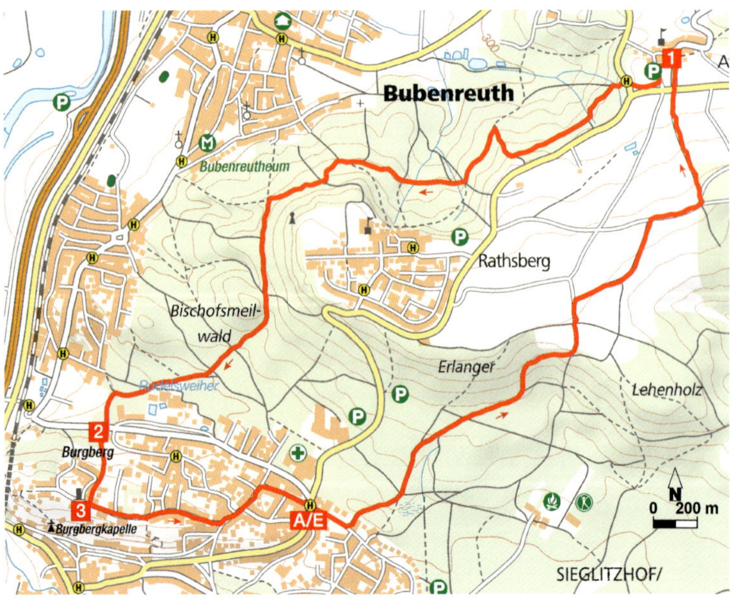

Von unserem Ausgangspunkt, der **Bushaltestelle Waldkrankenhaus** Ⓐ Ⓔ, wandern wir mit der Markierung »blaues Kreuz« über ein schmales Waldpfädchen an der Straße Am Meilwald entlang, bis wir diese nach einigen Metern rechts liegen lassen und an einer Schutzhütte vorbeikommen. Unser Weg führt uns nun bergauf auf die Hochflächen aus dem Wald hinaus. Nach etwa 180 Metern zweigt der Weg mit der Markierung über Felder und Äcker halb rechts ab und wir gelangen über die Atzelsberger Steige nach **Atzelsberg** mit dem gleichnamigen Schloss ❶.

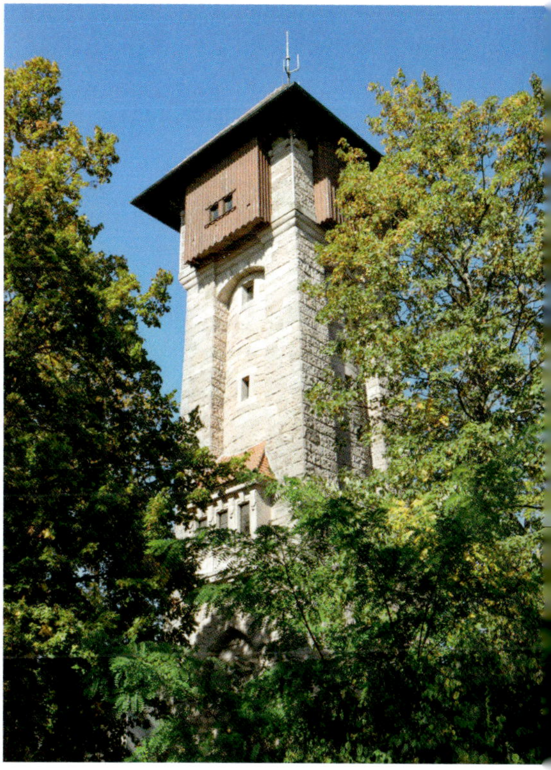

Erlanger Wasserturm

Vom Schloss wandern wir wieder zurück zur Hauptstraße. Mit der Markierung »grüner Punkt« geht es zunächst ein kurzes Stück an der Straße entlang, bis wir wenig später in das urwaldähnliche Dickicht des **Naturschutzgebiets Wildnis am Rathsberg** gelangen. Mit Efeu bedeckte Erdhügel, Felsblöcke und plätschernde Bachläufe begleiten uns auf diesem Wegabschnitt.

An einem kurzen geteerten Teilstück überqueren wir schließlich im Wald einen kleinen Bach. Anschließend gelangen wir zu einer Wegkreuzung. Hier verlassen wir unsere Markierung und gehen

Der Erlanger Wasserturm

Der am Erlanger Burgberg gelegene Wasserturm ist Eigentum der Erlanger Stadtwerke. Ende des 19. Jahrhunderts wurde damit begonnen, den Burgberg mit Häusern für die wohlhabende Gesellschaftsschicht zu bebauen. Zahlreiche Villen säumen noch heute die Straßen. Daher wurde Anfang des 20. Jahrhunderts beschlossen, den Wasserturm zur Versorgung der Anwohner zu errichten. Der Turmbau wurde im Jahre 1905 abgeschlossen. Bis zu diesem Zeitpunkt bestand der Erlanger Burgberg vorwiegend aus Gartenanlagen und Steinbrüchen. Eine verzweigte Wasserversorgung wurde zunächst nicht für notwendig angesehen. Das Wasser wurde zu dieser Zeit aus Brunnen gewonnen oder von Quellen geschöpft. Der Turm hat eine Gesamthöhe von 32 m und ist gerade auch wegen seiner Lage am bekannten Burgberg eines der Wahrzeichen von Erlangen. Bereits bei der Anfahrt über die Autobahn kann man seine Turmspitze erblicken.

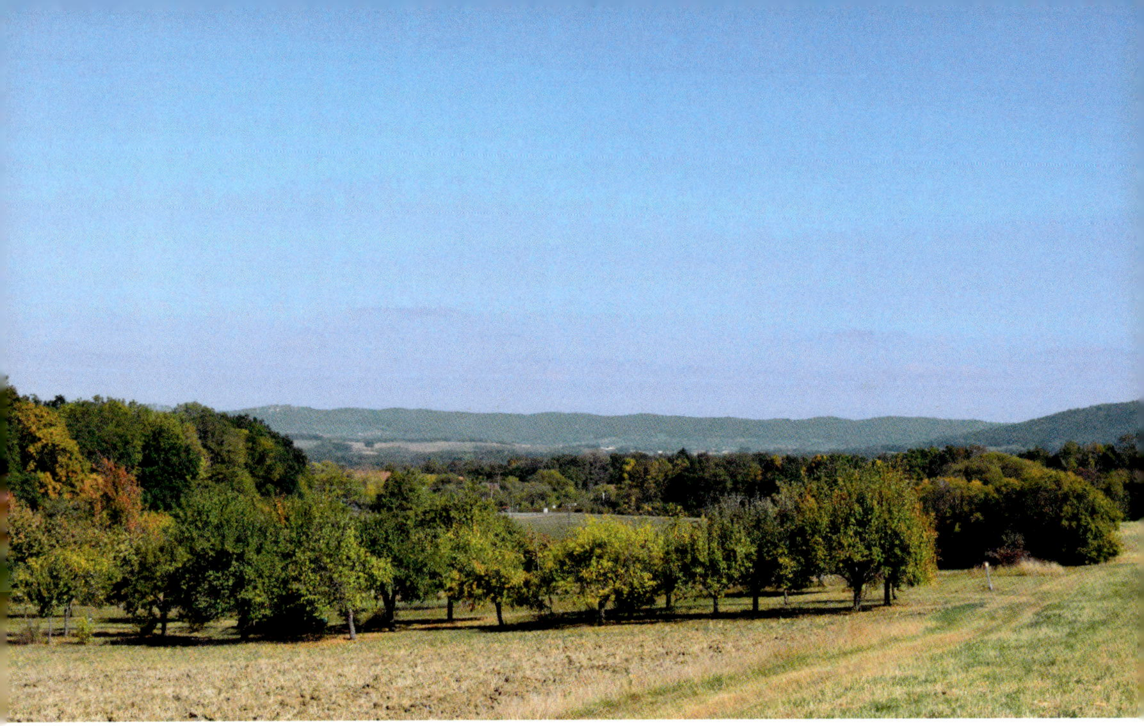

Die Höhen um Atzelsberg

markierungslos nach links auf einem Forstweg weiter. An der folgenden Weggabelung ignorieren wir den abzweigenden Weg nach Rathsberg. Wir bleiben auf unserem Weg und wandern durch Nadel- und Laubwald an einem Sendemast vorbei bergab. Nach einiger Zeit erblicken wir schließlich die Häuser- und Grundstücksrückseiten der Rudelsweiher Straße in **Erlangen**.

Etwa 100 Meter nach dem letzten Grundstück mit einem alten verlassenen Häuschen begeben wir uns ohne Markierung nach links auf einen bewachsenen Fußpfad, dem wir auch gleich wieder nach etwa 50 Metern nach rechts folgen (Orientierungshilfe Waldrand/Wiese) in südlicher Richtung, bis wir auf die Teerstraße stoßen.

Fränkisches Gebräu

Ein Muss für jeden Erlanger – denn bei herrlichem Wetter pilgern nach Feierabend ganze Heerscharen aus der Stadt auf die Atzelsberger Höhen. Eine kurze oder auch lange Rast im Biergarten Atzelsberger direkt neben dem Schloss sollte also bei der Wanderung nicht fehlen. Unter Obstbäumen, die im Sommer genügend Schatten spenden, kann man es sich bei einem kühlen Getränk und deftigem Essen gut gehen und den Blick in die Weite schweifen lassen. Kinder haben ausreichend Platz zum Spielen – Spielgeräte sind inbegriffen. Neben der normalen Speisekarte gibt es auch immer wieder täglich wechselnde und saisonale Gerichte.

Erlanger Zeitgeschichte erleben

An der Ecke Rudelsweiherstraße/Platenstraße folgen wir letzterer ein kleines Stück aufwärts, um dann unseren Weg nach rechts in den Ulmen-

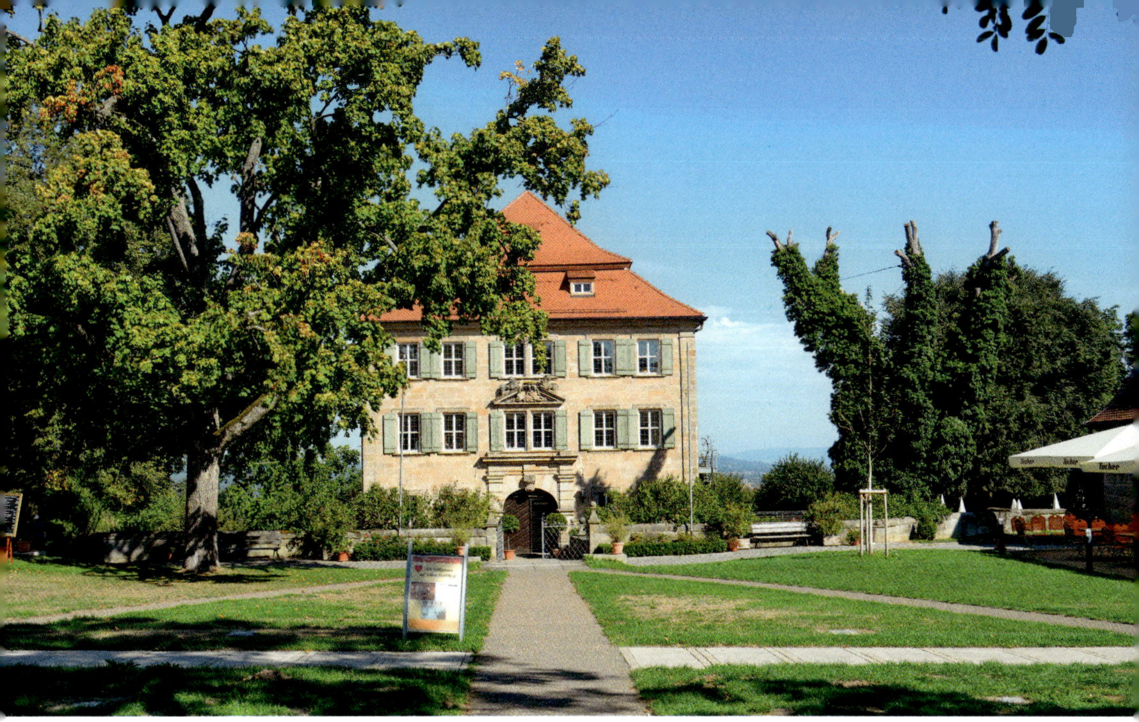

Schloss Atzelsberg

hauser Weg fortzusetzen. Der Beschilderung Platenhäuschen folgend, steigen wir mit den vor uns liegenden Treppenstufen hinauf. Das **Platenhäuschen** ❷, erbaut 1756/57, wurde von dem Schriftsteller August Graf von Platen während seiner Studienzeit in Erlangen bewohnt. Damals diente das Gartenhäuschen als Ruhepol. Heute kann es manchmal besichtigt werden (Öffnungszeiten: www.erlangen.de).
Vom Platenhäuschen zurück auf den ursprünglichen Fußweg und mit der Humboldtstraße aufwärts. Hier können wir bereits den **Erlanger Wasserturm** ❸ (s. Infokasten) erkennen. Von hier wandern wir die Burgbergstraße in östlicher Richtung weiter. Links und rechts des Weges begleiten uns pompöse Bauten, historische Gebäude und prunkvoll angelegte Häuseranlagen – das Villenviertel der Erlanger Gesellschaft. Die Burgbergstraße führt uns schließlich über die Ludwig-Thoma-Straße und die anschließende Penzoldstraße zu unserem Ausgangspunkt an der **Bushaltestelle Waldkrankenhaus** zurück.

Die Erlanger Burg

Wohl um 1361 wurde in unmittelbarer Nähe des Burgbergs die Erlanger Burg errichtet. Die exakte Lage war lange Zeit historisch nicht mehr einwandfrei nachvollziehbar. Im Jahre 1981 stieß man jedoch bei Bauarbeiten völlig unerwartet in der Nähe der Martinsbühlerstraße/Fuchsengarten auf Fundamente und den Brunnen der Erlanger Burg. Hierzu ist heute eine kleine Hinweistafel in den Gehwegplatten eingelassen.

22 Zur Tongrube nach Marloffstein

Wiesen, Kühe und liebliches Glockengeläut

mittel | 11 km | 127 Hm | 3,5 Std.

Ausgangs-/Endpunkt
Wanderparkplatz Spardorfer Straße/Lange Zeile, 91054 Erlangen

GPS-Koordinaten
49.605180, 11.036071

Markierungen
Oranger Punkt auf blauem Grund, grüner Punkt auf weißem Grund, grüner Punkt, Berg- & Talpfad (vier farbige Kreise)

Tourencharakter
Beschauliche Waldwege, Höhenweg bei Marloffstein, Rückweg teils auf Asphalt bis Spardorf; teilweise markierungslos

Einkehrmöglichkeiten
»Gasthof Alter Brunnen«, Am alten Brunnen 1 in Marloffstein (Di Ruhetag); »Zum Striegelwirt«, Am alten Brunnen 1 in Marloffstein (Mo und Di Ruhetag, für Feiern täglich geöffnet); »Ristorante La Scuderia«, Marloffsteiner Straße 1a in Spardorf (Mo Ruhetag)

Verkehrsanbindung
Bushaltestelle Sieglitzhof-Theresiakirche (Buslinie 284 Erlangen-Zentrum)

Information
Landratsamt Erlangen-Höchstadt, Marktplatz 6, 91054 Erlangen, Tel. 09131/803-0

Die Marloffsteiner Tongrube – einst Bade-Geheimtipp, heute geschütztes Naturidyll – ist das Ziel unseres Ausflugs, der Erholung in lauschigen Wäldern bietet, Abwechslung auf Spielplatz und Trimm-dich-Pfad und Alm-Feeling pur beim Glockengeläut der Kühe auf einer Bergwiese in der Nähe des Tennenbachs.

Der Erlanger Meilwald, zwischen Spardorf und dem Erlanger Burgberg gelegen, ist der ideale Ort, um schnell dem Trubel der Stadt zu entfliehen. Jogger, Nordic-Walking-Begeisterte und Yoga-Gruppen treffen sich dort regelmäßig. Ein schöner Ausflug in eine Landschaft, die man so kein zweites Mal in der Umgebung findet.

Unsere Wanderung startet am **Wanderparkplatz gegenüber der Spardorfer Straße/Lange Zeile** in **Erlangen-Sieglitzhof ⒶⒺ**. Zunächst folgen wir bei dem Schild »Waldsportpfad, 2300 Me-

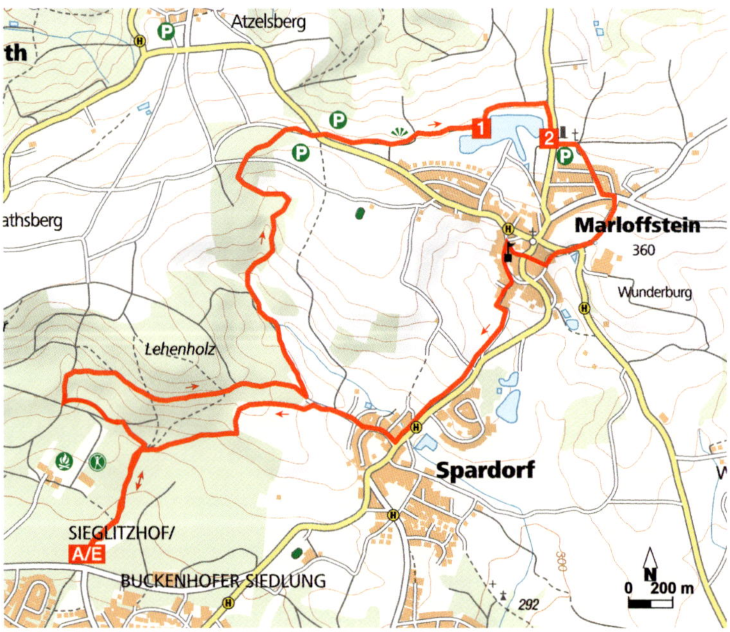

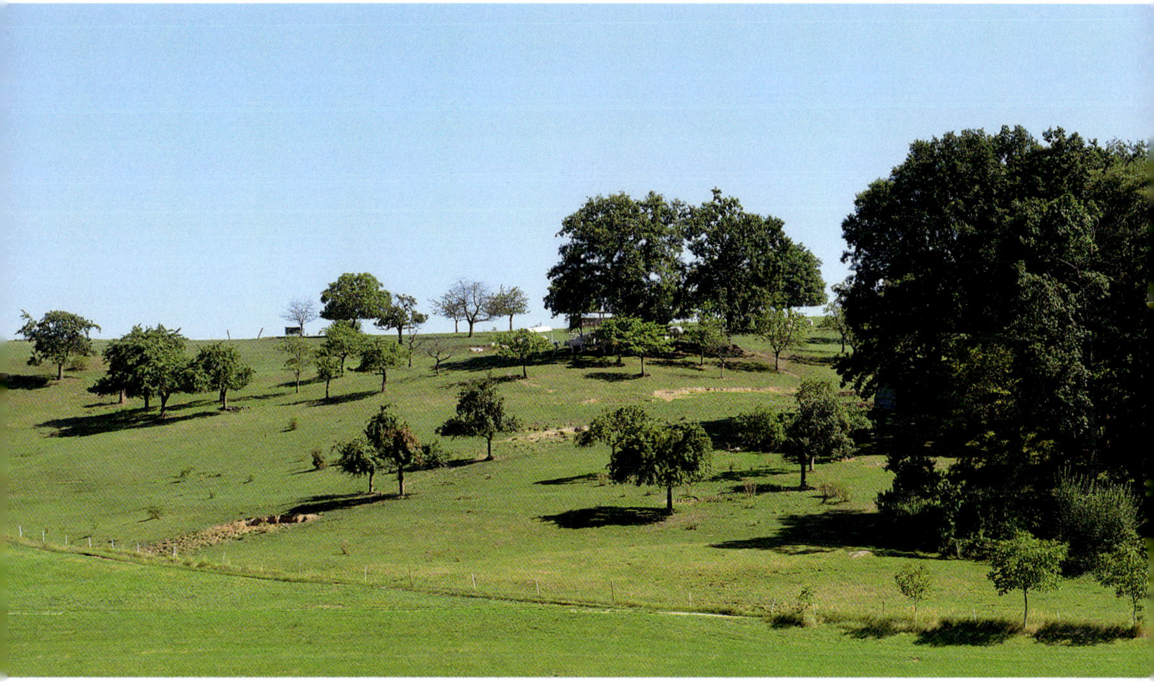

Bergwiese am Tennenbach bei Spardorf

ter« der Markierung »oranger Punkt auf blauem Grund« über ein Wurzelpfädchen in den Wald hinein.
An den Trimm-dich-Stationen rechts haltend vorbei, gelangen wir zu einem Forstweg, dem wir linker Hand folgen. An der nächsten Wegkreuzung wählen wir abermals den linken Weg. Hier verlassen wir das Wegzeichen und gehen einige Hundert Meter weiter zu einer Bank. Kurz davor, bei Station Nr. 6, wenden wir uns nach rechts mit dem Symbol »grüner Punkt auf weißem Grund«. Ein lauschiger Pfad begleitet uns nun ein kurzes Stück parallel zum ursprünglichen Weg.
An einer Gabelung zweigt der Weg nach rechts ab. Wir treffen wieder auf die Markierung »oranger Punkt auf blauem Grund«. Diese führt uns auf einem befestigten Forstweg etwa 80 Meter bis zum nächsten Abzweig, dem wir nach rechts

Spielplatz und Trimm-dich-Pfad

Die Gegend um den Erlanger Meilwald bietet für Jung und Alt hervorragende Bewegungsmöglichkeiten. Ein großzügig angelegter Spielplatz mit Tischtennisplatten, Bolzplatz und Spielgeräten befindt sich auf dem weitläufigen Areal direkt neben dem Wanderparkplatz. Zudem gibt es im Meilwald sowohl markierte Nordic-Walking-Routen als auch einen Trimm-dich-Pfad mit abwechslungsreichen Stationen zur Verbesserung der körperlichen Fitness.

folgen. Es geht abwärts und in einer Senke erreichen wir eine Wasserstelle (kein Trinkwasser!) mit zwei Ruhebänken. An der nächsten Wegkreuzung verlassen wir das Wegzeichen und biegen nach rechts markierungslos ab.

Parallel zum Hang bleiben wir nun auf unserem Weg. Alle weiteren Abzweigungen werden ignoriert. Wir wandern so ein Stück durch die Waldabteilung Lehenholz, deren höchster Punkt mit 377 Meter ü. NN ausgewiesen ist. An einer Wegteilung, rechts ist hier als Orientierung eine kleine Lichtung zu erkennen, geht es nochmals geradeaus.

Der Weg führt uns nach knapp 330 Metern zu einer weiteren Gabelung. Hier erreichen wir einen idyllisch gelegenen Berghang. In den Sommermonaten ist dort der Blick auf weidende Kühe garantiert – ideal, um seine Picknickdecke auszubreiten. An der Koppel entlang nach links, über ein kleines Brücklein des Tennenbachs, führt uns der Weg zu einer weiteren Holzbrücke. Mit dieser wird der Graben nach rechts überquert.

Verlaufen?

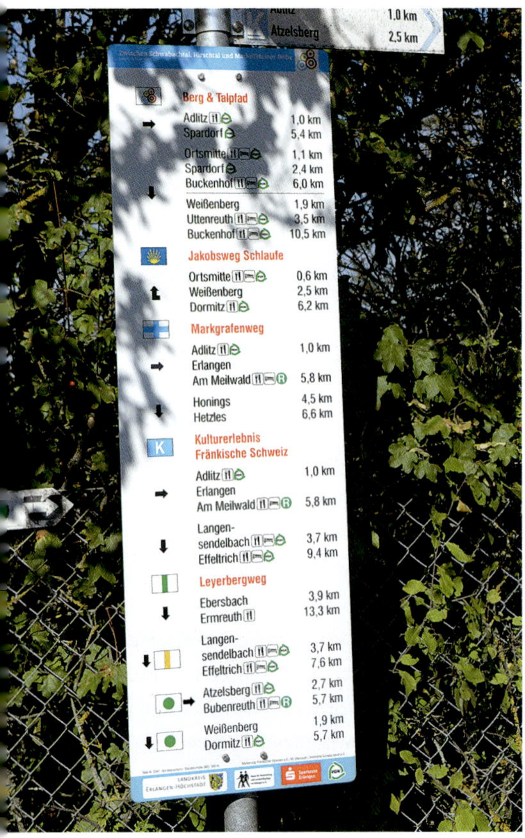

Ein schmaler, schattiger Waldpfad führt uns nach rechts in sanften Windungen und an bizarren Felsklötzen vorbei hinauf auf die Höhen. An einer kreisrunden Wegaufteilung zweigen wir nach rechts ab.

Wir gelangen nun nach etwa 420 Metern markierungslos auf die offenen Felder zwischen Atzelsberg und Marloffstein. Rechter Hand ist bereits der Wasserturm von Marloffstein zu erkennen. Die Markierung »grüner Punkt« begleitet uns nun in diese Richtung und führt direkt zur **Marloffsteiner Tongrube** ❶. Auf dem Weg dorthin bietet sich ein herrlicher Panoramablick in Richtung Fränkische Schweiz.

Oberhalb der Tongrube gelangen wir zu einer Wander- und Geschichtstafel sowie einer Bekanntmachung des zuständigen Landratsamts. Bitte halten Sie sich an die gesetzlichen Vorschriften, die den Schutz und Erhalt der Tongrube gewährleisten sollen.

Mit der Markierung »Berg- und Talpfad« (vier farbige Kreise) gelangen wir schließlich am Wasserturm vorbei zum Örtchen **Marloffstein** ❷. Von hier sind es noch 2,4 Kilometer bis nach Spardorf.

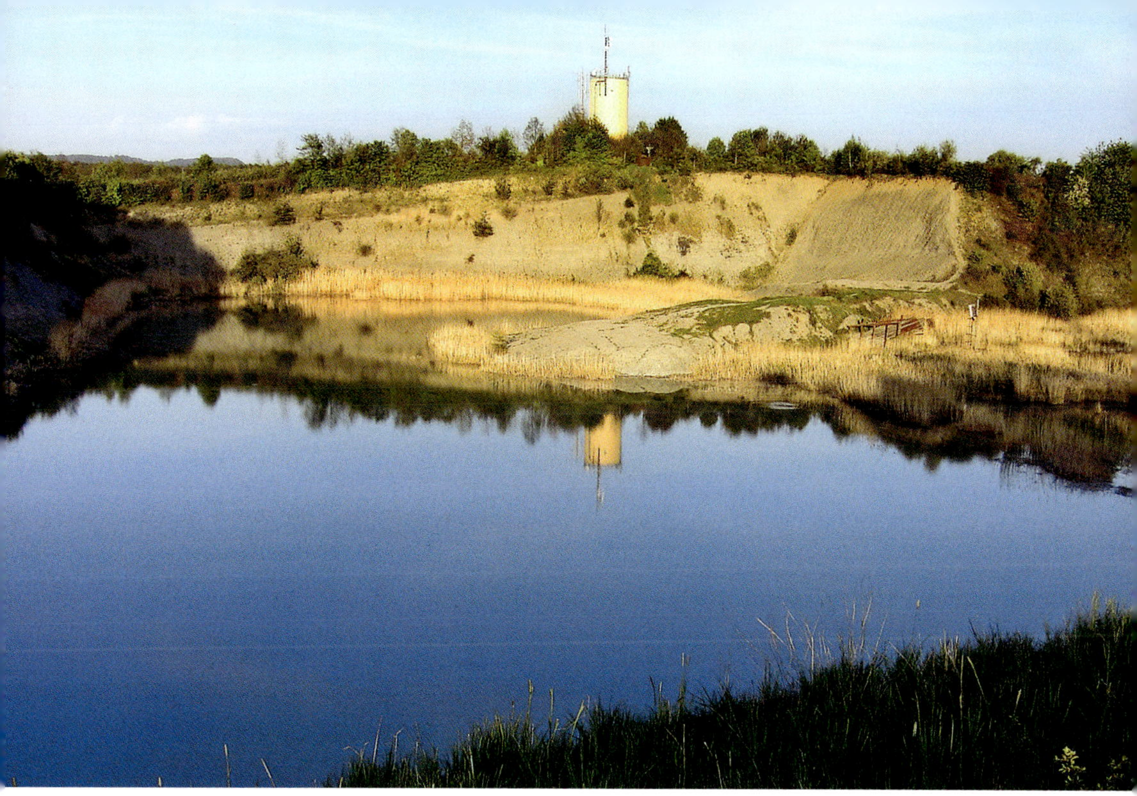

Marloffsteiner Tongrube mit Wasserturm

Bei der Wegführung ist besondere Aufmerksamkeit gefragt, da der »Berg- und Talpfad« in unterschiedliche Richtungen abzweigt (nicht im späteren Verlauf nach Uttenreuth oder Buckenhof abbiegen, sondern Richtung Spardorf halten). In **Spardorf** gelangen wir im Rathsberger Weg etwa 250 Meter nach der letzten Häusergruppe zu jener Abzweigung, die wir bereits vom Hinweg in Richtung Bergwiese kennen. Das Wegzeichen wird nun verlassen. Wir folgen dem Weg zunächst markierungslos nach links am Waldrand entlang und schließlich nach 300 Metern bergab. Hier stoßen wir wieder auf unsere bekannte Markierung, den »orangen Punkt auf blauem Grund«. Dieser führt uns an der nächsten Wegkreuzung nach links auf dem bereits bekannten Hinweg zurück zum Ausgangspunkt am **Wanderparkplatz**.

Die Marloffsteiner Tongrube

Einst ein Geheimtipp bei naturbewussten Badefreunden, befindet sich die Tongrube seit 2007 als überregional bedeutendes Objekt im Geotop-Kataster des zuständigen Landesamtes. Mit einer Größe von 450 m Länge, 250 m Breite und 20 m Tiefe bildete sich im Laufe der Jahre ein See auf dem tonhaltigen Boden. Auch hatte sich die dort heimische Rohrweihe angesiedelt, eine seltene Greifvogelart, die ihre Nester ausschließlich in der Nähe von Wasserstellen und Sumpflandschaften baut. Die Tongrube ist seit 2013 für den Badebetrieb u. a. aus Naturschutzgründen geschlossen worden. Den Verbotsanordnungen des Landratsamts ist unbedingt Folge zu leisten.

23 Historische Wasserschöpfräder

Auf lehrreicher Entdeckungstour zwischen Erlangen und Möhrendorf

leicht | 2–6 km | 10 Hm | 0,5–2 Std.

Ausgangs-/Endpunkt
Bushaltestelle St. Johann, 91056 Erlangen

GPS-Koordinaten
49.606345, 10.986071

Markierungen
Holzstamm mit schwarzem Pfeil (teilweise missverständlich beschildert)

Tourencharakter
Erste Hälfte schattig auf sandigem Waldboden, ansonsten kurze Strecken auf Asphalt und Flurwegen, ab zweiter Hälfte überwiegend in der Sonne

Einkehrmöglichkeiten
»Osteria da Gianni«, St. Johann 9 in Erlangen (kein Ruhetag)

Verkehrsanbindung
Bushaltestelle St. Johann, Buslinien 205, 286, 287 und 293

Information
Landratsamt Erlangen-Höchstadt, Marktplatz 6, 91054 Erlangen, Tel. 09131/803-0

Wer die »fränkische Wüste« mag, genießt das Naturerlebnis der weitläufigen Sandflächen und begegnet mit Glück seltenen Vertretern aus Flora und Fauna. Ein Lehrpfad vermittelt mit 18 anschaulichen Informationstafeln Wissenswertes zu Vegetation und Tierwelt der Sandlandschaft. Besonderes Highlight dieser Tour sind die »hölzernen Kolosse« – die Möhrendorfer Wasserschöpfräder.

Zwischen Erlangen und Möhrendorf, an der ehemaligen und heute für den Straßenverkehr gesperrten Ortsverbindungsstraße, liegt ein Naturlehrpfad, der Teil der Sandachse Franken, einem Naturschutzprojekt des Freistaates Bayern zur Förderung der Sandlebensräume in den fränkischen Gebieten, ist.
Nicht nur von Erlangen, sondern auch von Möhrendorf ist der Lehrpfad zu erreichen. Ausgangspunkt ist in letzterem Fall der

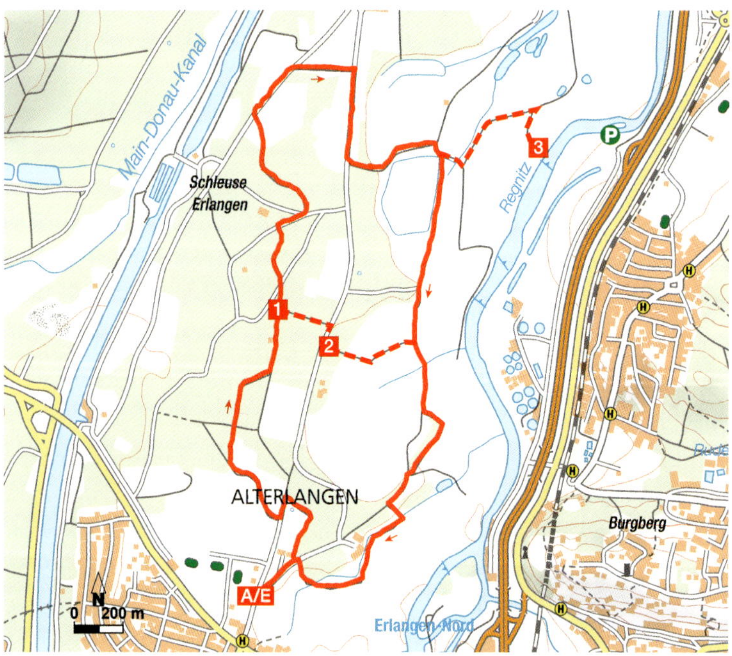

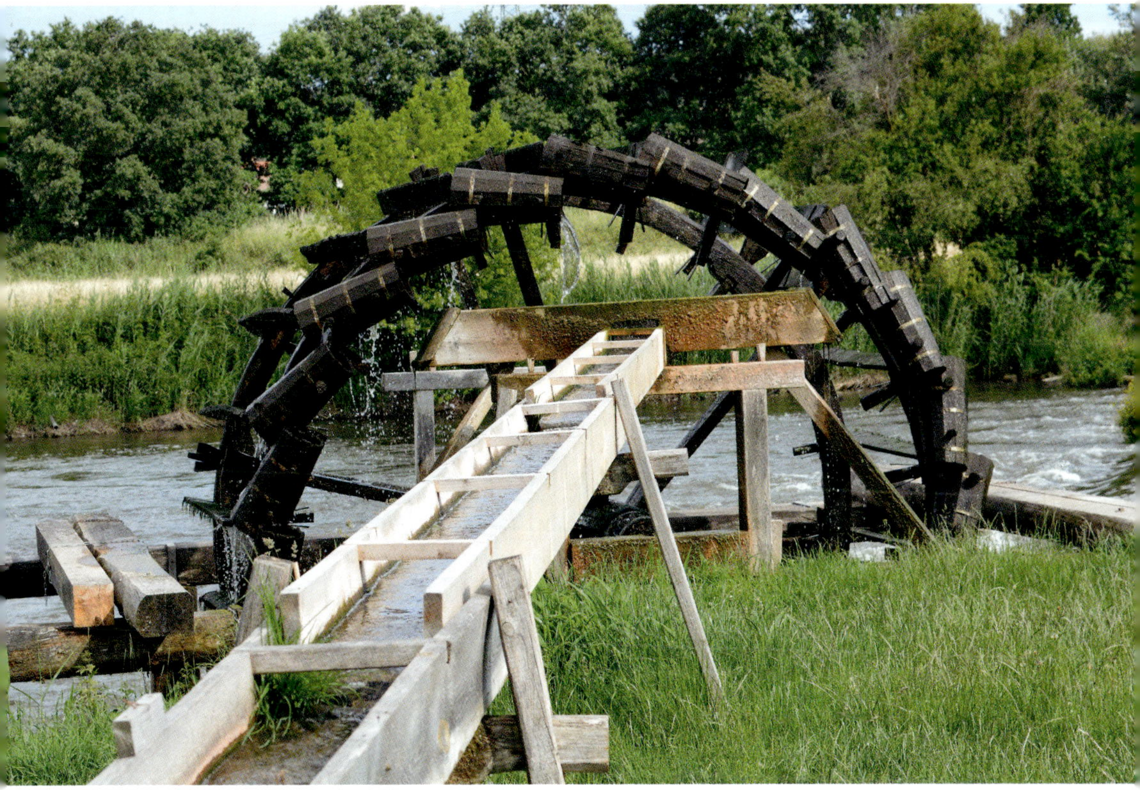

Wasserschöpfrad bei Möhrendorf

Büchenbacher Weg/Erlanger Straße. Der Asphaltstraße ein Stückchen ortsauswärts folgend, beginnt der Weg mit der Tafel 8.

Wer mit öffentlichen Verkehrsmitteln anreist und seine Tour in Erlangen beginnen möchte, steigt an der **Bushaltestelle St. Johann in Alterlangen** Ⓐ Ⓔ aus und geht hier auf dem rechten Gehweg einige Meter stadtauswärts (nicht über die Brücke über den Wiesengrund). Anschließend nach rechts in den Möhrendorfer Weg, bis nach etwa 150 Metern rechter Hand die Wasserwerkstraße liegt. Hier beginnt unser Rundweg. Der Wasserwerkstraße folgend, passieren wir die Hausnum-

Historische Holzkolosse

Die Möhrendorfer Wasserschöpfräder dienen in den Sommermonaten zur Bewässerung von Wiesen und Äckern. In der Nähe der Infotafeln Nr. 9 und 10 sind sie vom 1. Mai bis 30. September in Betrieb. Außerhalb dieses Zeitraums werden sie in schweißtreibender Arbeit abgebaut und anschließend sorgfältig eingelagert. Im 18. Jahrhundert wurden an einem Abschnitt von 35 km Länge etwa 250 solcher Holzkonstruktionen an der Regnitz aufgestellt. Die ersten Wasserschöpfräder sind übrigens für Franken urkundlich erstmals in den Jahren 1413, 1420 und 1429 erwähnt.

mer 31 und kommen nach einigen Metern an das umzäunte Areal des Wasserwerks Erlangen. Hier gehen wir mit dem Wegweiser (»Holzstamm mit schwarzem Pfeil«) auf schmalem Pfad nach links am Zaun entlang. Wenig später erreichen wir die **Tafel 1** und überqueren schließlich die alte Verbindungsstraße Erlangen–Möhrendorf. Über einen Feldweg geht es an **Tafel 2** vorbei in Richtung Waldrand. An **Tafel 3** führt der Weg rechts am Feld entlang. Über weichen Waldboden erreichen wir schließlich die **Tafeln 4 und 5**. Hier kann man mit einer Variante die Wegstrecke verkürzen (s. Infokasten).

Variante ab Tafel 5

An der Informationstafel können wir der Markierung nach rechts folgen, überqueren die Teerstraße und gelangen hinab in den Wiesengrund zur Tafel 13 ②. Anschließend mit der Markierung rechts haltend zurück zum Ausgangspunkt Ⓐ.

Wir entscheiden uns für die längere Tour und gehen geradeaus weiter. Vor **Tafel 6** geht es zuerst links, dann gleich wieder nach rechts ab. An der nächsten Gabelung halten wir uns geradeaus.

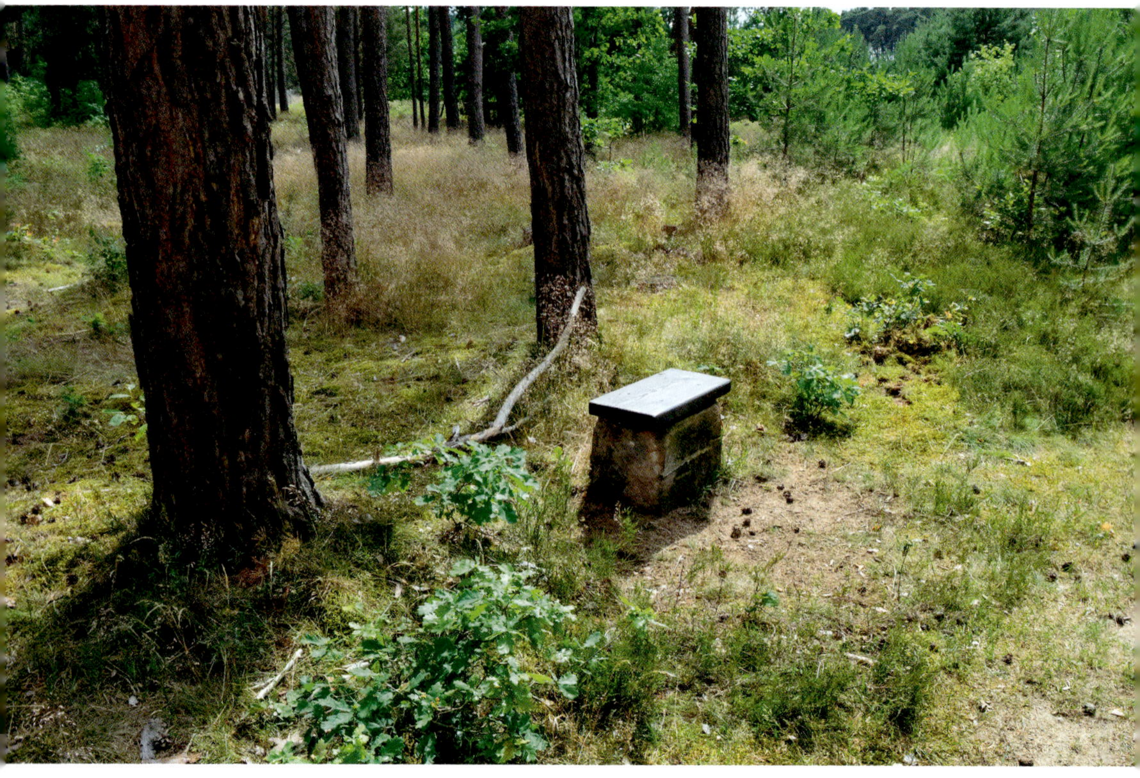

Ruhe pur: lauschiges Plätzchen für den einsamen Wandersmann

Wir erreichen nun eine weitläufige Fläche der kargen Sandlandschaft. Nach dem Erreichen der **Tafel 8** folgen wir zunächst der Teerstraße nach rechts. Nach etwa 350 Metern geht es links hinab in den **Regnitzgrund**. Zwischen **Tafel 9 und 10** zweigt hier ein markierter Trampelpfad in Richtung Ufer ab (Hinweis: der Pfad ist aufgrund landwirtschaftlicher Nutzung nicht ganzjährig begehbar). Einen Besuch der dort aufgebauten **Wasserschöpfräder** ❸ (s. Infokasten) sollte man sich nicht entgehen lassen. Zurück zum ursprünglichen Abzweig (Weggabelung zwischen Tafel 9 und 10) und dann auf befestigtem Flurweg im Wiesengrund bis zur **Tafel 12**. Kurze Zeit später führt uns die Markierung nach links (Abzweig nicht verpassen!). Nach etwa einem Kilometer und weiteren fünf lehrreichen Tafeln erreichen wir schließlich wieder unseren Ausgangspunkt an der **Wasserwerkstraße**.

Ganz unten: Weitsprung – Mitmachstation am Naturlehrpfad

Hinweis vor den Wasserschöpfrädern

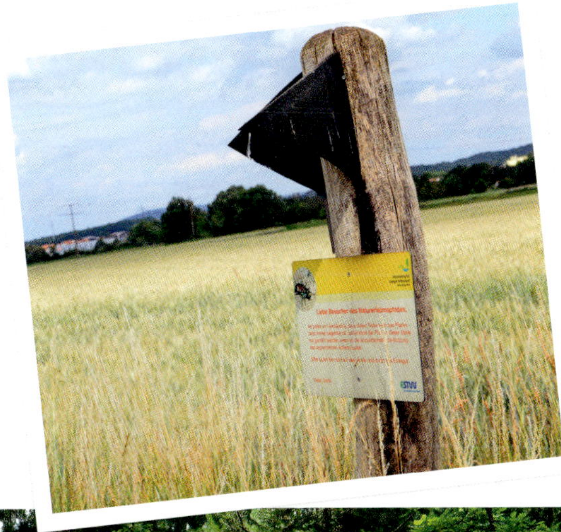

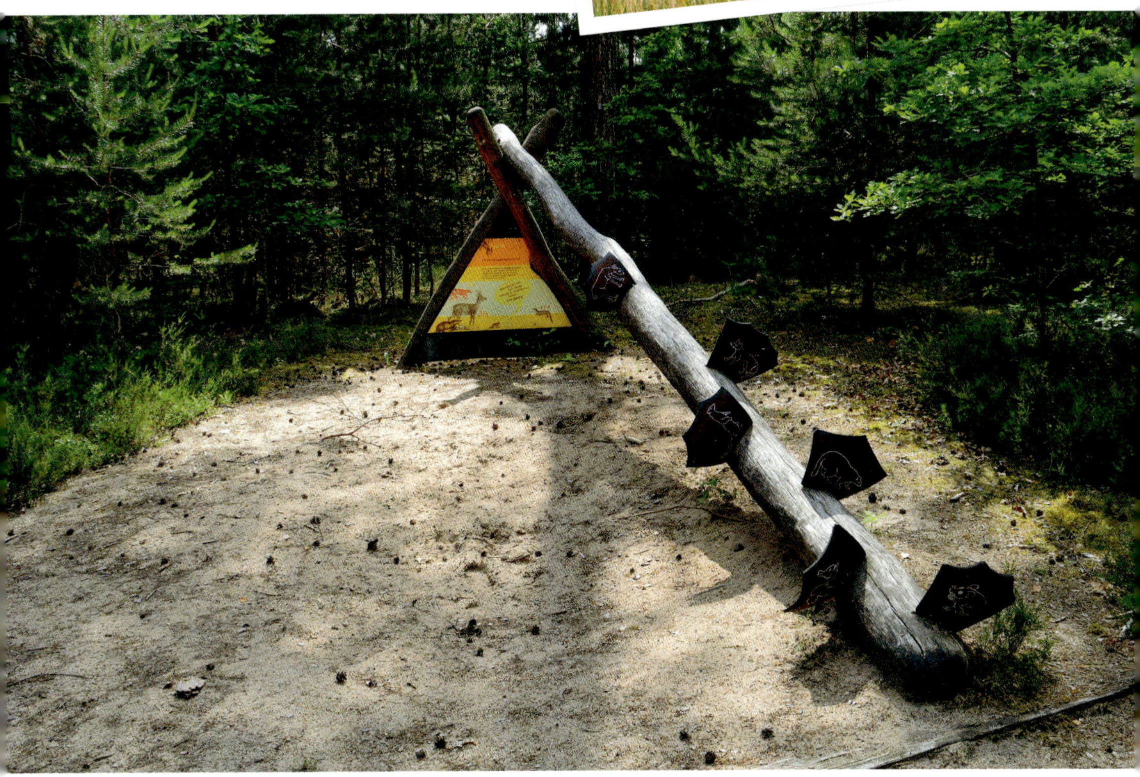

24 Dechsendorfer Weiher

Fränkische Karpfenreise durch den Markwald zur Friedelberghütte

leicht | 14 km | 102 Hm | 3,5–4 Std.

Ausgangs-/Endpunkt
Dechsendorfer Weiher, Parkplatz östliche Uferseite, 91056 Erlangen-Dechsendorf

GPS-Koordinaten
49.630323, 10.958090

Markierungen
Nr. 8 in den Markwald, anschließend Nr. 1 zurück bis nach Dechsendorf

Tourencharakter
Hauptsächlich Forst- und Schotterwege, teilweise schattige kleine Waldpfade

Einkehrmöglichkeiten
»Forsthaus Dechsendorf«, Naturbadstraße 99 in Dechsendorf (Mo Ruhetag); »Landgasthof Schuh«, Dorfstraße 6 in Kleinseebach (Mi Ruhetag)

Verkehrsanbindung
Bushaltestelle Dechsendorfer Weiher, Buslinien 283, 202 und 205 aus Erlangen

Information
Landratsamt Erlangen-Höchstadt, Marktplatz 6, 91054 Erlangen, Tel. 09131/803-0

Wir begeben uns auf eine Rundwanderung, die am Großen Bischofsweiher (auch Dechsendorfer Weiher), einem von etwa 60 Karpfenweihern und zugleich dem größten in dieser Region, beginnt. Auf schattigen Wegen wandern wir dann durch den Markwald zur Friedelberghütte und entdecken einen versteckt gelegenen Teich.

Wir beginnen unsere Wanderung am **Parkplatz Dechsendorfer Weiher** A E. Dieser befindet sich etwa 200 Meter hinter der Gaststätte Forsthaus an der östlichen Uferseite (Verbindungsstraße Richtung Möhrendorf). Wir wandern zunächst am Ufer rechts des Weihers in nördlicher Richtung an verschiedenen Wiesen und Grillmöglichkeiten vorbei, bis wir nach etwa 1,7 Kilometern an die Informationstafel »Vom Karpfenteich zum Freizeitgewässer« gelangen.

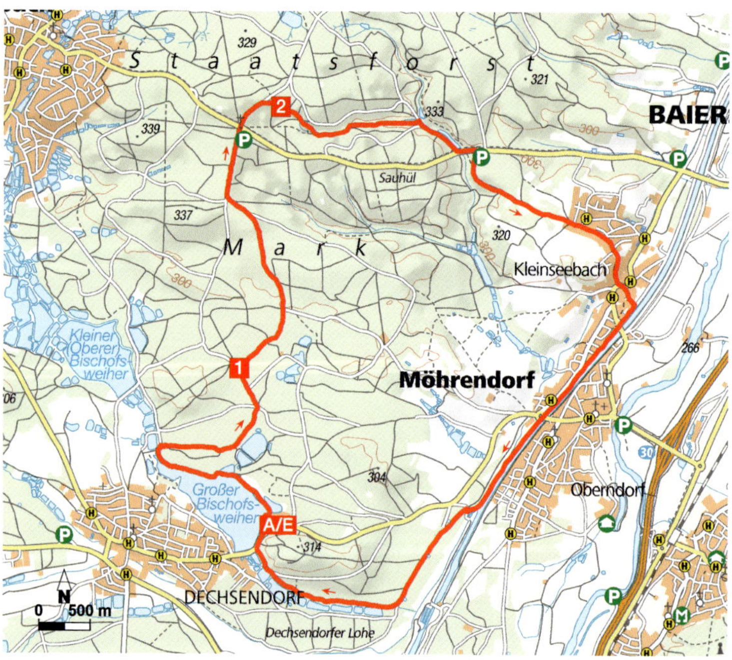

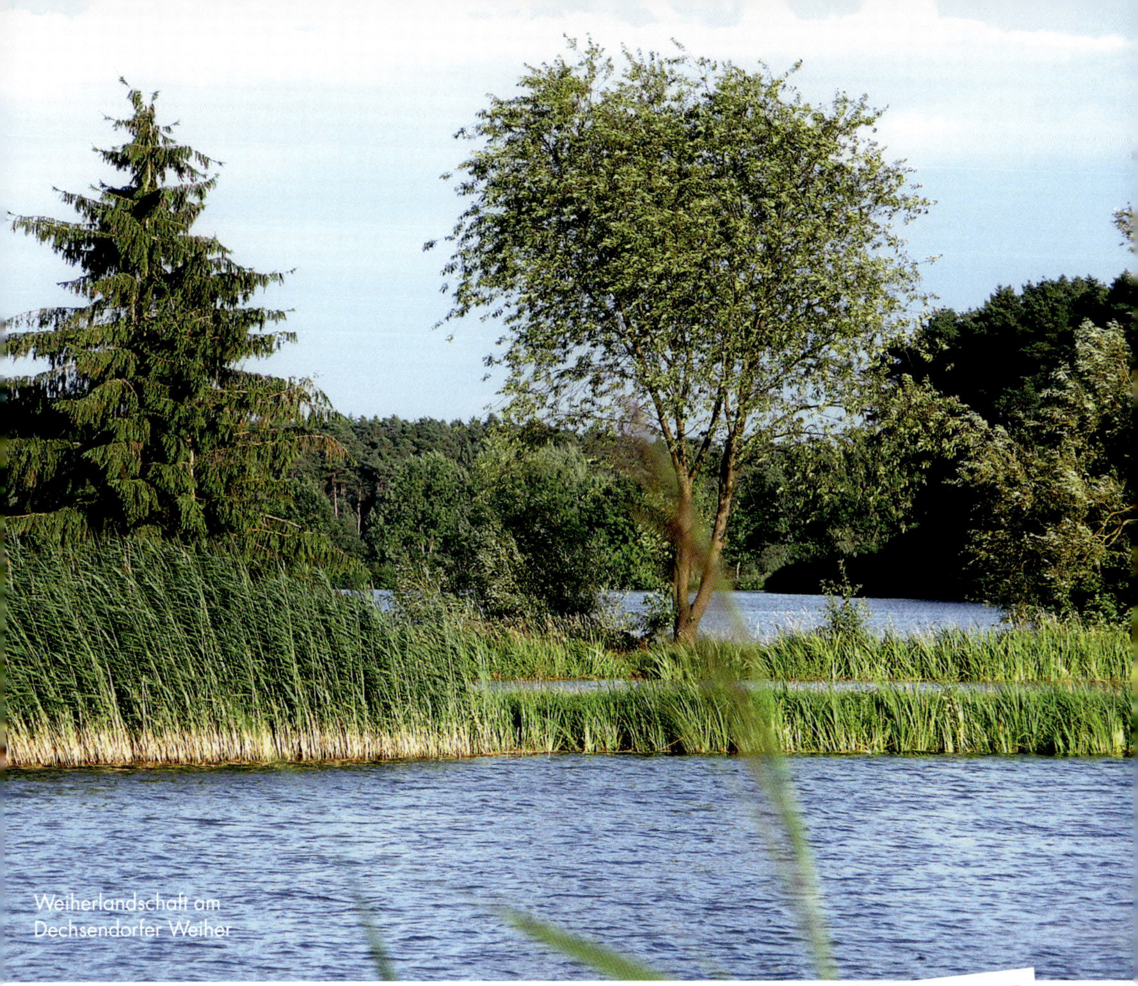

Weiherlandschaft am Dechsendorfer Weiher

Durch den Markwald zur Friedelberghütte

Hier wechseln wir auf die Markierung Nr. 8, welche uns rechter Hand in den Wald über weichen Wurzelpfad begleitet. An einer sternförmigen Weggabelung kommen wir auf einen breiten Forstweg, dem wir gemeinsam mit der Nr. 1 nach links folgen. An einer weiteren Weggabelung teilt sich nun der Weg. Wir wandern mit der Nr. 1 nach rechts weiter. Es lohnt sich hier jedoch, ein paar Meter weiter bis zur **Müllerhütte** 1 zu gehen, einem kleinen Unterschlupf.

Ab nun folgen wir immer unserem Wegzeichen Nr. 1 und den Hinweisschil-

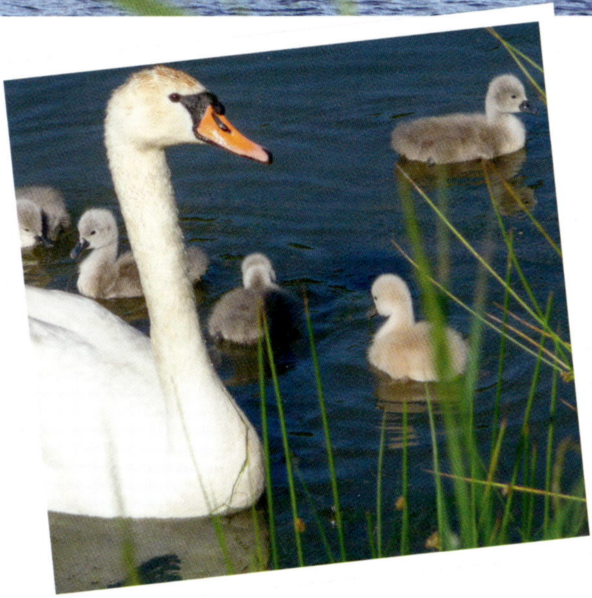

Idyllisch gelegener Teich unterhalb der Hütte

Eine kühle Erfrischung

Der Dechsendorfer Weiher – für manche Einheimische ein Fall für sich, und das seit über zehn Jahren. Im Jahr 2007 herrschte dort z. B. aufgrund einer erhöhten Blau- und Grünalgenkonzentration absolutes Badeverbot. Als Ursachen für die schlechte Qualität des Wassers wurden der Zulauf des Röttenbachs und der phosphorhaltige Boden angenommen. Teilweise wurden die Algen mit Eisen-III-Chlorid bekämpft. Umfangreiche Baumaßnahmen zur Umleitung des Röttenbachs sollten nach und nach die Wasserqualität verbessern und das Erholungsgebiet wieder reaktivieren. Im Jahr 2015 wurde der Weiher noch einmal vollständig saniert.

Derzeit ist der Dechsendorfer Weiher als EU-Badegewässer eingestuft. Entnommene Proben aus dem Jahr 2018 und 2019 waren bakteriologisch nicht zu beanstanden. Aufgrund der Blaualgenkonzentration können jedoch kurzfristig Badeverbote ausgesprochen werden. Eine Badeaufsicht erfolgt in der Regel nur samstags, sonntags und an Feiertagen zwischen 9 und 18 Uhr. Die Badeaufsicht wird durch Flaggensignale kenntlich gemacht. Ansonsten erfolgt Baden auf eigene Gefahr.

dern »Rote Marter« bis zur Staatsstraße Röttenbach–Baiersdorf. Diese wird vorsichtig überquert. Unsere Beschilderung führt uns über einen kleinen Waldpfad direkt zur **Friedelberghütte** 2. Hier befindet sich auch das Areal des Waldkindergartens »Wurzelzwerge«, dessen pädagogisches Konzept mit Spiel- und Entdeckungsmöglichkeiten zur besonderen Bindung der Kinder zur Natur beitragen soll.

An kühlen Ufern entlang

An der Hütte folgen wir den Treppenstufen hinab zu einem kleinen Teich. Von dort führt uns der Weg mit der Nr. 1 weiter bis nach **Kleinseebach**.

Wir durchqueren den Ort, bis wir den **Main-Donau-Kanal** erreichen. Ab hier geht es nun ein ganzes Stück in Richtung Süden. Nach den letzten Häusern von **Möhrendorf** verlassen wir bei einer künstlich angelegten Wasserstufe den Weg am Main-Donau-Kanal, um dann zunächst nach rechts und anschließend wieder scharf links in den Wald abzubiegen.

Vor einem angelegten Zulaufgraben (Abzweigung nicht verpassen!) schlängelt sich der Weg mit unserer Markierung Nr. 1 nun nach rechts am Bach entlang, vorbei an den Fischweihern in Richtung Dechsendorf.

Rechte Seite unten: Abendstimmung

Die alten Steinbrüche am Giesberg

Kurz vor der Gaststätte Forsthaus wandern wir auf unwegsamem schmalem Pfad rechts auf den dahinter liegenden **Giesberg** (314 m) mit seinen alten Steinbrüchen im mittleren Burgsandstein. Früher befand sich hier ein schöner Rastplatz mit mehreren Grillmöglichkeiten. Im Laufe der Zeit hat sich die Natur das Gelände jedoch wieder zurückerobert. Das Landschaftsschutzgebiet der alten Brüche wurde als bedeutendes Geotop ausgewiesen.
Wieder zurück zum Hauptweg und mit der Nr. 1 zum Parkplatz, unserem Ausgangspunkt am **Dechsendorfer Weiher**.

Spielmöglichkeit für Kinder – Waldkindergarten Wurzelzwerge

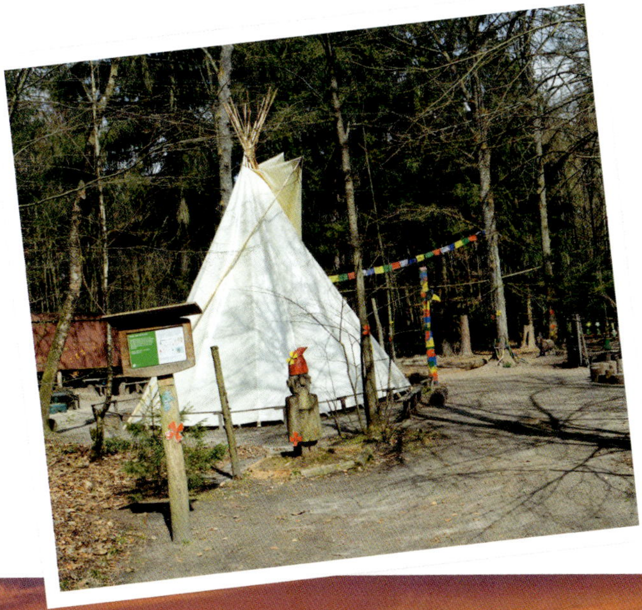

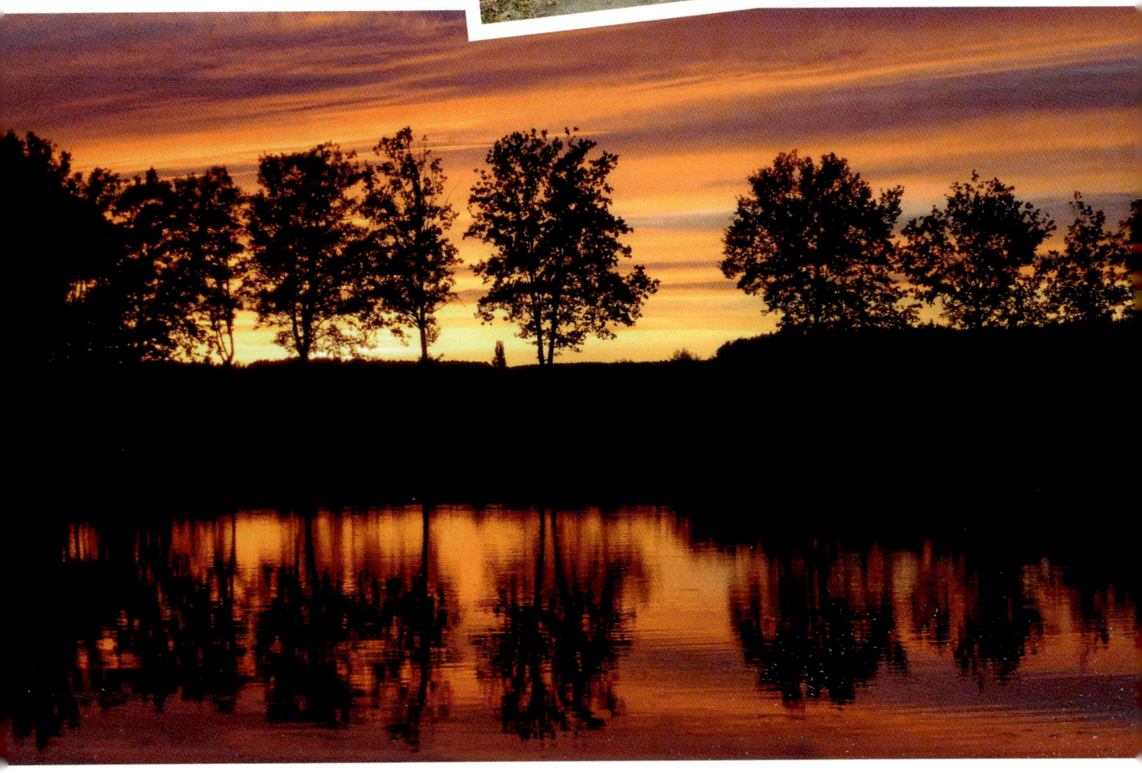

25 Alter Exerzierplatz Erlangen

Spaziergang durch ein Naturschutzgebiet – mitten in der Großstadt

leicht | frei wählbar | 0 Hm | frei wählbar

Ausgangs-/Endpunkt
Waldparkplatz, Kreisverkehr OBI-Baumarkt, Kurt-Schumacher-Straße, 91052 Erlangen

GPS-Koordinaten
49.587909, 11.035565

Markierungen
Keine

Tourencharakter
Befestigte Schotterwege, Sandpfade

Einkehrmöglichkeiten
»Biergarten und Gasthaus Röthelheimpark«, Am Röthelheim 40c in Erlangen (kein Ruhetag); »TIO Rustica«, Ludwig-Ehrhard-Straße 13 in Erlangen (kein Ruhetag); beide Einkehrmöglichkeiten liegen in der näheren Umgebung

Verkehrsanbindung
Bushaltestelle Röthelheimpark-Zentrum (Buslinie 294 Erlangen-Zentrum)

Information
Touristinformation Erlangen, Goethestraße 21, 91054 Erlangen

Mitten in Erlangen die blauflügelige Ödlandschrecke oder einen Turmfalken beobachten? Ein ehemaliges US-Truppenübungsgelände bietet diese Möglichkeit seit 2001. In dem unter Naturschutz stehenden Gebiet mit anschaulichen Infotafeln über die Tier- und Pflanzenwelt dieser sandigen Landschaft geht die ganze Familie auf Erkundungstour.

Ende des Zweiten Weltkrieges übernahmen US-Truppen mitten in Erlangen einen etwa 150 Hektar großen ehemaligen Exerzierplatz der bayerischen Armee. Es wurden Wohnungen gebaut, Arbeitsplätze geschaffen, Militäreinrichtungen angesiedelt. Nachdem die US-Armee abgezogen worden war, wurde das Areal schließlich

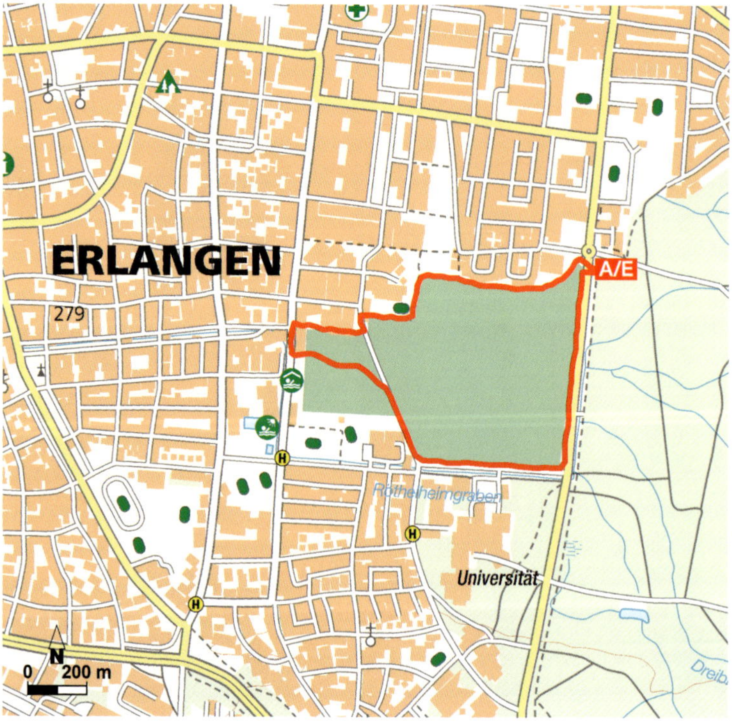

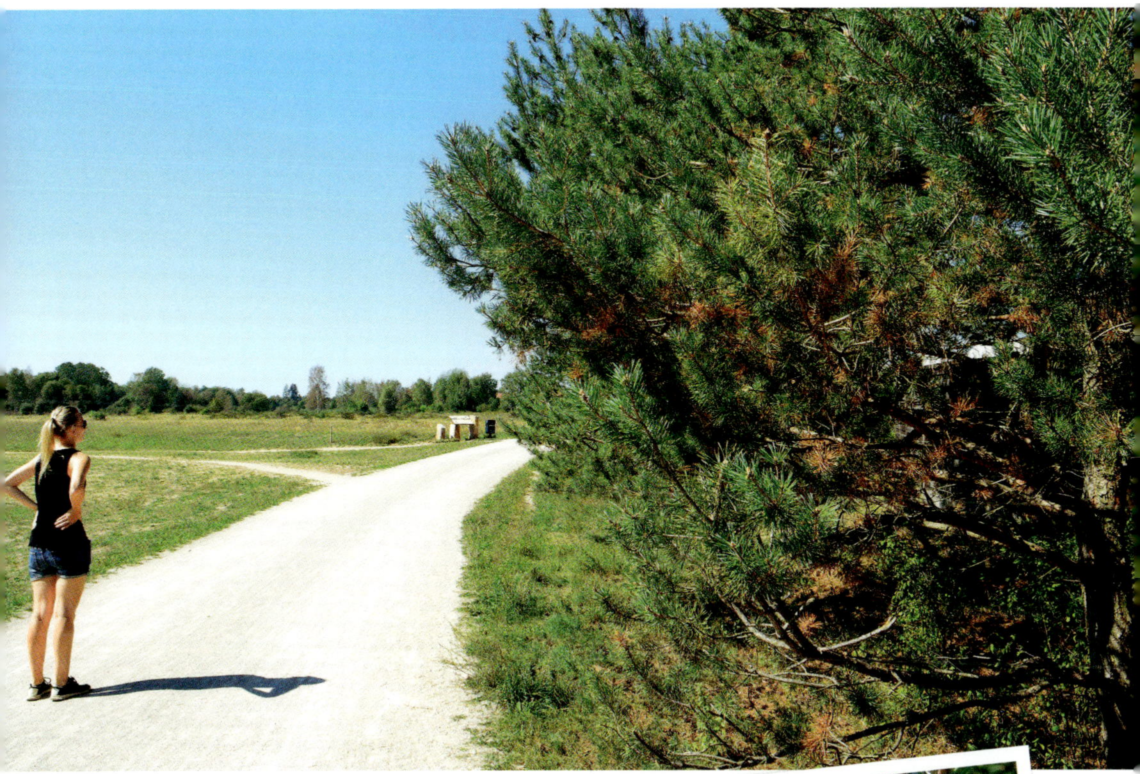

im Jahre 1994 von der Stadt Erlangen gekauft. Unser Spaziergang startet wie Tour Nr. 9 am **Wanderparkplatz beim Kreisverkehr am OBI-Baumarkt** Ⓐ Ⓔ. Wir überqueren die Straße und gelangen vom Kreisverkehr direkt zu der weitläufigen Fläche des Exerzierplatzes (Orientierung Fa. Via Appia).

Hier hat man die Möglichkeit, innerhalb des Naturschutzgebietes verschiedene Wege frei zu wählen. Erkunden Sie das Terrain ruhig selbst. Bitte bleiben Sie jedoch aus Naturschutzgründen und zum Schutz der dort lebenden Tiere immer auf den angelegten Trampelpfaden oder befestigten Wegen. Innerhalb des Exerzierplatzes sind etwa 172 Käferarten heimisch, darunter der Dünensandlaufkäfer, der Ameisenlöwe und die blauflügelige

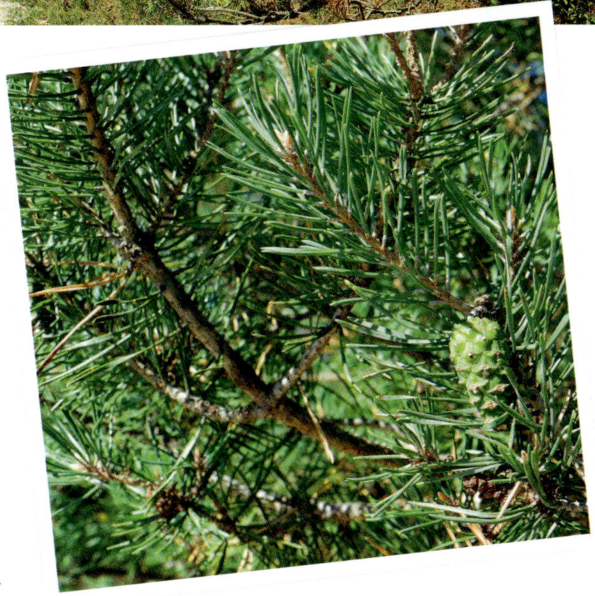

Kiefernzapfen

Ganz oben: Kleinod inmitten einer Großstadt

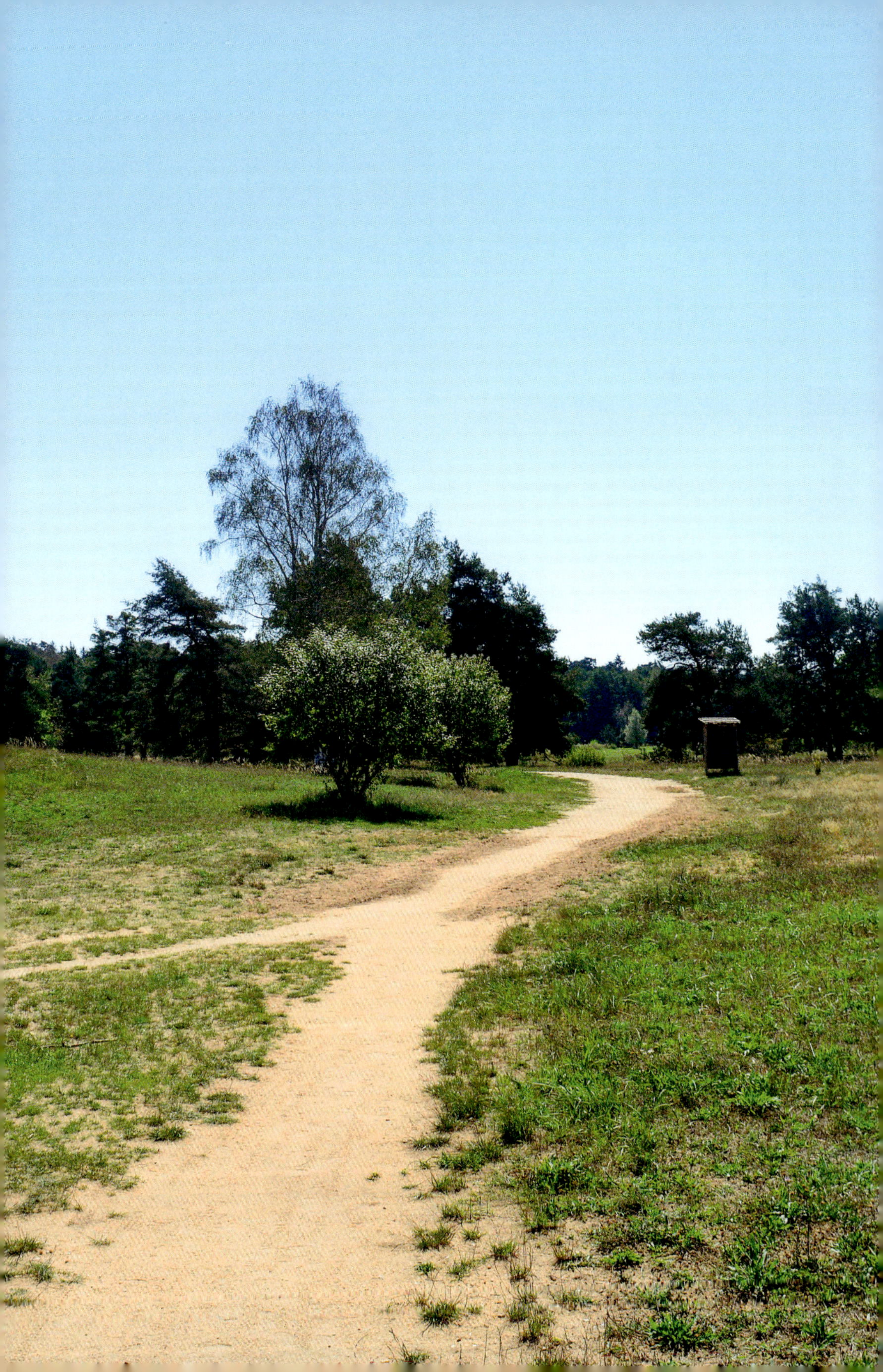

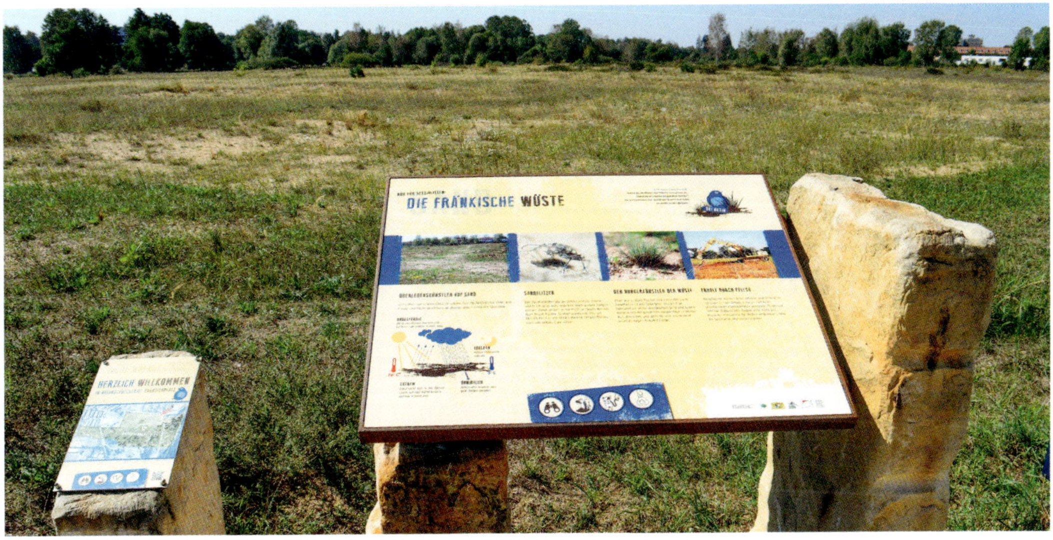

Glühende Hitze – die fränkische Wüste

Linke Seite: Einer der Hauptwege im Naturschutzgebiet

Ödlandschrecke. Auch 40 Vogelarten haben sich hier angesiedelt, wie etwa der Turmfalke, der Buchfink und der Grünspecht. Der Exerzierplatz, Teil der Sandachse Franken, bietet in diesem Bereich allerhand Tümpel (außer im Hochsommer), offene Sandflächen sowie Schatten spendende Kiefern und Birken.

Innerhalb des Gebietes sind immer wieder kleine Karten aufgestellt, die den aktuellen Standort anzeigen, sodass auch der Rückweg immer leicht zu finden ist. Außerdem gibt es interessante Informationstafeln.

Alternative mit dem Bus

Wer lieber mit öffentlichen Verkehrsmitteln fahren möchte, für den besteht die Möglichkeit, mit der Buslinie 294 zur Haltestelle Röthelheimpark-Zentrum zu fahren. Der Martin-Luther-King-Weg führt von dort schließlich direkt in das Naturschutzgebiet.

Achtung Bodenbrüter!

Bitte beachten Sie während der Brutzeiten, dass die sogenannten Bodenbrüter, z. B. Baumpieper oder Goldammer, sehr empfindlich auf Störungen aller Art reagieren. Werden die Vögel gestört, verlassen sie ihr Nest und kehren nicht wieder zurück. Zwischen dem 15. März und dem 31. Juli dürfen deshalb die befestigten Wege unter keinen Umständen verlassen werden. Zur besseren Sichtbarkeit wird während dieser Zeit auf den betreffenden Wegen ein Logo mit der Aufschrift »Nestruhe« angebracht, das für jedermann gut sichtbar ist. Bitte nehmen Sie auch Ihren Hund an die Leine.

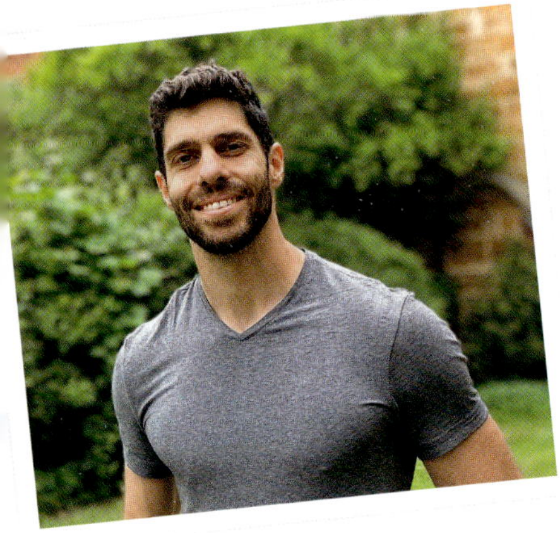

Zugabe

Neue Inhalte *Es ist noch gar nicht so lange her, da wurde ich darüber informiert, dass mein Buch, welches im Juli 2016 erschienen ist, nun im J. Berg Verlag neu aufgelegt wird – neues Layout, aufgepeppt und mit ein paar mehr Infos für den Wanderer. Ich freute mich riesig, denn das zeigte mir, dass die Wander- und Ausflugsregion rund um Nürnberg, Fürth und Erlangen beliebt ist. An Wochenenden und sonnigen Abenden ist dies auch kaum zu übersehen. Ich dachte mir: »Was könnte ich verändern?« Nach langer Überlegung kam ich zu dem Entschluss, lediglich kleine Aktualisierungen in einigen Passagen vorzunehmen. Hier seien beispielhaft die Cadolzburg, die nunmehr nach langer Sanierungsphase wieder dem Besucher geöffnet ist, oder der Dechsendorfer Weiher erwähnt, der nach einiger Umgestaltung und umfangreichen Baumaßnahmen nun zum Schwimmen freigegeben wurde. Außerdem habe ich Verbesserungen vorgenommen, wo zuvor vielleicht die eine oder andere Beschreibung zu Orientierungsproblemen geführt hat. Grundsätzlich wollte ich jedoch alle Touren so belassen, wie ich sie ursprünglich entworfen hatte.*

Eine andere Zeit *Während ich diese Zeilen schreibe, ist es der 27. April 2020. Die Corona-Pandemie hat die Welt fest im Griff. Und auch für Autoren, die insbesondere bei der Recherche auf zuverlässige Quellen angewiesen sind, ergibt sich hier die eine oder andere Schwierigkeit. Da wir nicht wissen, was die nächsten Monate und Jahre passieren wird, müssen unter Umständen Öffnungszeiten von Gaststätten, Museen oder Sehenswürdigkeiten durch die jeweiligen Betreiber angepasst werden. Dies konnte beim Druck des Buches leider nicht berücksichtigt werden. Die wirtschaftlichen Folgen kann zum jetzigen Zeitpunkt niemand vorhersagen. Ob die eine oder andere Einkehrmöglichkeit also noch geöffnet haben wird – ja, ich wünsche es mir sehr für diejenigen, die hier ihr täglich Brot verdienen müssen. Gewiss ist dies aber leider nicht.*

Bleiben Sie gesund und herzliche Grüße

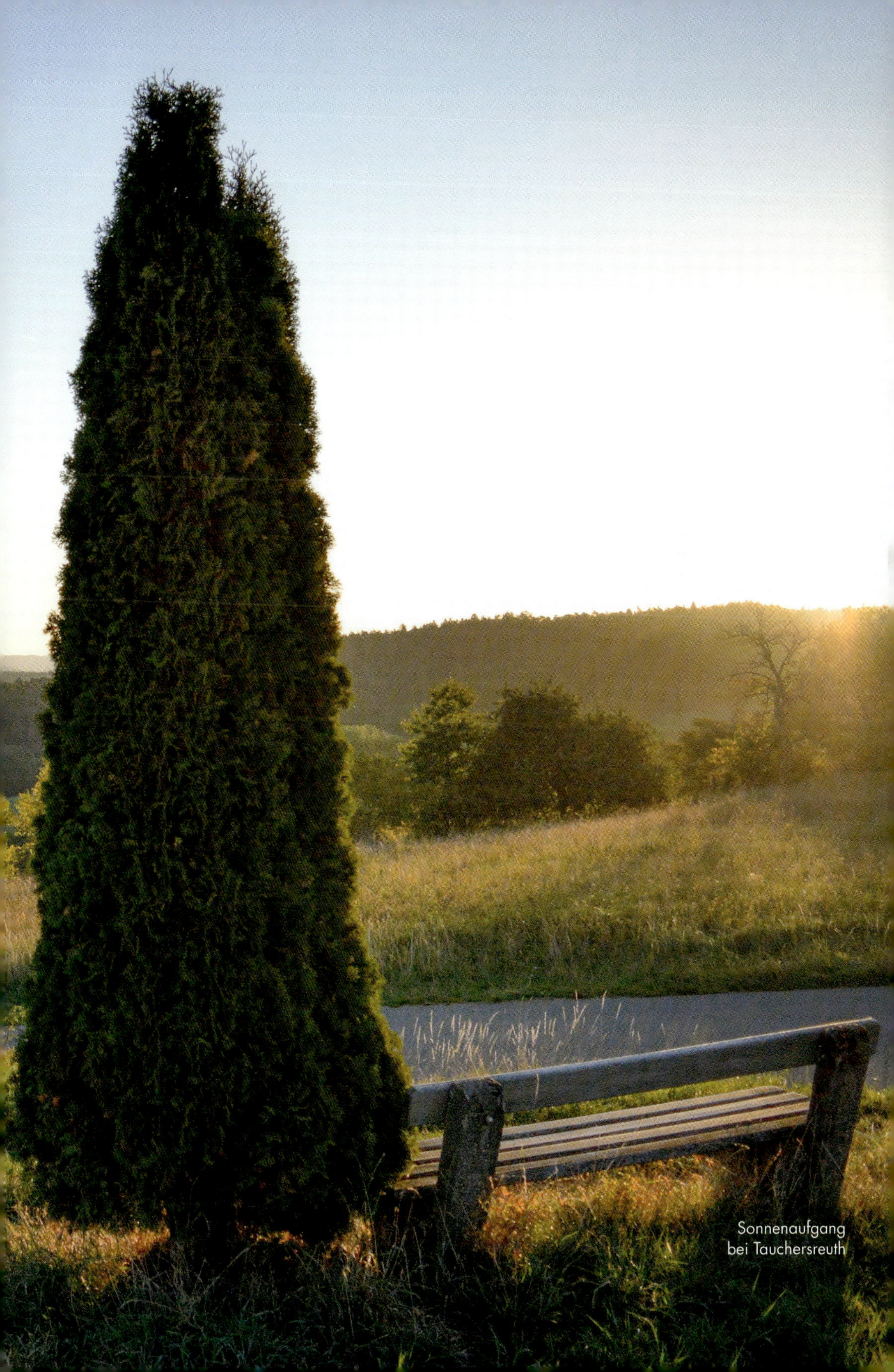

Sonnenaufgang
bei Tauchersreuth

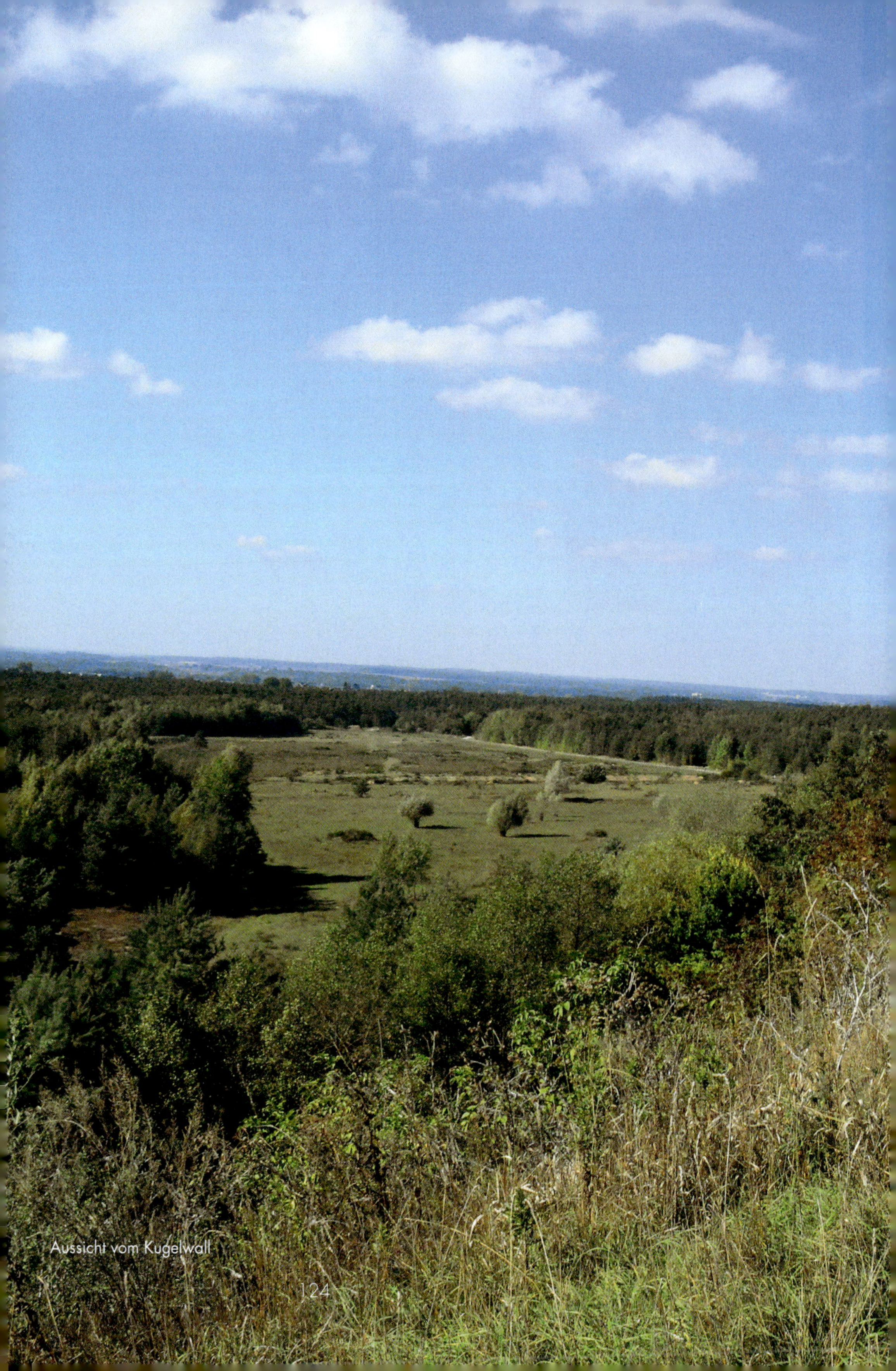
Aussicht vom Kugelwall

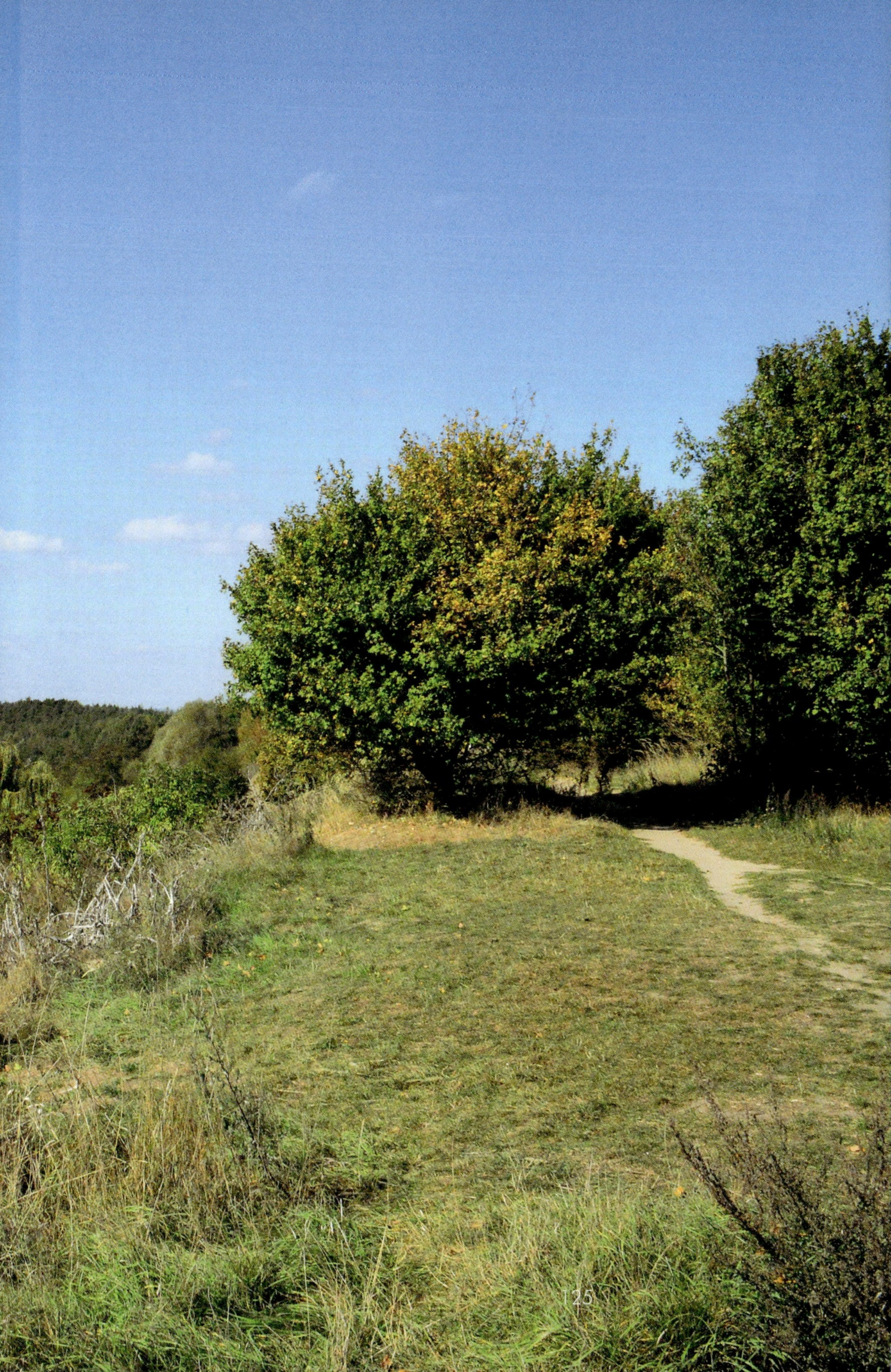

Register

Impressum

Verantwortlich: Sabine Klingan, Miriam Gieler
Redaktion: Barbara Buchter
Layout und Umschlaggestaltung: Eva-Maria Klaffenböck
Covergestaltung: Rudi Stix, Regina Degenkolbe
Repro: Cromika
Kartografie: Bruckmann Verlag GmbH, Heidi Schmalfuß
Herstellung: Barbara Uhlig
Printed in Slovenia by Florjancic

★★★★★

Sind Sie mit diesem Titel zufrieden? Dann würden wir uns über Ihre Weiterempfehlung freuen. Erzählen Sie es im Freundeskreis, berichten Sie Ihrem Buchhändler, oder bewerten Sie bei Onlinekauf. Und wenn Sie Kritik, Korrekturen, Aktualisierungen haben, freuen wir uns über Ihre Nachricht an Bruckmann Verlag, Postfach 40 02 09, D-80702 München oder per E-Mail an lektorat@verlagshaus.de.

Unser komplettes Programm finden Sie unter www.j-berg-verlag.de

Alle Angaben dieses Werkes wurden vom Autor sorgfältig recherchiert und auf den neuesten Stand gebracht sowie vom Verlag geprüft. Für die Richtigkeit der Angaben kann jedoch keine Haftung übernommen werden, weshalb die Nutzung auf eigene Gefahr erfolgt. Insbesondere bei GPS-Daten können Abweichungen nicht ausgeschlossen werden. Sollte dieses Werk Links auf Webseiten Dritter enthalten, so machen wir uns die Inhalte nicht zu eigen und übernehmen für die Inhalte keine Haftung.

In diesem Buch wird aus Gründen der besseren Lesbarkeit das generische Maskulinum verwendet. Weibliche und anderweitige Geschlechteridentitäten sind dabei ausdrücklich mitgemeint, soweit es für die Aussage erforderlich ist.

Empfehlung der Redaktion
Sie sind auf der Suche nach weiterführender Literatur? Dann empfehlen wir Ihnen den Titel »50 x Franken« von Benedikt Grimmler. Oder Sie werfen einen Blick in die Zeitschrift BERGSTEIGER. Hier werden Sie bestimmt fündig.

Bildnachweis: Alle Bilder im Innenteil und auf dem Umschlag stammen vom Autor.
Umschlagvorderseite: Sandsteinriesen am Wegrand (Tour 18)
Umschlagrückseite: Der Sklavensee bei Kalchreuth (Tour 15)

Die Deutsche Nationalbibliothek verzeichnet diese Publikation in der Deutschen Nationalbibliografie; detaillierte bibliografische Daten sind im Internet über http://dnb.d-nb.de abrufbar.

Originalausgabe mit dem Titel »Rund um Nürnberg, Fürth und Erlangen«,
ISBN 978-3-95400-603-8 © 2016 Sutton Verlag, Arnstädter Str. 8, 99096 Erfurt

ISBN: 978-3-86246-733-4